Annegret Braun

Die Sekretärin

Annegret Braun

Die Sekretärin

Frauenkarriere und Lebensträume in den 1950er-Jahren

Bibliografische Information der Deutschen Nationalbibliothek
Die Deutsche Nationalbibliothek verzeichnet diese Publikation in der Deutschen Nationalbibliografie; detaillierte bibliografische Daten sind im Internet über http://dnb.d-nb.de abrufbar.

Frankfurter Allgemeine Buch
Pariser Straße 1
60486 Frankfurt am Main

Umschlag: Nina Hegemann, Abbildung: Adobe Stock stokkete
Satz: Nina Hegemann, Abbildungen: Adobe Stock, KI
Druck: CPI Books GmbH, Leck
Printed in Germany

1. Auflage
Frankfurt am Main 2024
ISBN 978-3-96251-173-9

Inhalt

Vorwort

Sekretärin war in den 1950er-Jahren für viele junge Frauen ein Traumberuf. Im schicken Kostüm, perfekt frisiert und hübsch geschminkt im modernen Büro zu sitzen und wichtige Geschäftsbriefe auf der Schreibmaschine zu tippen, das war schon etwas Besseres, als in der Küche von wohlhabenden Herrschaften zu stehen und Kartoffeln zu schälen oder Wäsche zu waschen – noch ohne Waschmaschine. Der Beruf der Sekretärin öffnete jungen Frauen eine ganz neue Welt. Es war ein Schritt in die Geschäftswelt, die Männern gehörte. Dies änderte sich, als es in der Zeit des sogenannten Wirtschaftswunders einen hohen Bedarf an Sekretärinnen gab. Es war ein Beruf, der für viele junge Frauen erreichbar war, wenn sie stenografieren und Maschinenschreiben gelernt hatten. Angefangen als Stenotypistin in einem Büro, erklommen manche Frauen die Karriereleiter nach oben und erreichten als Chefsekretärin das Vorzimmer der Macht. Das war eine anspruchsvolle Aufgabe und ein großer Karriereschritt. Dazwischen gab es viele Abstufungen, die eine genaue Abgrenzung zwischen den

Büroberufen erschweren. Deshalb wird in diesem Buch vor allem die allgemeine Bezeichnung Sekretärin verwendet und nur in konkreten Fällen Stenotypistin und Bürohilfskraft.

Sekretärin war ein angesehener Beruf. Die Arbeit im Büro brachte Selbstbewusstsein und ein neues Lebensgefühl mit sich. Junge Frauen verdienten ihr eigenes Geld, sie konnten sich schicke Kleidung kaufen, zum Tanzen und ins Kino gehen. Ihr Beruf machte sie unabhängig. Sie mussten keinen Versorger finden, sondern konnten aus Liebe heiraten. In diesem Buch geht es um das Leben junger Frauen, ihre Arbeit im Büro, ihre Freizeit nach Dienstschluss, ihre Lebensträume und ihre Suche nach einem Ehemann. Wenn eine Sekretärin heiratete, gab sie ihren Beruf auf. Deshalb sind die in diesem Buch vorgestellten Sekretärinnen meist jung und unverheiratet.

Das Buch gibt einen seltenen Einblick in das Leben junger Frauen und ihre Gefühlswelt, denn die Frauen kommen selbst zu Wort – in ihren Tagebüchern und Lebenserinnerungen. Biografien und historische Rückblicke betrachten die Zeit aus einer Distanz, bei der Ereignisse vergessen oder verklärt werden, Tagebücher jedoch beschreiben die Zeit ungefiltert, offen, ehrlich und oft auch detailliert. Die Tagebücher stammen aus dem Deutschen Tagebucharchiv, ein Archiv voller Schätze, um Zeitgeschichte zu erforschen. Eine der Tagebuchschreiberinnen, Doris Kraus, erzählt über ihren Beruf als Zugsekretärin, ein Beruf, der fast vergessen ist. Von den 1950er- bis in die 1980er-Jahre besaßen die modernen Fernzüge ein Schreibabteil, ein fahrendes Büro für Reisende. Diesen besonderen Service der Bundesbahn nutzten vor allem Geschäftsleute, um Briefe zu diktieren. Doris Kraus lebte in Frankfurt und schrieb fast ihr Leben lang Tagebuch. Sie erzählt sehr offen und lebendig über ihren Beruf, ihre Freizeit, ihre Lebensvorstellungen, aber auch über ihre Enttäuschungen. Ihre Tagebucheinträge sind der rote Faden, der sich durch das Buch zieht. Zusammen mit den Erinnerungen und Zeitzeugnissen aus Tagebüchern von anderen Sekretärinnen und historischem Hintergrundwissen entsteht ein lebendiges Bild vergessener Frauengeschichte. Und es wird die Geschichte eines Berufes erzählt, der wie kein anderer die Entwicklung und Entstehung weiblicher Berufstätigkeit und Karrieren illustriert.

Zugleich porträtiert das Buch ein Jahrzehnt, das einen Übergang zwischen zwei Epochen bildet, die weitreichende Folgen für die Gesellschaft hatten: der Nationalsozialismus und die Nachkriegszeit auf der einen und die Emanzipationsbewegung und Studentenrevolte auf der anderen Seite. Um die 1950er-Jahre zu verstehen, muss man auch einen Blick auf die Vergangenheit werfen. Auch diese Zeit wird aus der Sicht von Sekretärinnen unter Zuhilfenahme der historischen Fakten erzählt.

An dieser Stelle sei noch ein Hinweis zur Transparenz der Quellenangabe angebracht: In diesem Buch gibt es sehr viele Zitate aus den Tagebüchern. Um den Umfang des Anhangs nicht zu überstrapazieren, wird nicht jedes einzelne Zitat belegt. Alle Tagebücher, aus denen zitiert wird, sind jedoch im Quellenverzeichnis aufgelistet.

Das Buch wäre nicht entstanden ohne die Mitwirkung vieler Menschen, denen ich herzlich danke. Das sind vor allem die Tagebuchschreiberinnen und Autorinnen, die ihre Erinnerungen der Öffentlichkeit zugänglich gemacht haben. Ich danke für ihre Offenheit, mit der sie uns an ihrem Leben teilhaben lassen und uns ein besseres Verständnis dieser Zeit ermöglichen. Viele dieser Zeitzeuginnen sind nicht mehr am Leben. Ich danke deshalb auch den Angehörigen, die die Zustimmung zur Veröffentlichung gegeben haben. Herzlich danken möchte ich vor allem Ruth Moos und ihrem Sohn Karsten, der Schwester und dem Neffen von Doris Kraus. Sie haben mir viel von Doris erzählt, noch mal alle Kisten und Schachteln durchsucht, um wirklich jedes Tagebuchblatt zu finden. Ganz herzlich danken möchte ich auch Rita, die mir an einem Nachmittag sehr anschaulich und offen über ihr Leben als Sekretärin erzählt hat.

Ein großer Dank gilt auch allen Mitarbeiterinnen und Mitarbeitern des Deutschen Tagebucharchivs in Emmendingen, ganz besonders denjenigen, die für mich die Berge an Tagebüchern bereitgelegt und wieder weggeräumt haben. Herzlich danken möchte ich auch Marlene Kayen, die DTA-Vorsitzende, die mich auf die Tagebücher von Doris aufmerksam gemacht hat. Das war die Initialzündung für dieses Buch. Ein sehr herzlicher Dank gilt auch Jutta Jäger-Schenk, die mich als wissenschaftliche Mitarbeiterin bei der Recherche sehr unterstützt hat und immer ein offenes Ohr für meine Fragen hatte.

Aus einer Idee wird erst ein Buch, wenn es Büchermenschen gibt, die von der Idee so überzeugt sind, dass sie sie verwirklichen. Mein großer Dank gilt deshalb meiner Literaturagentin Beate Riess und ihrer Kollegin Anne-Katrin Weise, die das Buch mit ihren inspirierenden Ideen und viel Ausdauer auf den Weg gebracht haben. Meinem Lektor Dr. Jens Seeling danke ich herzlich für sein Vertrauen in das Buchprojekt und die sehr gute und sehr angenehme Zusammenarbeit. Christin Bergmann danke ich sehr, dass sie dem Buch mit ihrem sorgfältigen Lektorat den letzten Schliff gegeben hat. Herzlichen Dank auch an das ganze Verlagsteam, das mitgewirkt hat, um das Manuskript zu einem schönen Buch zu gestalten.

Mein innigster Dank gilt meinem Mann Martin und unseren Töchtern Lea und Naomi, die sich meistens interessiert meine begeisterten Ausführungen über die Geschichte der Frauen angehört und das Manuskript gelesen haben. Ihr Interesse, ihre kritischen Anmerkungen und unsere Gespräche waren Inspiration und Ermutigung während des langen Schreibprozesses.

1. Im Vorzimmer der Macht – Frauen zwischen Tradition und Emanzipation

In den 1950er-Jahren begann eine neue Zeit. 1949 gelang es den Frauen, die gesetzliche Gleichberechtigung durchzusetzen. Das öffnete ihnen in vielen Bereichen die Tür für ein selbstbestimmtes Leben. Vor allem Ehefrauen waren nicht mehr auf die Zustimmung ihres Ehemannes angewiesen. Sie konnten nun, ohne ihn zu fragen, ein eigenes Bankkonto eröffnen oder den Führerschein machen, Dinge, die für Frauen heute selbstverständlich sind. Noch in den 1950er-Jahren sprach man Frauen jedoch weitreichendere Tätigkeiten bezüglich Geschäften ab. Eine Amerikanerin, die in den 1950er-Jahren nach Deutschland zog, erzählte, dass sie in einem Geschäft eine Waschmaschine kaufen wollte. Sie war entsetzt, als der Verkäufer darauf bestand, dass ihr Mann kommen müsse, um zu unterschreiben. Dabei wusste er ja nicht einmal, wie man eine Waschmaschine bediente. Und bis 1977 brauchte eine Frau immer noch das Einverständnis ihres Mannes, wenn sie berufstätig sein wollte.

Auch die traditionelle Geschlechterordnung stand den Frauen im Weg. Jahrhundertelang hatte der Mann über das Geld der Frau bestimmt, er hatte entschieden, wo die Familie wohnte, in welche Schule die Kinder gingen und wofür das Geld ausgegeben wurde. Und nun waren Männer und Frauen gleichberechtigt, zumindest im Gesetzbuch. Im Alltag setzte sich das Bewusstsein nur langsam durch. Eine Zeitzeugin erinnert sich noch genau daran, als ihr diese neue Freiheit zum ersten Mal bewusst wurde. Sie erzählt rückblickend: „Als die Emanzipation dann durchgesetzt war, per Gesetz, da brauchte ich 'nen Staubsauger. Meiner war kaputt, und dann kam Vorwerk und wollte 'nen Staubsauger verkaufen. Und dann hatte ich meinen Mann angerufen, ob ich 'nen Staubsauger kaufen kann. Nein, kommt nicht infrage. Da hab' ich gesagt: Weißt Du was? Du kannst mich mal. Ich bin gleichberechtigt, ich sag': und ich kann das selber, und ich kauf' den. Das werde ich nie vergessen. Das war meine erste Handlung, die ich wirklich, ohne ihn zu fragen, machen durfte. Das war so ein Erlebnis, dass ich das bis heut' noch nicht vergessen hab."[1]

Als Sekretärin in einer Männerwelt

Eine unverheiratete Frau hatte viel mehr Freiheiten. Sie hatte keinen Ehemann, den sie um Erlaubnis fragen musste, ob sie berufstätig sein darf. Sie verdiente ihr eigenes Geld und entschied selbst, wofür sie es ausgab. Dennoch spürte auch sie im Alltag die Macht der Männer, vor allem in ihrem Beruf. Sie waren ihre Vorgesetzten, die Macher, die Entscheidungsträger, aber als Sekretärin hatte sie teil an dieser Macht, insbesondere als Direktionssekretärin oder wie man heute sagen würde, als Chefsekretärin. Mit einer Sekretärin wollten es sich die Kunden nicht verscherzen, denn sie war der Zugang zum Chef. In diese Position zu gelangen, war ein großer Karriereschritt als Frau. Für die meisten Sekretärinnen war es allerdings schwierig, aus dem Schreibbüro, das sie mit Kolleginnen teilte, in das Vorzimmer des Direktors aufzusteigen. Auch Doris Kraus, die als Sekretärin bei dem großen Frankfurter Unternehmen Degussa in der Verkaufsabteilung Durferrit arbeitete, bemühte sich darum. Der Name Degussa steht für die 1873 gegründete „Deutsche Gold- und Silber-Scheide-Anstalt". In den 1950er-Jahren stellte Degussa Industriechemikalien her. Doris litt sehr darunter, dass sie beruflich kaum vorankam. Sie war ehrgeizig, wissensdurstig und nutzte jede Gelegenheit, sich fortzubilden. Am 12. Mai 1954 schrieb die 23-jährige Doris in ihr Tagebuch: „Das Programm der Vertretertagung fiel mir in die Hände: ‚Wettbewerb, Konkurrenz usw.' stand für heute morgen da. Ich bedauerte – es war bereits 8 Uhr, daß ich in den entscheidendsten Momenten schlafe, nämlich, daß ich mich nicht einsetzte, dort zuhören zu können. Die Sonne flutete schon wieder mit voller Kraft durch mein Zimmer. Da, die Tür ging auf: Herr Rani kam herein, den ich schon längst bei der Tagung glaubte. Er sagte, er gehe jetzt. Ich sagte zu ihm: ‚Nehmen Sie mich doch mit.' – ‚Kommen Sie!'" Doris war sehr überrascht, dass es so einfach war, als Sekretärin an der Tagung teilzunehmen. Man musste sich offenbar nur trauen, etwas zu fordern. Sie bemerkte allerdings schnell, wie ungewöhnlich es war, dass eine Sekretärin bei dieser Vertretertagung dabei war. Doris fühlte sich wie ein Fremdkörper unter all den Geschäftsleuten. Die Männer kannten und begrüßten sich. Von ihr als Sekretärin nahm niemand Notiz. Nur ein Vertreter aus der Schweiz erkannte sie und rief: „Guten Morgen, mein Fräulein." Dass sie wahrgenommen wurde, verunsicherte Doris mehr, als dass sie sich darüber freute. Sie beachtete ihn kaum, denn sie war damit beschäftigt, sich einen Platz auf diesem fremden Terrain zu suchen. Doris fand einen freien Stuhl hinter ihren Vorgesetzten. „Vor mir saß Herr Hoppe, links von ihm Dr. Müller und rechts ein Vertreter. Voegelin begann den Vortrag. Hoppe las Zeitung. Dr. Müller schraubte seine linke Stuhllehne ab, die beiden anderen machten es nach, tauschten sie aus, versteckten sie in Hosentaschen, Westeneingängen und schraubten sie wieder auf. Dann rauchten sie Zigaretten. Herr Voegelin unterbrach auch mal seinen Vortrag und ließ sich Feuer geben. Man sprach vom Einbruch der Konkurrenz und die dadurch verminderte Abnahme unserer Salze." Wahrscheinlich war Doris die Einzige, die den Vortrag aufmerksam verfolgte, während die Männer damit beschäftigt waren, ihre Heimwerker-Leidenschaft auszuleben und an den Stühlen herumzuschrauben. Oder sie vertrieben sich die Zeit mit Zeitung lesen und rauchen. Niemand schien sich an dem Knistern der Zeitung und an dem Herumbasteln der Männer zu stören. Heute sind die Nebenbeschäftigungen während der Vorträge viel unauffälliger und geräuschloser. Man liest auf dem Smartphone die neuesten Nachrichten, vertieft sich in ein Onlinespiel oder stellt Recherchen für das nächste Wellness-Wochenende an, um sich vom stressigen

Berufsleben zu erholen. Für uns heute unvorstellbar ist, dass die Männer während der Vorträge wie selbstverständlich rauchten. Sogar der Redner unterbrach seinen Vortrag, um sich Feuer geben zu lassen. Wahrscheinlich hat der Vortragende durch die Rauchwolke kaum gesehen, dass sich seine Zuhörer mit interessanteren Dingen beschäftigten. Aschenbecher standen immer griffbereit, denn geraucht wurde überall, im Büro, in den Geschäften, im Zug, sogar bei Talkshows im Fernsehen. Auch bei Besprechungen bot man seinen Geschäftspartnern Zigaretten an. Einen Glimmstängel zwischen den Fingern zu halten war in den 1950er-Jahren so selbstverständlich wie heute ein Coffee-to-go-Becher in der Hand.

Anhand dieser Tagung wird deutlich, wie unterschiedlich die Arbeitswelten von Frauen und Männern waren. Für Doris war es eine Abwechslung von ihrem Büroalltag, für die Männer eine Pflichtveranstaltung.

Sekretärin – ein weiblicher Beruf?

Sekretärin war der ideale Beruf, der Tradition und Emanzipation miteinander verband. In dem Ratgeberbuch „Hohe Schule der Sekretärin“, ein Bestseller der 1950er-Jahre in mehreren Auflagen, wird der Beruf Sekretärin als Siegeszug der Frauen angepriesen. Verfasst haben das Buch die Journalistin Martha Maria Gehrke und ihr Kollege Walter Joachim. Während Gehrke vor allem die Kapitel über das Berufsverständnis und das Verhalten der Sekretärin schrieb, erklärte Joachim das Fachwissen, beispielsweise über Büromaterial, den Zahlungsverkehr und die Verwaltung von Akten. Martha

Maria Gehrke sah die Eroberung des Sekretärinnenberufs als einen emanzipatorischen Schritt, denn die Geschäftswelt war die Domäne der Männer. Sekretärin sei kein mütterlich-hausfraulicher Beruf wie Krankenschwester oder Kindergärtnerin und dennoch sei es Frauen gelungen, sich diese Welt zu erobern. Ihre weibliche Seite könne sie trotzdem einbringen: „Wie schön, wenn es einer Frau gelingt, diese nüchterne Welt mit menschlicher Wärme zu beleben." Aus dieser Perspektive ist es verständlich, warum die perfekte Sekretärin auch fürsorgliche Qualitäten haben sollte, wie Kaffee kochen, Blumen gießen und Besucher zu empfangen.

Der Beruf knüpfte an die damalige Frauenrolle an und war zugleich ein Schritt in die Männerwelt. Und es war ein Beruf, der Frauen die Möglichkeit bot, beruflich voranzukommen. Diese nutzte Doris. Sie war ehrgeizig und wissbegierig. Gegenüber ihren Vorgesetzten sagte sie klar und deutlich, dass sie gerne an der Vertretertagung teilnehmen würde: „Nehmen Sie mich doch mit!" Doch die Tagung war ein männliches Terrain, in dem sie sich als Frau unwohl fühlte.

Die 1950er-Jahre waren eine Zeit des gesellschaftlichen Umbruchs: auf der einen Seite die traditionellen Geschlechterrollen und auf der anderen Seite das 1949 verabschiedete Gleichberechtigungsgesetz. Obwohl die Frauen während des Krieges Männer in vielen Bereichen ersetzt hatten, gewannen die alten Geschlechterrollen schnell wieder die Oberhand, als die Männer aus dem Krieg oder aus der Kriegsgefangenschaft zurückkamen. Männer erinnerten die Frauen daran, dass sie gesetzlich zur Hausarbeit verpflichtet waren. Die Arbeit im Haushalt stellten Frauen nicht infrage, denn dass ein Mann kochen, putzen, Wäsche waschen und bügeln würde, dass er überhaupt fähig dazu wäre, war damals unvorstellbar – für Männer sowieso, aber auch Frauen hielten Männer dafür schlichtweg für zu ungeschickt. Man glaubte, dass das Talent für Hausarbeit in den weiblichen Genen liege, genauso wie die Fähigkeit, Kinder zu gebären. Frauen erwarteten von Männern nicht, am Waschbrett zu stehen und Wäsche zu schrubben, aber sie empörten sich über die Ungerechtigkeit, dass sie nach dem Krieg aus dem Arbeitsleben gedrängt wurden, um den Männern wieder Platz zu machen.

Machtgefälle im Büro

Dieses Machtgefälle zwischen Männern und Frauen zeigte sich in allen Lebensbereichen, auch im Büro und nicht nur zwischen dem Vorgesetzten und seiner Sekretärin, sondern auch zwischen dem Kollegen und der Kollegin. Auch Doris erlebte dieses Machtgefälle im Büro. Als sie bei Degussa als angelernte Hilfskraft anfing, wurde sie von einem Kollegen ungefragt geduzt. In ihr Tagebuch schrieb sie: „Ein Herr im Tabellierraum, wo ich vorübergehend arbeitete, sagte einfach Dorischen und du zu mir. Weil er sonst sehr anständig war, wusste ich nicht, wie ich ihn daran hindern sollte. Am 2. Tag sagte schon ein 2. Herr Doris und Du, am 3. Tag ein 3. Da ging ich einfach zu dem 1. Herrn hin, bat ihn, nicht mehr das ‚Du' mir gegenüber zu gebrauchen wegen der andern, die dann immer gleich ausarten. Er tat es und sagte es niemandem. Alle sagten auf einmal wieder Frl. Kraus."

In den 1950er-Jahren siezte man sich, sowohl im Büro als auch beim Tanzen. Selbst wenn man bereits zusammen ausging, reichte das noch lange nicht, um sich zu duzen. Dafür musste man schon fast miteinander verlobt sein. Nur Kinder duzte man sofort. Wenn die Kollegen Doris also ungefragt duzten, ohne selbst das Du anzubieten, dann zeigte sich darin ein unangemessenes Verhalten. Väterlich, von oben herab, als wäre die junge Frau noch ein Kind. Das zeigt sich auch daran, dass der erste Kollege die Verkleinerungsform ihres Namens Dorischen verwendete.

Auch Benimmbücher in den 1950er-Jahren warnen, vorschnell jemanden zu duzen. Habe man mal das „Du" angeboten, könne man das kaum zurücknehmen. „Es geht nämlich auch sehr gut ohne das ‚Du'. Manche Freundschaft ist sogar durch die Vertraulichkeit, die es mit sich brachte, in die Brüche gegangen, und es gibt auf der anderen Seite lebenslange Freundschaften, die nur das ‚Sie' kannten."[2] Das Siezen wurde nicht als distanzierter Umgang gesehen, sondern als ein respektvoller Umgang betrachtet. Simone de Beauvoir und Jean Paul Sartre siezten sich ihr Leben lang, obwohl sie eine innige Beziehung zueinander hatten. Simone de Beauvoir erklärte, dass sie nur mit zwei bis drei Personen per Du sei, die sie dazu genötigt hätten. Vermutlich hat das Duzen nicht zu einer Vertraulichkeit der Beziehung geführt.

Wenn Doris von den Kollegen geduzt wurde, fehlte es an Respekt. Für die Kollegen war das Duzen vielleicht nett gemeint, doch Doris durchschaute sofort, dass sie dadurch kaum ernst genommen werden würde. Sie klärte also gleich die Fronten und bestand auf dem Sie. Erstaunlich, dass es ausreichte, nur den ersten Kollegen in die Schranken zu weisen, um das Siezen durchzusetzen.

Doris war nicht die angepasste Sekretärin, sondern bezog gegenüber Männern eine klare Position. Sie scheute sich auch nicht, ihren Chef zu kritisieren: „Mit Halbe hatte ich am Mittwoch einen 1a Krach. Ich brachte zum Ausdruck, daß er zu langsam diktiere und er, daß ich zu langsam Schreibmaschine schreibe." Das entsprach ganz und gar nicht dem, was die Ratgeberbücher den Sekretärinnen empfahlen. Doch die eigene Position zu vertreten, zeigte auch bei ihrem Chef Wirkung: „Dann tat er aber alles, um die Versöhnung wieder herbeizuführen. Das hat mich gerührt." Auf dem Weg zum Essen entschuldigte sie sich ebenfalls, schrieb sie in ihr Tagebuch, sie habe manchmal „einen greulichen Dickkopf".

2. Die gesetzliche Vorherrschaft des Mannes – eine Ära geht zu Ende

Nach dem Krieg waren es wieder vor allem Männer, die die Gesetze machten. Im Parlamentarischen Rat berieten gesetzte Herren im dunklen Anzug über das Grundgesetz. Bei den 65 stimmberechtigten Mitgliedern übersah man fast, dass auch vier Frauen darunter waren: Dr. Helene Weber (CDU), Helene Wessel (Zentrum), Friederike Nadig (SPD) und Dr. Elisabeth Selbert (SPD). Nur vier Frauen – viel zu wenig, wenn man bedenkt, dass Frauen in der Bevölkerung weit in der Überzahl waren. Diese Frauen im Parlamentarischen Rat waren zwar leicht zu übersehen, aber keinesfalls zu überhören.

Elisabeth Selbert und ihr Gesetzesentwurf

Elisabeth Selbert war Juristin und hatte eine eigene Anwaltskanzlei. Sie erlebte in ihrer Kanzlei oftmals, wie benachteiligt Frauen vor dem Gesetz waren. Deshalb arbeitete sie einen Gesetzesvorschlag aus, der schlicht lautete: „Frauen und Männer sind gleichberechtigt." Sie schlug ihrer Fraktion vor, diese Gesetzesformulierung im Parlamentarischen Rat einzubringen. Doch zu ihrer Überraschung waren ihre Parteikollegen und -kolleginnen davon nicht begeistert. Sie rechneten sich keine großen Chancen aus, das Gesetz durchzubringen, da es ein juristisches Erdbeben auslösen würde. Man müsste dann auch das Familienrecht ändern. Der Parlamentarische Rat hatte die Aufgabe, eine neue Verfassung zu schaffen, aber vom Bürgerlichen Gesetzbuch wollte man die Finger lassen. Dass die Frau in staatsbürgerlichen Dingen dem Mann gleichgestellt ist, hatten die Abgeordneten in ihrem Gesetzesentwurf bereits aufgenommen. Doch mit halben Sachen gab sich Elisabeth Selbert nicht zufrieden. Sollte die Frau in der Politik mitbestimmen dürfen, aber zu Hause dem Mann gehorchen müssen? Die Gleichberechtigung musste auf allen Ebenen durchgesetzt werden. Elisabeth Selbert überzeugte ihre Parteifreunde. Da sie nicht im Grundsatzausschuss war, brachte ihre SPD-Kollegin Friederike Nadig den Gesetzesvorschlag ein. Die Abgeordneten schmetterten den Antrag ab. Diese Forderung ging vielen zu weit. Dr. Dehler von der FDP wandte ein: „Dann ist das Bürgerliche Gesetzbuch verfassungswidrig." Und Herr Dr. von Mangold von der CDU argumentierte, dass man ein Recht, wenn es mal im Grundgesetz steht, nicht mehr ändern könne. Das aber war genau das Ziel von Elisabeth Selbert. Stünde die Gleichberechtigung einmal in der Verfassung, dann wäre es mit der Männerherrschaft endgültig vorbei, zumindest gesetzlich. Dann könnte keine Regierung mehr die Gleichberechtigung einschränken. Und vor allem: Es könnten keine neuen Gesetze mehr geschaffen werden, die die Frau benachteiligten. Wie weitsichtig Elisabeth Selberts Forderung war, die Gleichberechtigung ohne irgendwelche Einschränkungen ins Grundgesetz aufzunehmen, stellte sich später heraus, als die Regierung versuchte, die Gleichberechtigung wieder zu kippen. Damit standen die Politiker aber auf verlorenem Posten, denn am Grundgesetz war nichts mehr zu rütteln.

Doch bis Elisabeth Selbert die Gleichberechtigung durchbrachte, war es noch ein schwieriger Weg voller Hindernisse. Ihr Gesetzesvorschlag wurde bei der nächsten Sitzung wieder abgelehnt. Obwohl ihr Gesetzesvorschlag damit eigentlich vom Tisch war, brachte sie ihre Formulierung „Frauen und Männer sind gleichberechtigt" im Hauptausschuss höchstpersönlich vor und erklärte, warum der bisherige Gesetzesvorschlag nicht weitreichend genug sei: „Der Satz ‚Alle Menschen sind vor dem Gesetz gleich' bedeutet nicht das, was wir wollen. Der Satz: ‚vor dem Gesetz gleich', bezieht sich nur auf die Rechtsanwendung, nicht aber auf die Rechtssetzung."[3] Mit Nachdruck argumentierte sie: „Ich kann bei dieser Gelegenheit erklären: in meinen kühnsten Träumen habe ich nicht erwartet, dass der Antrag im Grundausschuss abgelehnt werden würde. Es ist eine Selbstverständlichkeit, dass man heute weiter gehen muss als in Weimar und dass man den Frauen die Gleichberechtigung auf allen Gebieten geben muss. Die Frau soll nicht nur in staatsbürgerlichen Dingen gleichstehen, sondern muss auf allen Rechtsgebieten dem Mann gleichgestellt werden."[4] Und um den Abgeordneten klar zu machen, dass sie sich auf keinen Fall auf irgendeinen Kompromiss einlassen würde, fügte sie hinzu: „Sollte der Artikel in dieser Fassung heute wieder abgelehnt werden, so darf ich Ihnen sagen, dass in der gesamten Öffentlichkeit die maßgeblichen Frauen dazu Stellung nehmen werden, und zwar derart, dass unter Umständen die Annahme der Verfassung gefährdet ist." Das kümmerte die Abgeordneten aber nicht, auch nicht als Elisabeth Selbert ihnen vorrechnete, dass auf 100 männliche Wähler 170 weibliche Wähler kamen und die Frauen damit entscheiden, wer in Zukunft gewählt würde. Die Abgeordneten lehnten den Antrag wieder ab. Damit schien die Gleichberechtigung endgültig im Papierkorb gelandet zu sein.

Doch Elisabeth Selbert gab nicht auf. Sie schritt zur Tat und machte das wahr, was sie angekündigt hatte. Sie startete eine große Tour durch Deutschland und erklärte den Frauen, wie schlecht ihre Rechtslage war und dass es in Zukunft so bleiben würde, wenn sie sich nicht vehement zur Wehr setzen würden. Elisabeth Selbert sprach im Rundfunk zu den Hörerinnen, zu Journalisten und Journalistinnen von der Presse, zu Gewerkschafterinnen und vielen anderen Frauenorganisationen sowie zu den weiblichen Abgeordneten der Landtage. Und dann geschah etwas, womit die Abgeordneten im Parlamentarischen Rat überhaupt nicht gerechnet hatten: Die Frauen setzten sich zur Wehr. Es gab Proteste aus der ganzen Bevölkerung. Elisabeth Selbert erklärte im Rückblick: „Ich war im Land landauf- und landabwärts gefahren, ich war in Hamburg, München, Frankfurt und hatte über die Gleichberechtigung der Frau gesprochen, besonders der Frau im Familienrecht. Das konnte ich ganz gut, weil ich als Anwalt seit 1934 immer wieder erlebt hatte, welche ungeheuerliche schlechte Rechtsstellung die Frau im Familienrecht hatte. Man musste sich ja vorstellen, das Familienrecht stammte aus der Zeit von 1870 bis 1900, wie das BGB auch, aus einer Zeit, als Großmama noch keine Gleichberechtigung brauchte. Es war geradezu begeisternd und erschütternd, wie die Proteste aus dem ganzen Bundesgebiet, und zwar Einzelproteste und Verbandsproteste in großen Bergen in die Beratungen des Parlamentarischen Rates hingeschüttet wurden. Körbeweise! Und ich wusste, in diesem Augenblick hätte kein Abgeordneter mehr gewagt, gegen diese Fülle von Protesten anzugehen und bei seinem Nein zu bleiben."[5]

Auf einmal drehte sich die Stimmung im Parlamentarischen Rat. Die Abgeordneten beeilten sich zu versichern, dass sie ja von Anfang an für die Gleichberechtigung gewesen waren. In der nächsten Sitzung wurde der Gleichberechtigungsgrundsatz einstimmig angenommen.

Heute ist fast vergessen, dass die Aufnahme der Gleichberechtigung in das Grundgesetz beinahe gescheitert wäre und nur durch den Protest von vielen, vielen Frauen durchgesetzt werden konnte. Zu verdanken ist der Sturm der Empörung Elisabeth Selbert, die unermüdlich für die gesetzliche Gleichberechtigung gekämpft hat. Was es für sie selbst bedeutet hat, schreibt sie im Rückblick: „Ich hatte gesiegt, und ich weiß nicht, ob ich Ihnen das Gefühl beschreiben kann, das ich in diesem Augenblick gehabt habe. Ich hatte einen Zipfel der Macht in meiner Hand gehabt und den habe ich ausgenützt, in aller Tiefe, in aller Weite, die mir rhetorisch zur Verfügung stand. Es war die Sternstunde meines Lebens, als die Gleichberechtigung der Frau damit zur Annahme kam."[6]

Gleichberechtigung im Bürgerlichen Gesetzbuch

Frauen und Männer waren nun gleichberechtigt. Aber die Gesetze im Bürgerlichen Gesetzbuch standen noch im Widerspruch dazu. Dort gab es zum Beispiel den „Gehorsamsparagraphen“, der besagte: „Dem Manne steht die Entscheidung in allen das gemeinschaftliche eheliche Leben betreffende Angelegenheiten zu, er bestimmt insbesondere Wohnort und Wohnung.“ Der Mann konnte über alles entscheiden, ob seine Frau berufstätig sein durfte oder ob seine Kinder in eine höhere Schule gehen sollten. Nicht mal über ihr eigenes Geld konnte die Frau bestimmen, weder über ihr mühsam Erspartes, das sie in die Ehe brachte, noch über das Geld, das sie als Sekretärin oder Verkäuferin verdiente. Der Mann bestimmte, wie das Geld ausgegeben werden sollte. Wenn seine Frau von ihrem selbstverdienten Geld eine Waschmaschine kaufen wollte, er aber der Meinung war, dass ein Motorrad für ihn viel wichtiger sei, dann blieb der Ehefrau nichts anderes übrig, als sich weiterhin am Waschbrett die Hände wund zu scheuern. Und selbst wenn der Mann seiner Frau erlaubte, eine Waschmaschine zu kaufen, dann brauchte sie die Unterschrift ihres Mannes, denn sie war nicht geschäftsfähig. Vor dem Gesetz hatte sie die Stellung eines Kindes.

Die Gesetze im Bürgerlichen Gesetzbuch mussten gründlich überarbeitet werden. Dass dies auch geschah, haben wir engagierten Frauen in den 1950er-Jahren zu verdanken. Diese Zeit ist nicht gerade für Emanzipationskämpfe bekannt. Im Gegenteil: Bilder aus dieser Zeit zeigen Hausfrauen in sauberer Küchenschürze, hübsch frisiert, die ihren Mann mit einem Kuchen nach einem Dr. Oetker-Rezept aus dem neuen Miele-Backofen überrascht. Man sieht also, das Bild der 1950er-Jahre muss zurechtgerückt werden. Die Frauen sind zwar nicht protestierend, mit Plakaten bewaffnet, durch die Straßen gezogen, aber sie haben an der richtigen Stelle klug gehandelt und so die Vorherrschaft des Mannes gestürzt, und zwar, indem sie sich in die Politik einmischten.

Der Bundestag hatte die Aufgabe, die Gesetze dem Gleichberechtigungsgrundsatz anzupassen. Die alte Gesetzgebung im Bürgerlichen Gesetzbuch sollte nicht länger als bis zum 31. März 1953 in Kraft bleiben, danach sollten die neuen Gesetze gelten. Vier Jahre! Das sollte reichen, um einige Gesetze umzuschreiben. Doch die Frauen ahnten, dass die Mühlen in der Politik sehr langsam mahlen würden, wenn es um Gleichberechtigung ging. Deshalb bildeten einige Frauen Beratungsgruppen, um den Politikern Gesetzesvorschläge zu machen, darunter auch Juristinnen. Die Befürchtungen der Frauen bewahrheiteten sich. Anstatt die Gesetze anzupassen, versuchte die Regierung, die Gleichberechtigung auszubremsen. So setzte sie durch, dass die Zöllibatsklausel für Beamtinnen weiterhin galt. Wenn also eine Lehrerin heiratete, verlor sie ihre Stelle und alle Pensionsansprüche. Eine Lehrerin war und blieb auf immer „das Fräulein" – oder sie war keine Lehrerin mehr.

Der 31. März 1953 kam, aber nichts war geschehen. Nun war das Schreckensszenario eingetreten, das die Gegner der Gleichberechtigung an die Wand gemalt hatten: ein absolutes Rechtschaos. Die alten Gesetze galten nicht mehr und neue waren noch nicht vorhanden. Nach den Bundestagswahlen 1953, die die CDU/CSU mit großer Mehrheit gewann, beantragte die neue Regierung, den Gleichberechtigungsparagrafen zwei Jahre lang außer Kraft zu setzen. Hier zeigt sich, dass die Gleichberechtigung am liebsten wieder abgeschafft worden wäre. Aber das ging nicht so einfach, weil die Gleichberechtigung im Grundgesetz stand. Die

Frauenorganisationen protestierten wieder mit Vehemenz. Und das zeigte Wirkung. Die FDP, die Koalitionspartei der CDU/CSU, war zwar nicht für die Gleichberechtigung, aber sie wollte es sich mit den Wählerinnen nicht verscherzen und stimmte gegen die Aussetzung. Die Frauen in den 1950er-Jahren hatten durchaus Macht und setzten sie auch ein. Sie hatten das Gesetz auf ihrer Seite. Das Bundesverfassungsgericht erklärte, dass der Antrag überhaupt nicht zulässig sei. Die Gleichberechtigung sei nun das geltende Gesetz. Die Regierung sei selbst schuld, wenn sie die Gesetze nicht angepasst hätte. Dann müsse eben jedes Gericht auch ohne Gesetze nach dem Gleichberechtigungsprinzip entscheiden. Von Rechtschaos könne keine Rede sein, so argumentierte das Bundesverfassungsgericht.

Die Regierung bastelte indessen an neuen Gesetzen. Gleichberechtigung hin oder her, es muss ja einen geben, der in der Familie entscheidet, wenn ein Paar sich nicht einigen kann, so erklärte die Regierung. Deshalb brachte sie einen neuen Gesetzesentwurf ein: Der Mann sollte das Letztentscheidungsrecht haben. Und fast wäre es der Regierung gelungen, dieses Gesetz durchzubringen. Die CDU/CSU hatte allen Abgeordneten eingeschärft, für diesen Gesetzesentwurf zu stimmen. Es käme auf jede einzelne Stimme an. Daher versuchten die Politiker noch die letzten Bedenkenträger zu überzeugen. Auch die Münchner CSU-Abgeordnete Ingeborg Geisendörfer war ganz und gar nicht mit ihrer Fraktion einig. Am Abend vor der Abstimmung saßen einige CDU-Freunde im Bundeshausrestaurant zusammen und bearbeiteten Ingeborg Geisendörfer. Sie war im Zwiespalt: Sollte sie sich solidarisch mit ihrer Fraktion zeigen? Oder sollte sie ihrer Überzeugung treu bleiben und gegen die Vorherrschaft des Mannes stimmen? Nach langen Diskussionen entschloss sie sich, ihren Mann, einen Pfarrer, anzurufen und ihn nach seiner Meinung zu fragen. „Was soll ich tun?" Auf gar keinen Fall dürfe sie für das männliche Entscheidungsrecht stimmen, antwortete ihr Mann. Das widerspreche ja der Gleichberechtigung völlig! Nachdem ihre Fraktionsfreunde alle auf sie eingeredet hatten, war Ingeborg Geisendörfer erleichtert, wenigstens von ihrem Mann in ihrer Überzeugung bestärkt worden zu sein. Und statt weiterhin zu argumentieren und sich zu rechtfertigen, schlug sie ihre Parteifreunde mit ihren eigenen Waffen: Sie hatten versucht, sie davon zu überzeugen, dass weiterhin der Mann das letzte Wort haben und die Frau sich fügen sollte. Schlagfertig antwortete Ingeborg Geisendörfer: „Ich bin in völliger Übereinstimmung mit meiner Fraktion. Ich beuge mich der Entscheidung meines Mannes und stimme gegen das männliche Entscheidungsrecht."[7] Bei der Abstimmung setzte sich die Gleichberechtigung durch. Ein Meilenstein in der Geschichte der Emanzipation!

Doch bis alle anderen Gesetze angepasst waren, dauerte es noch einige Jahre. Erst 1957 durften Frauen ein Konto eröffnen und den Führerschein machen – ohne ihren Mann vorher um Erlaubnis fragen zu müssen. Und erst ab 1977 war die Ehefrau nicht mehr verpflichtet, Hausarbeit zu machen. Bis dahin durfte sie nur berufstätig sein, wenn sie die Arbeit mit ihren Pflichten als Hausfrau vereinbaren konnte. Wenn ihr Mann der Meinung war, dass sie seine Hemden nicht ordentlich bügelte, konnte er einfach ihre Arbeitsstelle kündigen. Sich um den Haushalt zu kümmern, war Frauenarbeit. Als die Amtsgerichtsrätin Annemarie Endres in den 1950er-Jahren einen Vortrag im Innenministerium über Hausarbeit und Familienrecht hielt und dabei sagte, dass der Ehemann zwar nicht zur Hausarbeit verpflichtet sei, aber man in einer modernen Ehe durchaus Mithilfe erwarten könne, brach ein großer Shitstorm über sie herein: Sie wolle deutsche Männer zu amerikanischen Waschlappen machen! So musste Annemarie Endres im Vorzimmer des Innenministeriums die empörten Briefe beantworten, um die Gemüter wieder zu beruhigen.[8]

In der DDR war die gesetzliche Gleichberechtigung früher wirksam. Die sowjetische Militäradministration bestimmte schon 1946, dass Arbeiter und Angestellte den gleichen Lohn bekommen sollten, unabhängig von Geschlecht und Alter. In der Verfassung 1949 wurde der Frau die Gleichberechtigung garantiert. Per Gesetz sollten Einrichtungen geschaffen werden, die es der Frau ermöglichten, Arbeit und Familie zu vereinbaren. Während es in der Bundesrepublik noch jahrelang dauerte, bis die Gleichberechtigung im Bürgerlichen Gesetzbuch verankert war, wurden in der DDR 1949 alle Gesetze und Bestimmungen ungültig, die der Gleichberechtigung der Frau entgegenstanden. Dennoch: Wie auch in der BRD, war in der Alltagsrealität die Frau für den Haushalt und die Kinderbetreuung zuständig, nur sollte sie nebenher noch arbeiten gehen. Ausschließlich Hausfrau zu sein, galt in der DDR als Relikt der bürgerlichen Gesellschaft.

3. Sekretärin – ein Frauenberuf mit neuen Chancen

Der Beruf der Sekretärin eröffnete Frauen ganz neue Chancen auf ein eigenständiges Leben. Endlich war für sehr viele Frauen das erreichbar, wofür die Frauenrechtlerinnen fast hundert Jahre gekämpft hatten: Sie konnten einen Beruf erlernen und ihren Lebensunterhalt selbst verdienen. Das war bis in die 1950er-Jahre für viele Frauen noch unerreichbar. Bis dahin waren sie oftmals nur angelernte Hilfskräfte, und nun konnten sie Zeugnisse und Abschlüsse vorweisen und sich stolz Stenotypistin oder Sekretärin nennen. Die Hürde, im Büro zu arbeiten, lag niedrig. Man brauchte keine jahrelange Ausbildung, Hauptsache, man konnte Stenografieren und Maschinenschreiben. Viele Mädchen lernten das bereits in höheren Schulen oder sie besuchten Handelsschulen und Abendkurse.

Stenotypistin oder Chefsekretärin – Aufstiegsmöglichkeiten im Büro

Es gab viele Möglichkeiten, im Büro zu arbeiten. Ludwig Reiners, Direktor eines großen Unternehmens, schrieb ein Handbuch für Sekretärinnen mit dem vielsagenden Titel „Fräulein, bitte zum Diktat!" und machte dabei einen Unterschied zwischen einer Stenotypistin und einer Sekretärin.[9] Eine Stenotypistin würde in einer Schreibstube für wenig Geld Texte in die Schreibmaschine tippen, die sie nicht versteht. Ganz anders sei der Beruf der Chefsekretärin, oder wie man damals sagte, Direktionssekretärin, „die mit den Problemen des Geschäftes innerlich verbunden ist, ihren Beruf souverän beherrscht, Einfluß ausübt, das Geschäft regieren hilft und ein beträchtliches Gehalt beansprucht und erhält". Für Reiners ist die Chefsekretärin nicht nur eine Schreibkraft, die seine Anordnungen ausführt, sondern seine rechte Hand, eine Frau, die mitdenkt und die Geschäftsabläufe mitgestaltet. Sie sitzt nicht nur im Vorzimmer der Macht, sondern hat selbst einen Anteil an dieser Macht. Immerhin hilft sie, zu „regieren" oder, wie man heute sagen würde, zu managen. Eine solche Spitzenposition sei aber nur schwer zu erreichen, schreibt Martha Maria Gehrke in ihrem Ratgeber: „Sie waren und sind die Stars ihres Berufes. Dafür muss man auf manchen freien Sonntag und manchen Abend verzichten."[10] Dafür könne man als Chefsekretärin ein großartiges Leben haben, wie sie in schillernden Farben ausmalte: „Solche Sekretärinnen reisen – wie im Film – im Luxuszug und im Flugzeug und wohnen in internationalen Hotels an blauen Küsten. Wenn das Wetter es erlaubt, können sie früh vor 8 Uhr rasch mal ins Meer springen. Ab 9 Uhr sind sie an den

Konferenztisch geschmiedet, und wenn die Herren abends mit der Arbeit Schluß gemacht haben, sitzen sie an der Maschine und übertragen, telefonieren und telegrafieren."[11] Bei solchen Bildern ist es kein Wunder, dass Sekretärin zum Traumberuf wurde. Chefsekretärin war in der damaligen Zeit für viele junge Frauen ein Berufsziel. Doch Martha Maria Gehrke holt ihre Leserinnen wieder auf den Boden der Tatsachen zurück: „Wenige erreichen diese beruflichen Höhen, viele streben auch nicht einmal danach. Wer es tut, muß sich darüber klar sein, daß jedes Ding zwei Seiten hat und daß diese Lebenshöhe nicht ohne Spitzenkönnen und harte Arbeit erklommen und gehalten wird."

Auch der Verdienst sei beachtlich. Manche Chefsekretärin in führenden Unternehmen würde mehr als 800 DM verdienen. Das war schon ein großer Unterschied zum Verdienst von anderen Büromitarbeiterinnen. Zum Vergleich: Doris Kraus verdiente bei Degussa als Stenotypistin nur 210 DM. Doch Doris war selbstbewusst genug, um ein höheres Gehalt zu fordern. Ihre Vorgesetzten waren auf diesem Ohr taub, aber Doris blieb hartnäckig. So erreichte sie zumindest eine kleine Verbesserung. Im Sommer 1954 schrieb sie in ihr Tagebuch: „Mittags überreicht mir Vögelin einen Gehaltszulageschein. Er war etwas unsicher und sagte: ‚Ist es Ihnen so recht?' Und weiter: ‚Ich wollte ja eine Zulage für Sie, aber jetzt hat er (der Chef) es so gemacht.' Ich bedankte mich und sagte: ‚Das ist aber immer noch K2 und ich komme somit überhaupt nicht in K3.' Er: ‚Im Herbst kann ich ja nicht schon wieder kommen – Sie haben auch noch nicht die Berufserfahrung. Daß Sie fleißig sind und eifrig sich bemühen, wissen wir ja alle.' Ich: ‚Ja, ja, Das war auf jeden Fall schon mal sehr nett von Ihnen.'"

Als Stenotypistin verdiente Doris nicht viel. Doch sie war ehrgeizig. Sie hatte nach ihrem Schulabschluss eine Kaufmännische Schule besucht und in Abendkursen Stenografie und Maschinenschreiben gelernt, außerdem Englisch und Französisch. Bei Degussa arbeitete sie sich von der Hilfskraft zur Fremdsprachensekretärin hoch, wie ihr Zeugnis von 1955 zeigt: „Fräulein Dorothea Kraus, geboren 1.2.1931 in Frankfurt/Main, ist am 4.10.1950 in unsere Dienste getreten. Sie war zuerst als Hilfskraft im Lohnverhältnis in unserer Powers-Abteilung beschäftigt und wurde am 7.2.1951 auf Grund ihrer guten Leistungen als Locherin ins Angestelltenverhältnis übernommen. Vom 1.5.1952 bis 28.2.1954 war sie in verschiedenen Abteilungen unseres Hauses als Stenotypistin tätig. Anschließend wurde sie in gleicher Eigenschaft zu unserer Verkaufsabteilung Durferrit versetzt. Nach angemessener Einarbeitungszeit in dieser Abteilung hat sie die ihr übertragenen Arbeiten sauber und zuverlässig erledigt. Sie besitzt eine gute Auffassungsgabe, ist sehr strebsam und erweiterte in Abendkursen ihre schon guten französischen Sprachkenntnisse. Wir konnten ihr die Übersetzung französischer Texte in die deutsche Sprache übertragen. Sie verfügt auch über gute englische Sprachkenntnisse. In beiden Fremdsprachen hat sie vorliegende Texte fehlerfrei wiedergegeben und im Französischen zum Teil auch nach Diktat gearbeitet."

Locherin war eine einfache Tätigkeit in der frühen Datenverarbeitung, bei der Büroangestellte eine Lochkartenmaschine bedienten. Die gestanzten Löcher enthielten Daten, die von den ersten Computern gelesen werden konnten.

Doris tat einiges dafür, um ihre Aufstiegschancen zu verbessern, doch die Karriereaussichten bei Degussa waren begrenzt. Sie erbrachte viel Routinearbeit und hatte das Gefühl, unterfordert zu sein. Im Juli 1953 schrieb sie in ihr Tagebuch: „Ich überlege mir, ob ich nicht mal zu Dr. Untermann gehen solle, um mit ihm mal meinen Fall durchzusprechen. Es kann ja nicht mehr so weitergehen. Die Jahre gehen dahin und ich habe nichts erreicht. Was soll aus meinem Leben werden?"

Doris bemühte sich, ihre Arbeit besonders gut zu machen. Sie war als Sekretärin mit ihren Kolleginnen mehreren Vorgesetzten zugeteilt. Dann tat sich ein neuer Karriereschritt auf. Sie hatte die Aussicht, Chefsekretärin zu werden: „Bin seit Donnerstag Albrechts Sekretärin – natürlich vorübergehend probeweise, aber wenn ich mich bewähre, ist die Stelle mir." Doris arbeitete als Chefsekretärin auf Probe, als jüngste von allen anderen Chefsekretärinnen in der Firma. Als Herr Albrecht ihr einen Brief diktierte, machte sie drei Fehler. Ihr Chef war sehr freundlich und verständnisvoll, aber den Job erhielt sie nicht. Sie kam wieder in ihr altes Büro zurück. Das war ein herber Rückschlag für Doris. Aber mit 22 Jahren war sie ja noch jung. Auf die nächste Karrierechance wollte sie vorbereitet sein. „Ich werde arbeiten, an mir schaffen, daß ich weiter komme. Ich nehme mir speziell Fremdwörter vor." Das setzte Doris in die Tat um, indem sie sich zu ihrer Zeitung noch eine andere Frühstückslektüre vornahm: „Den Duden lese ich zum Frühstück und auf ein Zettelchen schreibe ich die Worte, die ich mir einprägen will." Auch während der Arbeit schlug sie Wörter nach, die sie nicht kannte. Nicht immer wurde dieser Ehrgeiz positiv aufgenommen. Als Doris einmal im Büro ihres Chefs das Französisch-Deutsch-Wörterbuch nahm und darin blätterte, fragte er, was sie denn suche. Sie antwortete, sie wolle die Bedeutung des Wortes „merde" nachschauen. Das französische Wort für „Scheiße" hatte sie in ihren Abendkursen offenbar nicht gelernt. Ihr Chef hingegen kannte das Wort trotz seiner begrenzten Französischkenntnisse. Doris schreibt in ihrem Tagebuch, dass er sehr komisch reagierte und fragte: „Wie kommen Sie denn jetzt darauf?" Doris antwortete, dass der andere Chef das Wort gerade verwendet habe. In diesem Moment stürzte dieser herein und rief mit hochrotem Gesicht: „Das schauen Sie mal lieber nicht nach, Fräulein Kraus!"

Wenn eine Sekretärin beruflich aufsteigen wollte, hing es sehr von ihrer Eigeninitiative ab. Zu Kursen und Fortbildungsseminaren schickte man Stenotypistinnen und Sekretärinnen damals noch nicht. Doris ergriff deshalb im Büro jede Möglichkeit dazuzulernen. Sie schrieb in ihr Tagebuch: „Wie verloren komme ich mir vor, wenn ich vor der Landkarte in meinem Bürozimmer stehe und Städte und Inseln entdeckte, von denen ich noch nie etwas gehört habe, und zudem Hauptstädte sind. Jetzt kenn ich wenigstens die von Süd- und Mittelamerika."

Doch trotz ihren Bemühungen steckte Doris in ihrer Position fest. Doris wünschte sich mehr Abwechslung und größere Herausforderungen. 1955 schrieb sie in ihr Tagebuch: „Ich bin meine Stelle in der Durferrit so satt! Es hängt mir alles zum Hals heraus." So begann sie, sich nach einer anderen Stelle umzusehen. Als sie las, dass die Deutsche Bahn Zugsekretärinnen suchte, bewarb sie sich. Die Anforderungen waren hoch. Man musste die Qualifikation einer „Direktionssekretärin", also einer Chefsekretärin, haben. Zwar hatte eine Zugsekretärin keinen direkten Chef über sich, aber sie musste selbstständig arbeiten können. Schließlich war sie weitgehend auf sich allein gestellt. Außerdem waren auch englische und französische Sprachkenntnisse gefragt und schnelles Stenografieren, mindestens 150 Silben in der Minute. Das Ganze sollte sicher in die Schreibmaschine übertragen werden. Doris schaffte die Aufnahmeprüfung zur Zugsekretärin mit „gut". Das war ein beachtlicher Karriereschritt für eine Stenotypistin, zumal es nur wenige Stellen gab. Insgesamt beschäftigte die Deutsche Bahn ungefähr 35 Zugsekretärinnen im gesamten Bundesgebiet. Zugsekretärin war ein Traumjob. Man arbeitete selbstständig, hatte keinen Chef im Nacken, lernte viele Menschen und Orte kennen, war ständig auf Reisen und verdiente auch mehr. Im Januar 1956 begann Doris ihre neue Stelle als Zugsekretärin. Wie sie diesen Beruf erlebte, wird in einem anderen Kapitel erzählt.

Wie aus dem Sekretär die Sekretärin wurde

Welche Bedeutung der Beruf der Sekretärin für die Emanzipation hatte, wird oft unterschätzt. Es war zwar ein Beruf, in dem Frauen nach den Anweisungen der Männer arbeiteten, aber das war in fast allen anderen Arbeitsbereichen auch der Fall, und ist oft auch heute noch so. Dennoch – Sekretärin war ein qualifizierter Beruf mit Verantwortung. Er öffnete vielen Frauen die Tür zu einem unabhängigen und selbstbewussten Leben. Martha Maria Gehrke schreibt in „Hohe Schule der Sekretärin", dass es früher in der Geschäftswelt Sekretäre gab, aber sich die Frau den Beruf inzwischen erobert und in fast allen Büros gesiegt habe. Eine selbstbewusste Haltung: Die Frauen verdrängten die Männer und wurden zu den Alleinherrscherinnen im Vorzimmer. Doch ein Blick in die Geschichte zeigt, dass es so nicht war. Frauen hatten nicht darum gekämpft, im Büro arbeiten zu dürfen, sondern sie übernahmen die Arbeit, weil Männer sie nicht machen wollten und in den Büros immer mehr Personal gebraucht wurde. Man brauchte die Frauen und sie haben ihre Chance genutzt.

Bis Ende des 19. Jahrhunderts war das Büro eine Männerwelt. Sekretäre schrieben hochkonzentriert in schönster Schrift die Korrespondenz, Verträge und Rechnungen, meist an Schreibpulten im Stehen. Dass Frauen ins Büro geholt wurden, hatte vor allem zwei Gründe: fehlende Büromitarbeiter und das Aufkommen der Schreibmaschine. Anfang des 20. Jahrhunderts entstanden immer mehr Handelshäuser. Um alle Arbeitsabläufe zu organisieren, brauchten die Unternehmen mehr Schreibkräfte. Zur gleichen Zeit kamen auch die Schreibmaschinen auf den deutschen Markt. 1870 wurde der „Type Writer" in den USA vorgestellt und von der Firma Remington in Serie produziert. Die ersten Schreibmaschinen waren „lärmende Monster". Sie waren nicht nur laut, sondern rochen auch nach Farbe und Öl. Die Sekretäre wollten keinesfalls eine solche Maschine im Büro haben und erst recht nicht daran arbeiten. Maschinenarbeit fand in der Fabrik statt, das Büro war ein Ort der geistigen Arbeit. Der anfängliche Widerstand gegen die Schreibmaschine wurde nur dadurch überwunden, dass die Hersteller nicht nur die Schreibmaschine lieferten, sondern zugleich eine Schreibkraft zur Verfügung stellten, die die Maschine bediente. Frauen waren ideal für diese Arbeit. Das verstand man in den Büros schnell, auch in Deutschland. Deshalb lernte man

Frauen an. Sie waren billige Arbeitskräfte und fügsam, gewissenhaft, schnell, anpassungsfähig und erledigten auch monotone Arbeiten ohne Protest. Außerdem galten Frauen als besonders geschickt für die Arbeit an der Schreibmaschine, denn ihre Fingerfertigkeit war besser als die der Männer. Das lag auch daran, dass viele Frauen aus dem Bürgertum kamen und Klavierspielen gelernt hatten, wie es für höhere Töchter damals üblich war.

Der Einzug der Schreibmaschine in die Büros war nicht aufzuhalten, obwohl sie immer noch sehr laut waren. „Die ersten Schreibmaschinen, amerikanische Modelle, kamen kurz nach der Jahrhundertwende. Die beiden Fräulein wurden weit weg plaziert, weil niemand das Geklapper haben wollte“, erzählt ein ehemaliger Bankangestellter.[12]

Männer waren in der Bürowelt bis um die Jahrhundertwende unter sich. Und nun sollten sie mit Frauen zusammenarbeiten? Das war unvorstellbar. Frauen waren keine Kolleginnen, sie waren Ehefrauen, Mütter oder Geliebte. Deshalb dachte man am Anfang, dass Frauen im Büro nur zu Liebeleien führen würden. Davon zeugen viele Postkarten aus dieser Zeit. Und auch heute noch – hundert Jahre später – kommt der Schauplatz Büro in Büchern und Filmen kaum ohne eine Affäre zwischen dem Chef und seiner Sekretärin aus.

In den 1920er-Jahren stieg die Beschäftigung der Frauen in den Büros stark an. Die Wirtschaftskrise hatte auch das Bürgertum erreicht. Nun mussten selbst Bürgerstöchter arbeiten gehen. Sie brachten gute Voraussetzungen für die Arbeit im Büro mit, denn sie waren gebildet und sprachgewandt und konnten gut mit der Schreibmaschine umgehen. Viele Familien empfanden es zunächst als Schande, dass ihre Tochter arbeiten gehen musste, aber Sekretärin war ein Beruf, der immer beliebter wurde und ein hohes Ansehen bekam. Für junge Frauen aus den unteren Mittelschichten oder aus der Arbeiterschicht bedeutete die Tätigkeit im Büro einen sozialen Aufstieg. Sie hatten oft nur eine einfache Volksschulbildung, aber erwarben sich in Vorbereitungskursen die nötigen Kenntnisse für die Büroarbeit. Von einer Karriere im Büro, erzählt Rhoda, die in den 1920er-Jahren als Sekretärin arbeitete.

Eine Frauenkarriere in den 1920er-Jahren

Rhoda Roscher, geb. Blumhagen, kam 1899 in Hamburg Barmbek auf die Welt und wuchs dort auf. In ihren Erinnerungen, die im Deutschen Tagebucharchiv aufbewahrt sind, erzählt sie über ihre Berufsjahre von 1915 bis 1927. Ihr Vater war Handwerker. Rhoda und ihre drei Schwestern sollten sich nach der Volksschule als Dienstmädchen eine Anstellung suchen. Doch glücklicherweise gab es damals schon weitsichtige kluge Männer, die auch in Mädchen Begabungen sahen und sie förderten. Der Schulrektor besuchte die Eltern und drängte sie, ihren Töchtern eine Ausbildung zu ermöglichen, weil alle so begabt seien. So durfte Rhoda nach der Volksschule die Staatliche Handelsschule besuchen. Ihr Start ins Berufsleben 1915 war holprig. Sie hatte im Maschinenschreiben eine schlechte Note im Zeugnis bekommen. Und der damaligen verbreiteten Vorstellung einer hübschen und adretten äußeren Erscheinung als Sekretärin entsprach sie auch nicht. „Und überhaupt, sieht denn so eine Sekretärin aus? Da steht sie nun – Bauch voraus – Füße einwärts, die Nase gerötet." Sie durchsuchte die Annoncen in der Zeitung nach einer geeigneten Stelle. „Da sucht ein Büro auf dem Steindamm eine Anfängerin. Ich bewerbe mich: Büro? Plüsch, lauter Plüsch. Die Chefin, von unten bis oben mit Talmi [vergoldeter Modeschmuck] behangen: ‚Wir sind ein Detektivbüro, wissen Sie, was das ist?' ‚Nein.' – ‚Nun, wenn zum Beispiel einer Frau der Mann wegläuft, dann müssen wir ihn suchen. Und da müßten Sie also in Lokale gehen, um nachzuschauen.'" Rhoda war entsetzt. Das war nicht, was sie sich als Bürokraft vorstellte. Doch im Ersten Weltkrieg war es nicht einfach, eine Stelle zu finden. Rhoda suchte weiter: „Ich möchte doch so gern arbeiten und meinen Unterhalt verdienen." Doch dann ergab sich durch den Chef ihrer Schwester bei der Gewerbekammer eine Chance, der ihr ein Vorstellungsgespräch beim „Leiter der Deputation für Handel, Schiffahrt und Gewerbe" vermittelte. Rhoda hatte jedoch keine passende Kleidung für ein Vorstellungsgespräch. „Und so staffiert mich die ganze Familie aus: Schuhe von Schwester Frieda, grasgrüner Hut von Schwester Gretl, Handtasche und Handschuhe von Mutter. Nur das dünne, durchsichtige Kleid aus blauem Voile (im stürmischen Oktober!) gehört mir selbst." Rhoda ging sehr nervös zur Anmeldung und hielt den vornehmen Mann, der sie begrüßte, für den Chef. Doch das war nur der Amtsdiener, der sie anmeldete. „Er klopft vorsichtig, horcht, öffnet leise, murmelt, und ich darf eintreten. Ein riesengroßes, glänzendes Parkettzimmer liegt vor mir, und an der hinteren Wand, hinter einem großen polierten Schreibtisch, vor einem riesigen Ölgemälde, sitzt so etwas – wie der liebe Gott! Wenn ich es heute bedenke, ein Gesicht etwa wie Thomas Mann, sehr hochgewachsen, sehr elegant und sehr reserviert – Herr Oberregierungsrat Dr. Heidecker."

Dieser eindrucksvolle Mann hinter dem Schreibtisch ließ Rhoda ein Diktat schreiben. „Ich hatte eine gute Note in Stenografie, aber jetzt hier, alles, was ich konnte, war weg. [...] Daß ich durchfiel, war klar, und auch, daß ich Mutters schäbige Handtasche im Allerheiligsten vergaß."

Nach diesem Erlebnis saß sie mutlos und hoffnungslos zu Hause und zweifelte, jemals eine Arbeit in einem Büro zu finden. Doch da kam ihr ein großes Glück zu Hilfe. An ihrem 16. Geburtstag klingelte es an der Tür und ein kleiner rothaariger Mann sagte: „Ich soll Sie sofort mitbringen, Sie werden in der Registratur der Deputation für Handel, Schiffahrt und Gewerbe eingestellt!" Im Büro erfuhr sie, wieso sie ausgewählt wurde. Die Registratur brauchte eine Hilfskraft für sehr einfache Arbeiten. Oberregierungsrat Dr. Heidecker gab der Abteilung die Bewerbungsschreiben der Frauen, die sich bei ihm um die Stenotypistinnenstelle beworben hatten und sagte: „Suchen Sie sich eine aus, die taugen alle nichts." Und weil es zufällig Rhodas Geburtstag war, wurde sie ausgewählt. Das war ihr schönstes Geburtstagsgeschenk.

Rhoda hatte ihre erste Arbeitsstelle. Sie führte die Portokasse und das Ein- und Ausgangsbuch. Der Chef war nett und sorgte für eine gute Arbeitsatmosphäre. Für Rhoda war es eine ganz andere Welt. Sie, die Tochter eines Handwerkers, war nun inmitten von wichtigen Männern. Dass sie trotz des großen Standesunterschieds wahrgenommen wurde, machte sie stolz. „Einmal trat sogar Senator Strandes, mit dem ich an der Schwingtür zusammenstieß, vor mir zurück und sagte: ‚Erst kommen die Damen!' Und einmal nahm auf dem Rathausmarkt ein Senator den Zylinder vor mir ab. Wenn ich das abends zu Hause erzählte, strahlten Mutters

Augen, und sicher wußten im Laufe der nächsten Tage sämtliche Hausbewohner: ‚Vor meiner Rhoda hat ein Senator den Zylinder abgenommen, mitten auf dem Rathausmarkt.'"

Bald schon eröffneten sich ungeahnte Karrieremöglichkeiten für Rhoda. Der Oberregierungsrat Dr. Heidecker ließ sie ins Büro holen. „Also ich gehe, am ganzen Leibe zitternd, stehe zum zweiten Male in dem prächtigen Zimmer und kann kein Wort herausbringen. Und der liebe Gott lacht – lacht. Außer mir hat ihn wohl nie jemand lachen sehen, im Dienst jedenfalls nicht." Rhoda wusste nicht, was diesen hohen Beamten veranlasste, ihr eine zweite Chance zu geben. Vielleicht hatte er von ihrem Fleiß und ihrer Tüchtigkeit gehört. „Von da an nahm er sich Zeit und Geduld, mich hin und wieder zum Diktat anzufordern. Er diktierte mir langsam einfache Briefe." Und dann versetzte der Oberregierungsrat Dr. Heidecker Rhoda in das Büro seiner langjährigen und erfahrenen Chefsekretärin, Frau Spötter. Sie war freundlich, hilfsbereit und leitete Rhoda an. Nun saß sie im Vorzimmer der Macht. Der Korridor vor ihrem Büro war mit einem Teppich ausgestattet und alle wichtigen Beamten hatten auf dieser Etage ihr Büro. Rhoda hatte eine Chance bekommen und nutzte sie. „Solange Fräulein Spötter da war, half sie mir, aber an vielen, vielen Abenden blieb ich allein zurück und brütete an meinen Stenogrammen. Es wurde spät, 10 Uhr, 11 Uhr; der Nachtwächter kam, der seine Runde durch Börse und Rathaus machte von Stechuhr zu Stechuhr. Ich mußte mich seiner ganzen langen Runde anschließen, bis er endlich vorne am Rathausportal anlangte und mich hinauslassen konnte." Rhoda arbeitete bis zur Erschöpfung, wie sie rückblickend schrieb: „Ich vergoß in dieser Zeit viele Tränen aus Müdigkeit, Hilflosigkeit und Hunger, denn auch im ersten Weltkrieg hungerte man ja beträchtlich, wenn man keine Nebenquellen hatte, und wir hatten absolut keine. Trotzdem arbeitete ich mich ein. Ich liebte diesen Posten, der mir das Letzte abforderte."

Dann war der Krieg zu Ende. Und wie immer, wenn die Männer aus dem Krieg zurückkamen, wurden die Frauen entlassen, um die Männer wieder einzustellen, denn sie waren nach wie vor die Ernährer. Auch auf ledige Frauen wurde keine Rücksicht genommen, die ebenfalls Geld für ihren Lebensunterhalt verdienen mussten. Der Oberregierungsrat Dr. Heidecker hielt immer noch seine schützende Hand über sie. Zuerst versuchte er, sie ins Beamtenverhältnis zu übernehmen. „Als das mißlang, richtete er einen Antrag an den Senat und bat um meine Weiterbeschäftigung. Auch vergeblich. So mußte auch ich gehen mit seiner Versicherung, mir jederzeit behilflich zu sein, wenn ich an ihn herantreten würde. Nun war ich also wieder ‚draußen' und recht traurig." Nachdem sie kurzzeitig für ein Taschengeld in einem Haushalt gearbeitet hatte, bewarb sie sich als Sekretärin in einem sehr renommierten Hamburger Anwaltsbüro und bekam die Stelle. Der Seniorchef Dr. Peppler war ein großer, beleibter Mann. Er war außerdem ein bekannter Scheidungsanwalt. Auch er war patriarchalisch. Dr. Peppler war von ihr angetan, sodass er seine bisherige Sekretärin an seinen Kollegen weiterreichte. „So nahm er mich also; und nach vier Wochen überließ er seine tüchtige resolute Sekretärin dem Dr. Hagedorn, für den sie auch viel lieber arbeitete, und ich kam an ihren Platz. Jeder der vier Anwälte hatte seine eigene Sekretärin; außerdem gab es in der Schreibstube noch einige Kräfte, denen die Sekretärinnen die einfachen Schreibarbeiten überließen. Rhoda hatte einen entscheidenden Karrieresprung gemacht. Sie war nicht eine der namenlosen Stenotypistinnen in einem Schreibbüro, sondern war Chefsekretärin, die selbst Arbeiten an eine Bürohilfskraft weiterreichen konnte.

Dr. Peppler forderte sie ganz und gar. „Ja, ich hatte außerordentlich viel zu tun. Ich mußte fast täglich Protokolle aufnehmen, die sehr schnell getippt werden mußten, weil die Mandanten zur Unterschrift dablieben und warteten." Jederzeit musste Rhoda verfügbar sein. Dr. Peppler kam oft erst spät vom Gericht und gab ihr noch Arbeit. Oftmals auch am Sonntag, manchmal auch bei ihm zu Hause. „Ich arbeitete und arbeitete mit vielen Überstunden, bekam ein gutes, und mindestens in jedem dritten Monat sogar ein doppeltes Gehalt." Rhoda arbeitete rund um die Uhr. Sie kam kaum zum Essen, wurde schwach und eines Tages krank. Ihre Mutter drängte sie, zu kündigen. „Ach Gott, ich wollte viel lieber in der Arbeitsflut untergehen, als kündigen. Aber ich mußte. Mutter ließ mich nicht in Ruhe."

Ihre Tüchtigkeit war offenbar bekannt, denn nicht lange danach wurde sie von der Personalabteilung bei der Generalzolldirektion angeworben, eine Verbindung, die aus ihrer früheren Stelle bei der Deputation für Handel, Schiffahrt und Gewerbe herrührte. „Dort waren zwar einige hundert Beamte, aber keine einzige Frau tätig. Nun hatte der damalige Präsident Ludwig den Wünsch geäußert, statt eines Sekretärs eine Sekretärin zu beschäftigen, weil er Damen für anpassungsfähiger hielt." In den 1920er-Jahren waren Sekretäre immer noch in der Mehrheit, doch nachdem man sich an Frauen in den Büros gewöhnt hatte, lernte man ihre Qualitäten zu schätzen. Dazu gehörte auch ihre Anpassungsfähigkeit. Rhoda war für ihre Vorgesetzten rund um die Uhr verfügbar. Ein Mann wäre wahrscheinlich nicht bereit gewesen, am Sonntag für den Chef zu arbeiten. Und ein Chef hätte das wahrscheinlich auch von keinem Mann verlangt.

Rhoda gefiel die Arbeit. „Nun begannen für mich Jahre, in denen ich am richtigen Platz saß. Präsident Ludwig war ein feiner, beinahe etwas schüchtern wirkender Herr", beschreibt Rhoda ihren neuen Chef. Die Mitarbeiter hatten großen Respekt vor ihm. „Ich mochte ihn vom ersten Augenblick an, woran sich auch nie etwas änderte. Er wurde nur in der dritten Person angeredet, außer von mir, wie ich gestehe, aus Ungewandtheit, aber es schien ihm nichts auszumachen. Wer zu ihm hineinmußte, wischte sich im Vorzimmer erst einmal den Schweiß ab (ich habe nie begriffen, warum?), um dann vorsichtig zu horchen und zu klopfen." Zwischen dem Chef und seiner Sekretärin herrschte große Sympathie. Vielleicht mochte er es, dass Rhoda ihn als Mensch wahrnahm und nicht als eine unnahbare Respektsperson, vor der man Angst haben musste.

Als Rhoda ihre Arbeit anfing, war die Behörde noch gar nicht auf Frauen eingerichtet: „Am ersten Tage wurde ich zu einem Oberregierungsrat gerufen, einem älteren Herrn kurz vor der Pensionierung. Verlegen und stockend brachte er mir bei, daß es im Hause noch keine Toilette für Damen gäbe. Sie würde schnellstens eingebaut werden, und ob es mir bis dahin wohl möglich sei, mit einigem Horchen vor der Tür die Herrentoilette zu benutzen."

Die Erinnerungen von Rhoda zeigen, wie sehr sich die Bürowelt verändert hat. Als sie in der Behörde anfing, arbeiteten die Beamten, die zwischen 40 und 65 Jahre alt waren, an Stehpulten, selbst als vermehrt der Schreibtisch in die Büros einzog. An den Schreibtischen arbeiteten die jüngeren Beamten, die offen gegenüber den Änderungen waren, und vor allem Frauen. An der Schreibmaschine zu schreiben wäre an den Stehpulten gar nicht möglich gewesen.

Rhoda war die erste Frau in der Behörde. Und sie hatte eine besondere Stelle als Direktionssekretärin. „Die meisten behandelten mich mit Wohlwollen und ohne Neid, obwohl ich nun bei ihrem Präsidenten ein- und ausging, den sie fast alle nur von ferne gesehen und nie gesprochen hatten. Nur wenige empfanden mich als feindlichen Eindringling." Mit der Zeit wurden mehrere Frauen in der Kanzlei eingestellt. „Der ersten nach mir wurde von dem alten Oberregierungsrat, der mir die fehlende Damentoilette beigebracht hatte, nahegelegt: ‚Befleißigen Sie sich bitte den Herren gegenüber so großer Zurückhaltung wie Fräulein Blumhagen.' Es nützte übrigens nichts, denn sie hatten wie fast alle anderen Kolleginnen später ein Verhältnis mit einem verheirateten Beamten." Der zweiten Sekretärin wurde geraten, die Männer nicht auf Abwege zu bringen. Ob die Männer auch ermahnt wurden, sich gegenüber den Sekretärinnen zurückzuhalten, wissen wir nicht. Von Liebesverhältnissen im Büro wird in einem späteren Kapitel die Rede sein. Offenbar gab der Oberregierungsrat seine Ermahnung jedoch schon bald auf.

Rhoda war eine sehr respektierte und geschätzte Sekretärin. Ihr Chef Ludwig wollte keine andere. Als sie 1922 für ein halbes Jahr in eine Lungenheilstätte musste, befürchtete sie, ihren Platz zu verlieren. An ihre Stelle kam eine Professorentochter. Der Präsident Ludwig kannte die junge Frau, denn sie wohnte im Nachbarhaus. Sie war sehr tüchtig, doch als Rhoda nach einem halben Jahr wieder zurückkam, verabschiedete er sie mit den Worten: „Ich danke Ihnen, Fräulein Christensen. Sie haben mir gute Dienste geleistet. Bemühen Sie sich, so tüchtig zu werden wie Fräulein Blumhagen."

Rhoda war eine Sekretärin, die auch von anderen Beamten geschätzt wurde. Andere hochrangige Beamte baten sie ebenfalls, Schreibarbeiten zu erledigen, doch ihr Chef erlaubte es nur einem anderen Kollegen. „Der Einzige, der mich beschäftigen durfte, wenn mir die Arbeit für den Präsidenten Zeit ließ, war der Oberregierungsrat Dr. Jürgensen (er wurde später Präsident). Fast täglich geschah es, daß er zur Tür hineinsah: ‚Hätten Sie ein bißchen Zeit für mich, Fräulein Blumhagen?'. Und meistens mußte ich sagen: ‚Im Augenblick nicht, vielleicht am Nachmittag.' – ‚Dann komme ich dann wieder.'" Es ist bemerkenswert, wie Rhoda als Sekretärin von Vorgesetzten umworben wurde. Von Chefgebaren ist hier nichts zu sehen. Auch wenn tüchtige Sekretärinnen immer sehr geschätzt wurden, zeigt sich hier ein respektvoller Umgang, der in den späteren Jahren verloren ging. Möglicherweise lag es daran, dass Sekretär zu dieser Zeit ein angesehener Männerberuf war und die ersten Sekretärinnen von diesem Ansehen profitierten. Oftmals verlieren Berufe ihren Status, wenn er zu einem Frauenberuf wird. Der Beruf des Lehrers hatte ein höheres Ansehen, bevor das „Fräulein" in den Klassen unterrichtete. Und auch die „Götter in Weiß" stehen nicht mehr auf ihrem Podest, seit es mehr Ärztinnen als Ärzte gibt. Rhodas hohes Ansehen als Sekretärin resultierte zum einen also aus dem damals noch hohen Status des Sekretärs und zum anderen aus ihrer außerordentlichen

Tüchtigkeit und Anpassungsfähigkeit. Zudem schätzte ihr Chef ihre Kompetenz. Rhoda hatte sich zur Expertin für Orthografie und Grammatik hochgearbeitet und sie konnte selbst unleserliche Stenogramme entziffern. Ihre noch unerfahreneren Kolleginnen kamen oft zu ihr, um sich Rat zu holen. Ihr Chef zeigte seine Wertschätzung und schenkte Rhoda oft Konzert- oder Theaterkarten, wenn er seine Abonnements nicht nutzte. So konnte die Handwerkstocher bürgerliche Hochkultur genießen. Dennoch darf man ihre Position nicht verallgemeinern. Nicht jede Sekretärin machte eine solche Karriere. Und nicht jede hatte diese Chancen, die Rhoda hatte. Ein Türöffner war der Oberregierungsrat, der Rhoda eine zweite Chance und sie in seinem Vorzimmer in die Obhut der Chefsekretärin gegeben hatte. Aus der unsicheren Schreibkraft, die frisch von der Schule aus lauter Nervosität bei ihrer ersten Bewerbung durchfiel, wurde eine selbstbewusste Chefsekretärin, die wusste, was sie konnte.

Als ihr Chef pensioniert wurde, arbeitete sie für seinen Nachfolger Dr. Jürgensen, 40 Jahre alt und Junggeselle. Es war derjenige, für den sie schon vorher immer wieder Schreibarbeiten erledigte. „Er diktierte mir meistens direkt in die Maschine, wobei er die Maschine von meinem Zimmer in das seine trug. Dann stand er beim Diktieren unmittelbar hinter meinem Stuhl. Ich vertippte mich fast nie, so daß er zu seiner Freude und Verwunderung seine Briefe gleich als Reinschrift erhielt." Er schätzte die außergewöhnlich gute und schnelle Arbeit seiner Sekretärin sehr und zeigte dies in seinem aufmerksamen Verhalten. „Daß er meine Maschine trug, daß er mir in seinem Frühstücksservice eigenhändig Tee kochte, wenn ich blaß oder müde aussah, mir stillschweigend sein Stuhlkissen in den Rücken schob, das waren so ganz unübliche Dinge bei Menschen seines Ranges, denen immer ein Amtsdiener zur Verfügung stand." Dass ein Präsident seiner Sekretärin Tee kochte und dafür sorgte, dass sie bequem sitzt, erscheint uns sehr ungewöhnlich, und kaum vorstellbar für die 1920er-Jahre, als die Standesunterschiede sehr viel größer waren. Vermutlich hegte er tiefere Gefühle für seine Sekretärin. Immer wieder überreichte er ihr ein schön verpacktes französisches Konfektpäckchen. Er hatte jedoch keine Annäherungsversuche unternommen, sondern behandelte sie mit großem Respekt.

Als sie einen jungen Mann kennenlernte und ihn heiratete, gab sie die Stelle auf, wie es damals üblich war. Dr. Jürgensen hatte beim Abschied Tränen in den Augen. Er schrieb ihr warmherzige Briefe. Sie hielten ihr Leben lang Kontakt miteinander. Bei seinem letzten Besuch, einige Monate bevor er starb, legte er seine Hand auf ihre und sagte: „Man sollte immer sprechen, bevor es zu spät ist."

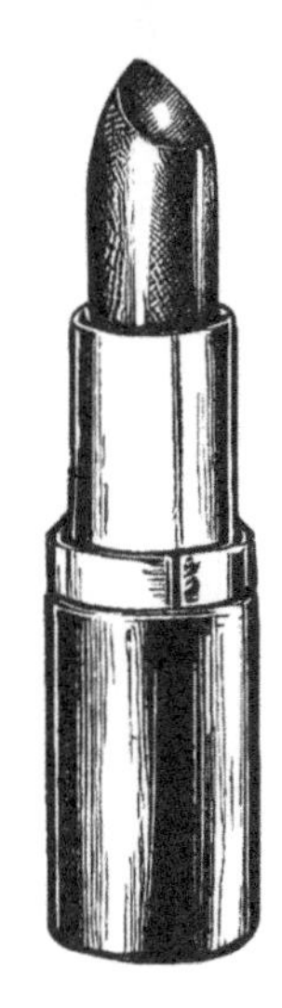

4. Dos and Don’ts – die perfekte Sekretärin

Der Beruf der Sekretärin entwickelte sich in den folgenden Jahrzehnten immer mehr zu einem reinen Frauenberuf. In den 1950er-Jahren gab es keine Männer mehr, die als Sekretäre arbeiteten. Sie waren jetzt Sachbearbeiter oder Buchhalter. Frauen waren Sekretärinnen und vor allem für die Geschäftskorrespondenz zuständig. Sie stenografierten Diktate, schrieben auf der Schreibmaschine Geschäftsbriefe und beantworteten das Telefon. Nach wie vor war das Büro ein beliebter Arbeitsplatz für junge Frauen. Auf dem Buchmarkt erschienen viele Ratgeberbücher zum Thema. Besonders erfolgreich waren die bereits erwähnten Bücher „Hohe Schule der Sekretärin“ und „Fräulein, bitte zum Diktat!“. Es gab auch eine Fachzeitschrift mit dem Titel „Gabriele – die perfekte Sekretärin“, die ab 1955 einmal monatlich erschien. Diese Zeitschrift sollte Sekretärinnen unterstützen, sich weiterzubilden und beruflich aufzusteigen. Dazu bot sie sehr viel Fachwissen zu unterschiedlichen Themen wie Stenografie, Briefe in englischer Sprache, Fachbegriffe, Grammatikregeln, aber auch Allgemeinwissen über Kunst und Kultur sowie Tipps für Schönheitspflege und Freizeitgestaltung. Die Zeitschrift war für viele sehr hilfreich. Eine Leserin schrieb in einem Brief, dass ihr dadurch „der Sprung von der Stenotypistin zur Sekretärin geglückt" sei. Die Zeitschrift gründete in größeren Städten „Gabriele-Klubs", um sich auszutauschen, ein frühes Networking für Sekretärinnen.

Wer ist für den Beruf geeignet?

Was musste eine Sekretärin können? Welche Fähigkeiten brauchte man, um eine gute Sekretärin zu werden? Die Ratgeber und die Zeitschrift vermittelten nicht nur fachliches Wissen, zum Beispiel wie man einen Geschäftsbrief korrekt schreibt, sondern auch, wie man sich im Büro korrekt verhält. Die Sekretärin war das Aushängeschild der Firma. Eine schick gekleidete, freundliche Sekretärin gibt der Firma ein anderes Gesicht als eine kurzangebundene Sekretärin, die jedem Besucher das Gefühl vermittelt, dass er sie bei ihrer Arbeit an der Schreibmaschine stört. Bei einer Sekretärin zählte nicht nur Kompetenz, sondern auch ein gepflegtes Äußeres und Zuvorkommenheit. Die Ratgeber gaben deshalb Empfehlungen, wie man sich kleidet, wie man mit der Frau des Chefs umgeht und was außer Kaffee sonst noch im Vorratsschrank der Sekretärin sein sollte. In dem Buch „Hohe Schule der Sekretärin" widmet sich Martha Maria Gehrke diesen Themen. Ihr Mitverfasser Walter Joachim erklärt das Handwerkszeug der Sekretärin, die Schreibmaschine, das Telefon und das Büromaterial. Er beschreibt die verschiedenen Arten von Schriftstücken und erklärt, welche Anrede man in einem Brief verwendet, wie man Telegramme aufgibt und sich am Telefon meldet. Außerdem stellt er die wichtigsten Rechtschreib- und Grammatikregeln vor. Welche Erwartungen darüber hinaus an die Sekretärin gestellt wurden und ob sie überhaupt die nötigen Voraussetzungen für diese Aufgabe mitbrachte, konnte die angehende Sekretärin leicht mit einem „kleinen Charaktertest" auf den ersten Seiten des Ratgebers herausfinden, damit für jede klar wurde: Können allein reicht nicht. Man musste auch die passende Einstellung zu dem Beruf mitbringen. Sekretärin war schließlich mehr als eine Schreibhilfe im Büro. Unter der Überschrift „Sind Sie – oder werden Sie – eine gute Sekretärin?" werden Fragen zu verschiedenen Themen aufgelistet, wie zum Beispiel Pünktlichkeit, Ordnung, Sachgedächtnis und Kleidung. Zu jeder Frage gibt es jeweils drei Antwortmöglichkeiten. Beim Thema Personengedächtnis stehen folgende Antworten zur Auswahl: „a. Ich merke mir alle Besucher, b. Warum soll ich mir die Leute merken, es kommen ja doch ständig andere, c. Mein Personengedächtnis ist ausgezeichnet, jedenfalls für junge gutaussehende Männer!" Es ist nicht schwer, bei dieser Frage die gewünschte Antwort zu erraten. Andere Fragen waren wiederum nicht so leicht zu beantworten. Das Thema Make-up beispielsweise sorgte in den 1950er-Jahren für hitzige Diskussionen. Für die einen waren Lippenstift und Nagellack Kosmetik, um sich hübscher zu machen und für die anderen war es Teufelswerk, um Männer zu verführen. Roter Nagellack und Lippenstift galten als unmoralisch. Lehrerinnen durften keinen Lippenstift in der Schule tragen, denn sie waren schließlich ein Vorbild für die Kinder. In dem Test zum Thema Make-up konnte man aus folgenden Antworten auswählen: „a. Make-up gehört dazu, man muß doch etwas aus sich machen!, b. Ein leichtes gefälliges Make-up finde ich so selbstverständlich wie ordentlich frisierte Haare und saubere Fingernägel, c. Im Büro genügt es mir, sauber und ordentlich zu sein. Make-up wirkt aufreizend und soll dem Privatleben vorbehalten sein." Die gewünschte Antwort war b. Eine Sekretärin sollte sich Make-up auflegen. Dafür gab es sogar Schminkkurse für Sekretärinnen. Eine der Fragen bezog sich auch auf den Chef. Wie stellt man sich seinen zukünftigen Chef vor? Die Antworten dazu waren: „a. Ich möchte einen sachlichen Chef, der Geschäfts- und Privatleben trennt, b. Am liebsten wäre mir ein junger, netter, noch unverheirateter Chef, c. Ich wünsche mir einen Chef, der viel auf Reisen ist und mir völlige Freiheit läßt." Ein Chef als möglicher Heiratskandidat und die damit verbundene Problematik war ein Thema, dem der Ratgeber immerhin ein ganzes Kapitel widmet. Auch in diesem Buch wird noch darauf eingegangen.

Das richtige Styling

Das äußerliche Erscheinungsbild spielte eine große Rolle. Martha Maria Gehrke geht sehr detailliert darauf ein. Der erste Eindruck entsteht schon beim Vorstellungsgespräch. Gehrke empfiehlt, kein neues Kleid anzuziehen, das man noch nicht „eingelebt" habe. Man müsse mit seinem Kleid schon etwas vertraut sein und sich darin wohlfühlen. Sie rät auch dringend davon ab, sich eine neue Dauerwelle legen zu lassen. Diese sollte einige Wochen alt sein, denn Frauen seien mit einer frischen Dauerwelle selten wirklich hübsch.

Rock und Pullover sind die klassische Bürokleidung, erklärt Gehrke. Allerdings seien die modischen „hübschen

Schottenröcke" nur etwas für schlanke Mädchen. Beim Pullover sollte man vorsichtig sein, warnt Gehrke, „so sollten sie nicht gar zu stramm sitzen, wenn man nicht in den Verdacht einer etwas anrüchigen Gefallsucht kommen will". Bei gehobenen Posten sei ein Kostüm angebracht, am besten in gedeckten Farben wie grau, blau oder braun. Sei das Büro sehr geheizt, solle man statt Pullover lieber eine Bluse anziehen und – ganz wichtig – auf die Hygiene achten, „nicht jede ist gegen Transpirieren gefeit". Während heute das Deo zur täglichen Körperpflege gehört, war es damals noch nicht selbstverständlich. Der Deoroller kam gerade auf, aber für die meisten bedeutete Hygiene, sich mit Wasser und Seife in der Waschschüssel zu waschen – wenn nicht gerade Badetag war.

Auch ein anderes Thema müsse sie ansprechen, schreibt Gehrke, ein Thema, das man in einem Berufsratgeber nicht erwarten würde. Aber Gehrke lässt nichts aus, was gesagt werden muss, um als Sekretärin Karriere zu machen: Dazu gehörte auch die Wahl der richtigen Unterwäsche. Hüfthalter sollten nicht kneifen, auch BH's nicht. Gesünder seien durchgehende Corselets, „und sein Bäuchlein soll man lieber mit Gymnastik und Diät wegradieren statt mit Drahtspiralen". Hüfthalter gehörten damals zur Bekleidung der Frau dazu, denn die Strümpfe mussten am Hüfthalter mit Strapsen befestigt werden. Feinstrumpfhosen, die erst später aufkamen, machten den Hüfthalter überflüssig. Gehrke warnte vor leichten Unterhosen aus Perlon und Nylon, weil man in diesen leicht eine Blasenentzündung bekommen würde. Man solle während der kalten Jahreszeit auf jeden Fall einen warmen Schlüpfer tragen. „Im Büro kann man sie dann gegen leichtere Ware auswechseln und das gute warme Stück in einem Plastikbeutel in der bekannten persönlichen Schublade verwahren, bis es wieder in die Kälte hinausgeht." Die „bekannte persönliche Schublade" war ein Schreibtischfach für ihre privaten Dinge.

Make-up sei für eine Sekretärin, die vorankommen will, unerlässlich, betont Gehrke. Sie rät, dass man auf die Neigungen und Abneigungen des Chefs Rücksicht nehmen sollte. „Es gibt wohl heute kaum mehr einen Vorgesetzten, der ein bisschen Puder oder Lippenrot verbietet – er merkt es gar nicht! Dagegen haben manche eine ausgesprochene Antipathie gegen allzu rot gelackte Fingernägel. Lassen Sie also bitte die Ochsenblutfarbe lieber weg. Andererseits werden Finger und Nägel durch den Umgang mit Farbband und Kopierstift nicht gerade geschont – ein dezentes Rosa oder wenigstens, falls der Chef auch dagegen noch allergisch ist – Perlmutterfarbe deckt vieles barmherzig zu."

Gehrke empfiehlt, dass eine Sekretärin in ihrer privaten Schublade immer eine Nagelfeile und Hautschere bereithalten sollte, um ihre Nägel in Ordnung zu bringen. Zudem sollte die Sekretärin ihr Aussehen mehrere Male am Tag im Waschraum überprüfen. Sie durfte sich also keine Nachlässigkeit erlauben. Das Make-up und die Frisur mussten jederzeit so perfekt sitzen wie heute bei Flugbegleiterinnen.

Dieses perfekte Styling, das von einer Sekretärin gefordert wurde, war Doris zuwider. In ihrem Büro konnte sie mit Kompetenz punkten und musste keine Mannequin-Qualitäten vorweisen. Doch das änderte sich, als die Versetzung in eine Abteilung mit Kundenkontakt anstand. Sie schrieb im Januar 1954 in ihr Tagebuch: „Wenn ich daran denke, daß ich jetzt eine Stelle in einer Verkaufsabteilung bekommen soll, wo die Menschen nur aufs Äußere bedacht sind, kriege ich einen Abscheu und Minderheitsgefühle, da ich in dieser Art zu leben, kein Training besitze." Doris verdiente zu dieser Zeit nicht viel und konnte sich modische Kleidung kaum leisten. Auch wenn sie Eitelkeit ablehnte, so nagte es doch an ihr, nicht mit dem modischen Auftreten ihrer Kolleginnen in der Verkaufsabteilung mithalten zu können: „Ich bin so traurig. Ich komme mir vor, wie eine alte Schlappel. Früher konnte ich jeden Tag denselben Rock anziehen, es machte mir sogar Spaß, ich sagte mir: Du musst durchhalten, es ist ganz egal, wie du jetzt aussiehst, du musst das Ende vor Augen haben, einmal wirst auch du schöne Kleider anhaben, wenn du dich in den Kreis von Menschen emporgearbeitet hast, die du achtest. Jetzt denke ich anders. Früher sah ich geschminkte Frauen und obgleich mit einfachem Rock gekleidet, fühlte ich mich ihnen überlegen. Ich dachte, einmal kommt der Tag, wo du Wissen, Geist und entsprechendes Äußeres verbinden kannst. Heute sehe ich, wie wenig man durch ‚abends Lernen' erreichen kann." Intellektualität war zwar kein Makel bei einer Sekretärin, aber das äußere Erscheinungsbild war in den 1950er-Jahren wichtiger. Wie man sich kleidete, spielte nicht nur für die Karriere eine große Rolle, sondern auch in der Beziehung mit den Kolleginnen. Dass sie modisch mit den jungen Leuten nicht mithalten konnte, war ihr bei einem Besuch bei ihrer Schwester Ruth wieder sehr bewusst geworden. Hinzu kam noch, dass auch ihre Kollegin Frau Vogel die Bekleidung von Doris kommentierte. Im Mai 1954 schrieb Doris: „Ich habe richtig gemerkt, wie ich auffiel, weil ich nicht so schön und modern angezogen war bei Ruths Mitstudentin. Gestern machte sich Frau Vogel auch wieder über mich lustig, daß ich eine so alte Tasche hätte und einen so uralten, seltsamen Teetopf." Dieser Teetopf war ihr Hut. In den 1950er-Jahren gehörte ein Hut zur Bekleidung dazu. „Innerlich war ich wirklich zornig. Ich sagte zu ihr: ‚Ehrlich gesagt, ich würde mir auch gerne andere Sachen kaufen, aber bei 210 Mark langt das Geld hinten und vorne nicht.' Das wollte ich eigentlich nicht sagen, was ich verdiene, aber ich wollte ihr endlich einmal draufgeben. Der Erfolg: Später sagte sie zu mir (nachdem sie mein Verdienst herum erzählt hatte): Haben Sie eine abgeschlossene Lehre? Nein, da bekommt man eben erst K2 bezahlt." Verletzt schrieb Doris in ihr Tagebuch: „Ohne Herz und genaue Überlegung dem anderen sagen, daß er selbst daran schuld ist an seinem Unglück!" Es war ein Dilemma, in dem vermutlich auch viele andere junge Sekretärinnen steckten: Auf der einen Seite der Druck und der Wunsch, schick auszusehen und auf der anderen Seite die Notwendigkeit, mit wenig Geld auszukommen.

Die flirtende und die fürsorgliche Sekretärin

Doch zurück zum Ratgeber von Martha Maria Gehrke. Ein Aspekt, der in ihrem Buch ebenfalls ausführlich besprochen wird, ist der Umgang mit Vorgesetzten im Büro. Und das waren fast ausschließlich Männer. Eine Sekretärin solle ihren weiblichen Charme spielen lassen: „Frau sein und bleiben, auch wenn sie arbeitet, und man soll es ihr anmerken."[13] Und: „Eine gutaussehende Frau, die nicht ein bißchen flirtet, wirkt auf Männer unheimlich." Dass dieser Rat von Gehrke nicht aus der Luft gegriffen war, erlebte auch Doris. In ihr Tagebuch schrieb sie über einen ihrer Vorgesetzten, der Rani hieß, dessen Name sie aber mit Ra abkürzte: „Ich muß immer wieder daran denken, daß mir Ra einst sagte, ich habe doch wirklich fast keinen Sexappeal an mir!" Offenbar irritierte es ihren Vorgesetzten, dass Doris sachlich war und sich auf ihre Arbeit konzentrierte. Auch wenn Doris sich ihrer Leistung bewusst war, verletzte sie diese Bemerkung, weil Rani ihr jede weibliche Ausstrahlung absprach. Frauen erlebten und erleben immer wieder, dass ihnen ihre Weiblichkeit abgesprochen wird, wenn sie nicht charmant den Mann bewundern. Diese Bewunderung hat Doris' Chef wohl an ihr vermisst. Doris war hübsch und „eine Dame", wie ein anderer Vorgesetzter sagte, aber charmant war sie nur zu denjenigen, die sie mochte. Dazu gehörte Rani nicht.

Eine erfolgreiche Sekretärin in den 1950er-Jahren zeichnete sich durch angepasstes und fürsorgliches Verhalten aus. Sie sollte nicht nur schick aussehen, sondern ihren Chef auch umsorgen und seine Wünsche schon im Voraus erahnen. Auch wenn eine Sekretärin vier Fremdsprachen fließend sprechen konnte, auf der Schreibmaschine vierhundert Anschläge pro Minute erreichte und die deutschen Rechtschreibregeln im Schlaf aufsagen konnte, nützte es nicht viel, wenn es ihr an Charme fehlte und der Fähigkeit, Kaffee zu kochen. Zu den Aufgaben einer Sekretärin gehörte es, ihren und den Schreibtisch ihres Chefs ordentlich zu halten und abzustauben. Eigentlich sei das ja keine Arbeit, so war die allgemeine Ansicht, denn Mädchen kommen schon mit einem Putzlappen zur Welt, ebenso wie ihnen Mütterlichkeit in die Wiege gelegt wird. Als Sekretärin konnte eine Frau diese Fähigkeiten einbringen. Gehrke schreibt, kluge Chefs überließen den Schreibtisch ihrer Sekretärin, die System in das Chaos bringt, seinen Terminkalender aufschlägt, die Stifte spitzt, ausgeschriebene Kugelschreiber ersetzt und die Blumen gießt.

Auf das Kaffeekochen geht Gehrke ausführlicher ein. Nicht nur der Chef sollte mit einer frisch gebrühten Tasse Kaffee bei Laune gehalten werden, sondern auch die Besucher mussten bewirtet werden. Dazu brauchte die Sekretärin die richtige Ausstattung: „Es genügt ein Tischchen für den Elektrokocher und ein Wandschränkchen, in dem sich Kaffeetassen für höchstens vier Personen befinden. Das Ganze durch einen Vorhang verborgen, hinter dem auf zwei Brettchen auch die Vorräte untergebracht sind. Dazu zwei Kaffeekannen verschiedener Größe und ein Rahmkännchen, in das Fräulein Schmidt die Milch aus der Blechdose träufelt, denn sie findet verschmierte Dosenränder mit Recht abscheulich. Der Kaffee ist natürlich in einer gut schließenden Blechdose vorgemahlen untergebracht. Auch gibt es einen kleinen Keksvorrat zum Kaffee und eine weitere Blechdose mit Käse- und Salzgebäck für die Schnapstrinker." In den 1950er-Jahren war es selbstverständlich, im Büro Schnaps anzubieten, ebenso Zigaretten und manchmal sogar Zigarren. Den Chef und die Kunden zu bewirten, könne eine große Wirkung haben, schreibt Gehrke: „Es handelt sich ja nicht nur darum, ihnen die kleine Stärkung von Schnaps oder Kaffee zuteilwerden zu lassen, viel wichtiger ist die Atmosphäre des Privaten, die sich mit dem Duft des Kaffees und dem Anblick der hübschen Tassen im Büro verbreitet, Behaglichkeit und Entspannung schafft, Härten und Gegensätze glättet und der Verhandlung von Anfang an einen guten Verlauf, wenn nicht sichert, so doch in Aussicht stellt." Der Einfluss der Sekretärin auf die Geschäfte wurde hoch eingeschätzt.

5. Die Zugsekretärin – Reisen als Beruf

Wer Reisen liebte und Menschen aus aller Welt begegnen wollte, für den war Zugsekretärin ein Traumberuf. Die Bundesbahn hatte sich in den 1950er-Jahren einen ganz besonderen Service für die Reisenden einfallen lassen: ein Schreibabteil samt Zugsekretärin! Das passte in das neue Gesamtkonzept. Zugfahren sollte moderner, schneller und attraktiver werden. Schließlich rollte auf der Straße die Konkurrenz. Immer mehr Geschäftsleute fuhren im eigenen Auto ins Büro und Urlauber reisten im Omnibus mit einer Reisegesellschaft in den Süden. Die Bundesbahn ließ sich jedoch nicht abhängen, sondern modernisierte und setzte neue Fernzüge ein, die F-Züge. Schon ihre Namen weckten die Reiselust: Rheinblitz, Hanseat, Blauer Enzian und Münchner Kindl. Die F-Züge waren besonders schnell und fuhren lange Strecken mit wenigen Haltestellen. Noch komfortabler war der TEE, der Trans-Europ-Express. Paris, Mailand, Barcelona und viele andere Metropolen in Europa waren nun schneller erreichbar. Diese modernen Züge waren luxuriös ausgestattet. Die Abteile waren geräumig, hatten bequeme Sitze und in manchen Zügen gab es sogar eine Klimaanlage. Im Speisewagen servierten Kellner in weißen Jacketts mehrgängige Menüs, die in der Bordküche frisch zubereitet wurden. Die Kellner bedienten auch in den Abteilen, sodass man seine Königinpasteten bequem am Sitzplatz essen konnte. Zu den Annehmlichkeiten der modernen Züge gehörte auch das Schreibabteil mit einer Zugsekretärin. Geschäftsreisende konnten während der Fahrt Briefe diktieren oder telefonieren. Vor allem für Geschäftsleute aus dem Ausland, die in Deutschland kein Büro hatten, war das Schreibabteil ein großer Gewinn. Sie konnten von unterwegs ihre Korrespondenz erledigen oder mit ihrer Firma telefonieren.

Vom Büro zum Schreibabteil

Eine Zugsekretärin war die „charmante Visitenkarte der DB", wie ein Journalist schrieb. Doris musste immer wieder Interviews geben und über ihren spannenden Berufsalltag erzählen. Die Zugsekretärin hatte ein angenehmeres Leben als andere Bürokräfte. Sie hatte ein Büro für sich allein, wie eine Chefsekretärin, aber sie hatte keinen Chef vor der Nase. Sie musste nicht jederzeit auf dem Sprung sein, weil ihr Chef sie zum Diktat rief, sondern sie saß auf einem Polstersessel und empfing die Schreibkunden in ihrem fahrenden Büro. Auch die Texte, die sie tippen musste, waren vielseitiger: Vorstandsvorsitzende diktierten Geschäftsbriefe, Politiker ihre Reden und Journalisten ihre Artikel. Statt den Launen eines einzelnen Chefs ausgesetzt zu sein, kamen jeden Tag sehr unterschiedliche Geschäftsleute, die meistens freundlich waren und diesen besonderen Service im Zug schätzten. Eine Zugsekretärin musste sich auch nicht überlegen, ob sie lieber ein leichtes Sommerkleid oder einen eleganten Bleistiftrock anziehen sollte, denn sie bekam ein Kostüm als Dienstkleidung, zumindest in den 1950er-Jahren. Später trugen die Zugsekretärinnen keine Dienstkleidung mehr.

Doris trat ihre Stelle als Zugsekretärin im Januar 1956 an. Die ersten Tage verbrachte sie am Frankfurter Bahnhof am Fahrkartenschalter. Dort musste sie Fahrkarten verkaufen und Auskunft über die Zugverbindungen geben, denn als Zugsekretärin musste sie Reisenden bei Fragen weiterhelfen können. Dann ging es endlich los. Am ersten Tag war noch eine erfahrene Zugsekretärin dabei. Doris schrieb in ihr Tagebuch: „Mir gefiel die Art meiner Kollegin aus Frankfurt, wie sie diesen Herrn empfing (er war 20 Jahre Oberbürgermeister von Erfurt gewesen). Sie hatte 1 Stunde für ihn zu arbeiten und ich schrieb dann auch noch 2 Briefe für ihn, indem ich vorausschickte, es seien die allerersten im Zuge und meine Kollegin entschuldigte mich schon im voraus für meine Tippfehler, die zu überwinden ich bestimmt 3 Wochen brauche. Na, der Herr war freundlich. Dann kassierte sie großzügig. Mittag aßen wir in der Küche." Am nächsten Tag arbeitete Doris schon allein im Schreibabteil: „Es war so schön meine erste Fahrt. Eine Dame von der Frankfurter Direktion forschte mich ein bißchen aus, aber durch einen sich anmeldenden Schreibkunden konnte ich sie verscheuchen. Auf der Rückfahrt einen Persianerhändler und einen Architekten als Kunden und einen jüngeren Siemag-Vertreter auf Besuch, dem ich eine Kleinigkeit schrieb, wofür er mir Trinkgeld und einen Drehbleistift schenkte. Der Persianerhändler war ein schöner schwarzhaariger freundlicher Herr, aber ich mußte kurz vor Frankfurt zu ihm hin und ihn erinnern, daß er noch zahlen müsse. Er gab mir zusätzlich noch ein Trinkgeld."

Manche Kunden meldeten sich schon vorher an, um nicht warten zu müssen, bis das Schreibabteil frei war. Die Dienste der Zugsekretärin kosteten 1956 vier Mark in der Stunde und jede angebrochene Viertelstunde eine weitere Mark. Das, was die Zugsekretärinnen einnahmen, deckte nicht die Personalkosten. Für die Deutsche Bahn war der Service eine Dienstleistung, an der sie nichts verdiente.

Das Schreibabteil sah aus wie jedes andere Abteil, nur in der Mitte stand ein Tisch, auf dem die schwere Schreibmaschine Platz hatte. Der Kunde setzte sich neben die Sekretärin auf die Polsterbank oder gegenüber. Nach einem Büro sah es nicht aus, zumindest wenn die Sekretärin nicht da war. Einmal fand Doris das Abteil besetzt vor. Amerikanische Soldaten, „vollgepfropft mit Sack und Pack, einschließlich Gewehren", hatten das Schreibabteil belagert. „Der Zugführer schrie ihnen schon vergeblich zu ‚Sekretärin, Sekretärin'. Mit einem Lachen und einem Hinweis auf das Schild ‚Traveller's Secretary' (was sie hoffentlich lesen konnten), schmiß ich die ganze Gesellschaft hinaus."

Wenn Doris ihre Arbeit antrat, hatte sie zwei schwere Holzkoffer dabei: In einem Koffer war die Schreibmaschine und im anderen Koffer waren Papier, Kursbuch, Duden, Lexikon, Locher, Heftmaschine und Wörterbücher für Englisch und Französisch. Auch Schreibpapier mit dem Logo des jeweiligen Zuges hatte sie dabei. Doris warf die Briefe am nächsten Bahnhof ein, sodass die Adressaten sahen, in welchem Zug der Brief geschrieben wurde. Die Koffer musste

Doris nicht selbst schleppen. Dafür war ein Kofferträger der Bundesbahn da. Allerdings konnte man sich nicht immer darauf verlassen, dass er die Koffer auch zum richtigen Zug brachte: „Der Gepäckträger war recht leutselig, aber er brachte mich auf einen falschen Bahnsteig und hätte ich nicht selbst den einlaufenden Zug für mich auf einem anderen Gleis plötzlich gesehen, hätte es ein Malheur gegeben. Meine Kölner Kollegin hörte ich schon voller Verzweiflung zum Zugführer rufen: Ich sehe meine Ablösung nicht!"

Doris musste im Schreibabteil Diktate tippen, nicht nur in Deutsch, sondern auch in Englisch und Französisch. Das fiel ihr leicht, denn darin hatte sie Übung. Außerdem musste sie Telefonverbindungen herstellen. Und das war neu für sie: „Jetzt habe ich gerade nochmals die Bedienung für das Zugtelefon studiert – es ist 8 Uhr. Jetzt können die Kunden meinetwegen kommen." Stolz schrieb sie später: „Inzwischen habe ich schon 2 Gespräche verbunden. Der erste Herr (Moskau, er scheint Kaufmann zu sein, aber so sehr sympathisch!!!) ließ mir einen Wermut bringen." Auch hier zeigt sich der Unterschied zwischen einer Sekretärin im Büro und einer Zugsekretärin. Zu den Aufgaben einer Sekretärin gehörte es, dem Chef einen frischen Kaffee aufzubrühen und den Kunden einen Cognac anzubieten. Doris hingegen musste niemandem einen Kaffee zubereiten. Im Gegenteil: Die Kunden ließen ihr einen Wermut, einen Orangensaft oder einen Sekt in das Schreibabteil bringen. Viele Kunden zeigten ihre Zufriedenheit mit kleinen Aufmerksamkeiten, mit Trinkgeld, Geschenken und manchmal einer Einladung zum Essen.

Doris bekam schon bald Routine, im Zug auf der Schreibmaschine zu tippen und während des Fahrens die richtige Taste zu treffen: „Im Zug hatte ich von München bis Frankfurt für einen Herrn Schickhart von der Firma Merz & Co. zu schreiben. Ich wunderte mich selber, wie tippfehlerlos ich schrieb und er war des Lobes voll. Zum Abendessen lud er mich ein. Ich aß eine Königinpastete und trank Tee. Er machte eigentlich einen ganz gebildeten Eindruck mit leichtem Frankfurter Bürgerakzent. Man kam ins Heitere. Er sagte immer, wenn ich wieder so ein Fremdwort richtig geschrieben hatte: ‚ausgezeichnet'. Aber das Wort Präparat buchstabierte er immer, vielleicht schon zum sechsten Mal. Ich sagte kurzentschlossen: ‚Wenn Sie wieder Präparat buchstabieren, sage ich auch ‚ausgezeichnet.' Er kriegte einen Lachkoller. Als ich die Rechnung schrieb, sagte er vielen, vielen herzlichen Dank. Ich sagte: ‚Wieso, Sie müssen doch dafür zahlen.'"

Doris hatte sich schnell in ihrer neuen Arbeit zurechtgefunden, nur die Abrechnung bereitete ihr etwas Schwierigkeiten. Vor dem Schalter am Bahnhof fühlte sie sich wie in der Schule bei einer Matheprüfung: „Schon zum dritten Mal habe ich mich beim Abrechnungsschalter verrechnet. Gestern brüllte der eine Beamte höhnisch: ‚Ah, will se wieder betrügen!' Ich war so zornig, daß ich zurückgab: ‚Ich fresse Sie gleich auf!' Am meisten aber war ich zornig über meine Person! Ich fühlte mir die Röte ins Gesicht schießen."

Von dem Beamten am Schalter ließ sie sich ihre Arbeit als Zugsekretärin dennoch nicht vermiesen. Doris liebte ihr fahrendes Büro, das so ganz anders war als der Arbeitsplatz bei Degussa: „Wenn ich mit dem Zuge fahre, denke ich, es ist doch ein naturverbundener Beruf. Von meinem Fenster kann ich das ständig wechselnde Bild der Natur von Woche zu Woche verfolgen. Nein, ich möchte so schnell nicht mehr zurück in ein Büro mit vier Wänden und nur einem Fenster, das ständig dasselbe gegenüberliegende Haus als Ausblick hat."

Doris genoss auch die hohe Wertschätzung als Zugsekretärin. Stolz schreibt sie in ihr Tagebuch, wie die Bahnhofsbeamten und Grenzpolizisten nahe der niederländischen Grenze strammstanden: „Übrigens in Emmerich grüßen alle Blaubefrakten und alle Grünröcke mit der Hand an der Mütze, wenn ich aussteige oder wieder abfahre. Eine Königin könnte es nicht schöner haben!"

Arbeitsalltag

Die tägliche Arbeit von Doris bestand vor allem darin, Briefe in die Schreibmaschine zu tippen, die der Kunde diktierte, Telefonverbindungen herzustellen und Auskunft über Zugverbindungen zu geben. Doch nicht nur das. Die Reisenden kamen auch mit anderen Anliegen zu ihr. Deshalb war Doris für alles gewappnet. Wenn sich ein Fahrgast das Bein angestoßen hatte und blutete, verband Doris seine Wunde, und wenn sich jemand krank fühlte, half sie mit Grippe- und Schmerztabletten aus. Sogar Nähzeug hatte Doris dabei, denn manchmal musste sie einen abgerissenen Knopf annähen. „Für Knopfannähen 2 Tafeln Schokolade geerntet", notiert Doris in ihrem Tagebuch. In den 1950er-Jahren, als man auf korrekte Kleidung allergrößten Wert legte, konnte ein abgerissener Knopf an wichtiger Stelle geschäftsentscheidend sein. Auch einem Oberkellner aus dem Speisewagen half sie aus einer Notlage. Sie flickte seine Hosentasche, damit er nicht mehr ständig seine Münzen verlor. Dafür ließ er ihr einen Kaffee und Kuchen servieren.

Manche Fahrgäste brachten Doris sogar ihre Kinder zur Betreuung. Sie hatte für solche Fälle eine kleine Puppe, eine Plüschtiergiraffe und eine Holzeisenbahn in ihrem Gepäck. Für Doris war es eine willkommene Abwechslung. Sie konnte sehr gut mit Kindern umgehen, aber das gefiel nicht allen: „Ein Bonner Kind hatte ich zu betreuen. Die Mutter kam dann. Als ich die Geschichte fertig erzählt hatte, fiel mir das dreijährige Mädchen um den Hals. Die Mutter wollte Einhalt gebieten, aber es war nichts zu machen. ‚Hast Du sie denn so gern?' fragte die Mutter. ‚Na, schön, dann gehe ich fort, dann soll die Tante nur mal sehen, wieviel Arbeit Du machst.'"

Zu den Aufgaben der Zugsekretärin gehörte auch, die Fahrpläne im Zug auszuteilen: „Jetzt gehe ich den D-Zug-Begleiter verteilen. Mal sehen, was für Leute an Bord sind." Es war eine gute Gelegenheit, Menschen kennenzulernen oder mit der Prominenz zu plaudern: „Jetzt gehe ich mir den Obersten von dem belgischen Eisenbahnministerium anschauen, der in Köln in sein reserviertes Abteil einzog." In einem Tagebucheintrag zählte sie nach einem Rundgang durch den Zug auf, welche Reisende mitfuhren. Darunter waren ein Priester, zwei „italienische Landsleute (Weinbauern)", eine ältere Dänin in Tracht mit ihrer Tochter, ein Eisenbahn-Angestellter aus München, vier deutsche Geschäftsreisende, zwei amerikanische Soldaten und ein Amerikaner in Zivil mit Ehefrau. Die Aufzählung von Doris zeigt, dass in den Fernzügen ein internationaler Flair herrschte. Doris erlebte die große Welt in ihrem Schreibabteil. Für die meisten anderen Menschen war die Lebenswelt in den 1950er-Jahren sehr überschaubar.

Die Zugsekretärinnen fuhren durch ganz Deutschland. Die Unterkünfte der Bundesbahn unterschieden sich stark voneinander: „In München eilte ich zur Übernachtung und war angenehm erstaunt, als ich meinen Gang mit einer ranken Zimmerlinde vor dem hohen Fenster geziert fand. Das mir zustehende Zimmer war so geschmackvoll. Alles in Weiß. Telefon zum Weckenlassen. Rafael-Bild an der Wand. Ich nahm ein Bad mit Fichtelnadelsalz. Dann ruhte ich." Das Zimmer in der Hamburger Unterkunft gefiel Doris dagegen überhaupt nicht: „Eine gewisse Trostlosigkeit befällt mich immer in meiner Altonaer Übernachtung und es ist nicht selten, daß ich schließlich in meinen Tränen einschlafe."

Morgens musste sie früh raus. Einmal berichtet Doris, dass sie vergessen hatte, ihren Wecker zu stellen und daher fast ihren Zug verpasst hätte, der um 7 Uhr abfuhr. Sie schaffte es gerade noch pünktlich zum Bahnhof.

Manchmal half ihr an solchen Tagen ein Büroschlaf über ihre Müdigkeit hinweg: „Ich übernachtete in Ffm. Pforzheimerplatz, ließ mich um 5 Uhr wecken. Im Zug nach Bonn schlief ich der längelang auf der Bank weiter." Normalerweise war Doris aber zu beschäftigt, um im Zug zu schlafen. Die Schreibkunden gaben sich die Klinke in die Hand oder mussten sogar warten. Doch es gab auch ruhigere Fahrten: „Hatte 6 Telefonate und 1 Diktator (Lurgi) – Trinkgeld gut! In Dortmund gepennt. Bis jetzt außer Essen, Zeitunglesen, wo ich das erste Mal in meinem Leben das Wort ‚Junktim' las, und einem Telefonat (Fahrgast ‚Europäischer Filmverleih', der mich mal zu einer Premiere einladen will) nichts getan, als mittlerweile – da es langsam warm wird, – meinen Mantel ausgezogen." Doris nannte ihre diktierenden Kunden in ihrem Tagebuch manchmal „Diktator". In den 1950er-Jahren hatte man den Nationalsozialismus noch nicht aufgearbeitet und verwendete manche Ausdrücke unreflektiert. Es war wohl das Wortspiel, das sie amüsierte. Sie empfand sich nicht als unterdrückte Sekretärin von rücksichtslosen Machthabern. Es gab allerdings einen Stammkunden, der sich tatsächlich wie ein Diktator aufführte. Den nannten aber alle Zugsekretärinnen nicht Diktator, sondern den „Schienenschreck". Von ihm wird später noch die Rede sein.

Eine besondere Herausforderung als Zugsekretärin war ihre Arbeit in extrem heißen Sommern und sehr kalten Wintern. Im Sommer 1959 gab es eine große Hitzewelle. Doris schreibt in ihrem Tagebuch, dass sich der Zug wie eine Sauna anfühlte. Die Hitze machte Doris so sehr zu schaffen, dass ein Schreibkunde zu ihr sagte: „Sie haben so glasige Augen, sagen sie es bitte, ehe Sie in Ohnmacht fallen." Doris erwiderte: „Dies kommt alles daher, weil man nichts mehr zu trinken bekommt." Der Schreibkunde ging gleich los, um ihr etwas zu trinken zu besorgen. Doch er kam mit leeren Händen wieder zurück. Alle Getränke an Bord waren ausverkauft. Bei einer anderen Fahrt war zumindest noch Alkoholisches vorhanden: „Von Hamburg nach Frankfurt diktierte Patentanwalt Heinrich [...]. Er hat mir bei der Bullenhitze, bei der er wie seine beiden Vorgänger arbeitete, Sekt offeriert. Ich habe es bis zu 3 ½ Gläsern gebracht. Das war die Grenze bei der Hitze."

Auch Kälte machte die Arbeit beschwerlich und legte ganze Züge lahm. Am 1. Februar 1956 war Doris mit dem FT 138 „Rheinblitz" nach München unterwegs. Es war ein Rekordwinter, die Temperaturen sanken bis -20 Grad. Dazu wehte ein heftiger Nordostwind bis zur Orkanstärke und es schneite. Der Zug kam nur langsam voran. Es war Doris Geburtstag. Sie hoffte, am Abend planmäßig wieder zurück in Frankfurt zu sein. Doch es war aussichtslos: „Helas, eben 12.30 Uhr bin ich erst kurz hinter Frankfurt, das bedeutet, daß ich durch die Verspätung von mehr als 2 Stunden niemals mehr pünktlich meinen Gegenzug in München erwischen werde, und daher, weiß der Himmel wann, nach Frankfurt zurückkehre. Man riet mir schon, meinen Geburtstag in München zu verbringen. Übrigens war im Frankfurter Hauptbahnhof ein Durcheinander 1. Ranges. Manche Züge hatten 3 Stunden Verspätung, manche fielen überhaupt ganz aus und die Weichen waren bei 20°C unter 0 zugefroren. Dasselbe erlebte ich gestern abend: Am Bahnhof drängte sich eine Tram an die anderen, ohne weiter zu können: die Weichen waren eingefroren."

Nicht nur der Zug hatte Schwierigkeiten vorwärtszukommen, auch ihr Abteil war eiskalt: „Übrigens ist die Wasserleitung in meinem Wagen eingefroren, deshalb bin ich in meinem Abteil noch allein auf weiter Flur. Alle Fahrgäste haben sich in den nächsten Waggon verdrückt. Mein Fenster zeigt die herrlichsten Eisblumen und die Sonne leuchtet strahlend an blauem Himmel." Trotz der Kälte genoss sie dieses Naturschauspiel. Doch als es immer kälter und kälter wurde, überlegte sie sich, was sie tun konnte. Dass jemand zum Diktat kommen würde, war bei der Eiseskälte unwahrscheinlich. Außerdem konnte sie kaum tippen. Ihre Finger waren schon steif vor Kälte. In ihr Tagebuch schrieb sie: „Da faßte ich plötzlich den Entschluß – denn ich war auf mich allein angewiesen, und man muß selbst handeln, wenn man was erreichen will – in Würzburg auszusteigen." Die Idee kam ihr, weil in Würzburg eine Freundin wohnte, die sie schon lange nicht mehr gesehen hatte. Es brauchte offensichtlich keine große Überredungskunst, den Zugführer zu überzeugen. Er half ihr, die schweren Koffer aus dem Zug zu befördern. Hinter sich hörte sie, wie bereits zum dritten Mal ausgerufen wurde: „Achtung, Ferntriebwagen nach München, bitte Türen schließen, Zug fährt in wenigen Minuten ab."

Doris verbrachte den Nachmittag mit ihrer Freundin und als sie wieder zum Bahnhof kam, stand ihr Zug überraschenderweise pünktlich am Bahnsteig. Dann erfuhr sie warum: Der Zug war gar nicht mehr nach München gefahren, sondern in Würzburg geblieben.

Die Zugsekretärin und ihre Kunden

Die Kunden im Schreibabteil waren fast nur Männer, vor allem Geschäftsmänner aus aller Welt, aber auch Autoren, Journalisten, Beamte und Politiker. Selten kamen auch Frauen. Zugsekretärinnen unterlagen der Schweigepflicht. Manche Kunden ließen deshalb vertrauliche Briefe im Zug schreiben: „Ich habe schon so manchen Lebenslauf und viele Bewerbungen für Manager oder andere Persönlichkeiten aus dem Wirtschaftsleben geschrieben, die sich beruflich verändern wollten", erklärt Doris Kraus in einem Interview mit dem Tagesspiegel.[14] Einmal verfasste sie ein Testament.

Manchmal schrieb sie auch private Briefe. So erzählt sie von einem Amerikaner, der einen Brief „an seine Braut" diktierte, in dem er seiner Verlobten voller Stolz berichtete, dass er ein Erfolg für Frankreich und Deutschland sei. Dabei war es sein erster Tag in Deutschland. Als er in Bonn aussteigen wollte, sah Doris die Empfangsvorbereitungen für den argentinischen Ministerpräsidenten. Da konnte sie sich nicht die Bemerkung verkneifen: „Look at all these decorations; these are for you, because you are such a success!“

Ein andermal kam ein Graf Hasso von Rotenburg, der einen Liebesbrief an eine Comtesse in Nordfrankreich diktierte. Einen maschinengeschriebenen und von einer Sekretärin getippten Liebesbrief zu bekommen ist nicht gerade das, wovon Verliebte träumen. Doris, die einiges an Schreibaufträgen gewohnt war, wunderte sich sehr über dieses Diktat. Sie schrieb in ihr Tagebuch: „Also, er gefiel mir ganz gut, aber ich finde es nicht nett von ihm, daß er seinen Liebesbrief diktiert. Ich würde mich ärgern, wenn ich einen diktierten erhielte.“ Er diktierte auf Französisch, dass er sich bald als ihr „lapin rapide“, als ihr schneller Hase, mit ihr in Paris treffe. Sie solle ein Zimmer reservieren und alles nach ihren Wünschen arrangieren. Er träume von ihr, „elle est dans ses rêves“. Der Liebesbrief sei ganz nett, schrieb Doris, aber nicht besonders emotional. Doch Leidenschaft war ja auch nicht zu erwarten in einem Brief, der einer Sekretärin diktiert wird. Wahrscheinlich hat Doris den Brief auf dem Papier mit dem Logo der Bundesbahn geschrieben, was die Comtesse bestimmt nicht entzückte.

Ein anderer Kunde wollte einen Brief selbst an der Schreibmaschine schreiben. Doris überließ ihm ihre Schreibmaschine. Als sie sein angestrengtes Gesicht sah, bot sie ihm den Radiergummi an, aber er sagte, „der Brief ginge an die Braut, da sei das Verschreiben nicht so schlimm.“ Immerhin diktierte er seinen Liebesbrief nicht, sondern tippte selbst. Aber es ist dennoch erstaunlich, dass einige Männer lieber die Dienste im Schreibabteil bezahlten, anstatt selbst mit dem Füller einen Liebesbrief zu schreiben.

Nur wenige Frauen kamen ins Schreibabteil. Sie waren selten in einer Position, in der sie Briefe diktierten. Eine Bundestagsabgeordnete erwähnt Doris kurz und über eine Lehrerin schreibt sie: „Zum Diktieren kam eine wohlbeleibte weibliche Seele. Ich gucke immer, wenn Damen zum Diktieren kommen. ‚Seien Sie nicht erstaunt über den Text, es ist eine Klassenarbeit', sagte sie. ‚Satz 1, Die Römer griffen das Lager der Feinde an. Satz 2, Die Knaben liefen zum Fluß. Satz 3, Die Götter ...'. Sie diktierte schnell, ich schrieb hastig bis ich heiter nur noch lächeln konnte." Doris erinnerte sich an ihre eigene Schulzeit und sagte danach, das sei die schönste Lateinarbeit, die sie je diktiert bekam und bisher auch die einzige. Die Lehrerin meinte, wenn sie gewusst hätte, dass Doris Latein könne, dann hätte sie ihr auch lateinische Sätze diktiert.

Die Frauen, die in den modernen Fernzügen reisten, hatten keinen Bedarf, das Schreibabteil und die Dienste der Sekretärin in Anspruch zu nehmen. Sie hatten ihre eigenen Vorstellungen, wie die Zeit während der Zugfahrt besser genutzt werden könnte, wie Doris erzählt: „Es sind eine ganze Menge Leute dort, u.a. 4 Amerikanerinnen, sehr nett und zwei Rote-Kreuz-Schwestern, (mittleres Alter), die mich baten, doch anzuregen, daß ein Friseurladen in den Zug kommt. Bei ähnlichen Bitten werde ich antworten, daß das zuviel Wasser braucht und dieses Wasser die Haare angreifen könnte und drittens man auf diese Weise nichts von der schönen Landschaft hat." Der Fernzug war ein Zug der Luxusklasse. Da konnte man schon auf so ungewöhnliche Ideen kommen, zum Schreibabteil noch einen Friseursalon einzurichten, wobei sich die Frage stellt, wer einen Haarschnitt bei diesen hohen Geschwindigkeiten riskieren würde. Doch in den 1950er-Jahren legte man großen Wert darauf, ordentlich frisiert zu sein. Kurzhaarschnitte und Dauerwellen waren in Mode gekommen und hatten die alten Zöpfe und Haarknoten abgelöst. Damit die modernen Frisuren auch perfekt aussahen, brauchte es die professionelle Hand eines Friseurs. Die Idee mit dem Friseursalon war gar nicht so abwegig, denn es gab einen Reisezug, der tatsächlich ein Friseur-Abteil hatte. Dieser Sonderzug fuhr im Auftrag des großen Münchner Reisebüros Touropa, das Gruppenreisen in viele europäische Länder anbot. Eine Urlaubsreise nach Barcelona war etwas Besonderes und da wollte man auch frisch und elegant ankommen.

Anders als im Büro, schrieb eine Zugsekretärin für so viele unterschiedliche Menschen, dass sie sich schnell auf einen anderen Diktierstil einstellen musste. Die Schreibkunden kamen aus den verschiedensten Berufssparten und auch die Texte und Themen waren sehr unterschiedlich. Es waren Geschäftsbriefe, Vorworte oder Zeitungsartikel. Doris bekam dadurch Einblicke in sehr unterschiedliche Berufe und Themen. Und sie war am Puls der Zeit. Im Januar 1956 erzählt sie in ihrem Tagebuch von einem Kunden, der „von einem Besuch bei dem Verteidigungsministerium kam und Aufträge für Panzer M47, M41 etc. mitbrachte". Nach dem Zweiten Weltkrieg sollte Deutschland nicht mehr bewaffnet werden. Das lehnten die Besatzungsmächte und auch die meisten Deutschen ab. Doch als der Kalte Krieg den Konflikt zwischen Ost und West verschärfte, unterstützten die Westmächte eine Wiederbewaffnung der BRD. Trotz großem Widerstand in der Bevölkerung wurde 1955 die Bundeswehr gegründet. Doris erlebte im Schreibabteil allerdings auch, dass es Begeisterung für die Militarisierung gab: „Der dritte Diktator diktierte einen Brief an seinen früheren General, indem er diesem mitteilte, daß er nun auch wieder aktiv werde. Er hat seinen ganzen Entwicklungsgang seit dem verlorenen Krieg hier schriftlich niedergelegt. Als er sich verabschiedete, verabschiedete er sich, wie wenn er morgen zum Feindflug aufsteige. Seine Augen leuchteten und die Begeisterung für die Sache selbst sprach aus seiner ganzen Haltung. Ich wünschte ihm alles Gute, aber im Grunde fehlte mir und fehlt mir das Verständnis für diese Begeisterung für die Wehrmacht, die bei mir nur ein notwendiges Übel ist." Dass Doris den Begriff Wehrmacht verwendete, zeigt, wie sehr die Vergangenheit noch in die Gegenwart hineinragte.

Zu den Schreibkunden zählten auch bekannte Persönlichkeiten des öffentlichen Lebens, so zum Beispiel Prof. Dr. Bergstraesser aus Freiburg, der einer der bedeutendsten Politikwissenschaftler der Nachkriegszeit war. Oder der bekannte Afrika-Tierforscher Arthur Lindgens. Er diktierte Doris das Vorwort seines Buches „Der größte Zoo der Erde". Im März 1959 schreibt Doris in ihr Tagebuch: „Ca. von Anfang an bis ca. Duisburg diktierte mir der Journalist Allemann mit dem Künstlerhaarschnitt über „Ohne den Alten", wobei er ohne Unterbrechung Schachtel um Schachtel Zigaretten qualmte, die er mit hauchdünnen Wachstreichhölzern aus Italien anzündete." Fritz René Allemann war ein sehr bekannter Schweizer Journalist, der zahlreiche Bücher über die deutsche Politik und Reiseberichte schrieb. Dass Kunden während des Diktierens rauchten, war nicht selten. Man kann sich vorstellen, welche Nikotinschwaden im Zugabteil in der Luft hingen, in denen Doris schreiben musste.

Doris schrieb als Sekretärin alles, was die Kunden diktierten, doch wenn jemand meinte, er kenne sich in ihrem Fachgebiet besser aus, verstand sie keinen Spaß. Als Doris für einen Germanistik-Professor schrieb, korrigierte sie ihn, dass seine diktierte Kommasetzung falsch sei: „Der Germanist war gegen das Komma, das ich vor ‚und' gesetzt hatte. Auch das Komma hinter der Anrede prangerte er als ‚ungrammatisch' an." Der Professor erlebte es bestimmt nicht oft, dass ihm eine Sekretärin Deutsch-Nachhilfeunterricht gab: „Ich bin Germanist!", betonte er energisch. Doris hielt dagegen: „Und ich habe Lehrer als Eltern." Abgesehen davon, dass das Wissen der Eltern nichts über die Kompetenz der Kinder aussagt, stimmte es auch nur zur Hälfte. Ihre Mutter war zwar Lehrerin, aber ihr Vater war gelernter Kaufmann. Das Argument von Doris konnte den habilitierten Deutsch-Experten verständlicherweise nicht überzeugen. Aber Doris wollte es genau wissen. Sie schrieb an die Duden-Redaktion und schilderte den grammatikalischen Fall. Und sie hatte recht! Die Duden-Redaktion antwortete, dass ihre Kommaregelung korrekt sei und begründete die Rechtschreibregelung ausführlich.

Selbst gegenüber dem Präsidenten der Bundesbahn Dr. Oeftering zeigte sie keine Scheu. Mochte er über die Zukunft der Deutschen Bundesbahn entscheiden, im Schreibabteil war sie die Chefin: „Er wollte mir erst befehlen, daß er mir in den Block diktiere, dann fügte er sich aber meinem Willen und ich antwortete zur Erheiterung seiner Gesellschaft: ‚Diese Bescheidenheit zeugt für ihre Größe.'" Doris weigerte sich, sein Diktat zu stenografieren und es später auf der Maschine abzutippen. Für Dr. Oeftering wäre das Diktieren in den Block einfacher und schneller gewesen, aber für Doris aufwendiger. Stattdessen verlangte sie vom obersten Präsidenten, dass er ihr direkt in die Schreibmaschine diktierte. Und das bedeutete ein langsameres und möglicherweise auch wiederholendes Diktieren.

Selten gab es ausgesprochen schwierige Kunden. Ein Kunde, der die Zugsekretärinnen jahrelang schikanierte, war der bereits erwähnte „Schienenschreck". Doris erzählte in einem Zeitungsinterview von diesem cholerischen Kunden. Herr Hauer war ein älterer, unverheirateter Kaufmann, der kreuz und quer durch Deutschland fuhr. Kaum eingestiegen, fragte er die Zugsekretärinnen nach einer ganz verzwickten Verbindung zu einem abgelegenen Ort. „Wenn die Antwort nicht binnen zwei Minuten kommt, fängt er an zu wettern und empört sich über das angeblich unqualifizierte Personal der Bundesbahn", so erzählt Doris. Aber das sei erst der Anfang. Dann lege er richtig los. Er diktiere in einem Tempo, dass kaum eine Sekretärin mehr nachkomme. Frage man bei einem Wort mal nach, prasselte eine neue Schimpftirade auf die Sekretärin nieder. Manch eine sei schon bei ihm in Tränen ausgebrochen. Wenn Doris Herrn Hauer schon am Bahnhof kommen sah, wäre sie am liebsten ausgestiegen und mit dem nächsten Zug nach Hause gefahren. Als er wieder einmal auftauchte, erzählte sie einem anderen Schreibkunden von ihm und bekam seine Unterstützung. Sie schrieb 1958 in ihr Tagebuch: „Das Schreibabteil ist vorn und das Telefonieren ging nur hinten im Zug. So war ich hinten, Gespräche für einen Reisenden verbindend. Dazu kam Hauer! Kurz geschildert, wer das ist, frohlockte jener Telefonierende: ‚Ich werde weiter telefonieren. Der soll platzen! Es steht ja überall, Telefongespräche haben Vorrang.' Ich mußte lachen, wirklich lachen. So kam es, daß ich 1 ½ Stunden Telefongespräche verband und für Hauer nicht eine Zeile schreiben konnte, da beide Herren in Duisburg aussteigen mußten. Wohl habe ich mir von Seiten Hauers noch anhören müssen, daß er eine Meldung mache, daß Gespräche a bloque doch eine Unverschämtheit seien, wozu ich natürlich nichts könnte usw. usw."

Dass ein Kunde fast eineinhalb Stunden lang telefonierte, war schon sehr ungewöhnlich, zumal Telefongespräche noch sehr teuer waren. „Unter den 11 Gesprächen galt eines auch dem Zweck zu erfahren, wie es den 5 Hunden des betreffenden Reisenden zu Hause in Oberbayern gehe. Das ließ mir einleuchten, daß wenn für 5 schottische Schäferhunde, die so verwöhnt sind, daß sie gefüttert werden müssen, gesorgt werden kann, auch das Portemonnaie ca. DM 50.-- Telefongebühren tragen kann." 50 DM war wirklich viel Geld. Vor allem, wenn man bedenkt, dass man für eine Arbeitsstunde der Sekretärin vier Euro bezahlte. Dafür hätte man der Sekretärin zwölf Stunden lang Briefe diktieren können.

Als Zugsekretärin begegnete Doris oftmals bekannten Persönlichkeiten aus dem öffentlichen Leben. Der Prinz von Preußen war Fahrgast und Leni Riefenstahl war eine Schreibkundin. Sie war eine der wenigen Frauen, die ins Schreibabteil kamen, um zu diktieren. Leni Riefenstahl war durch ihre nationalsozialistischen Propagandafilme eine sehr umstrittene Berühmtheit. Ende der 1950er-Jahre, als sie Doris Dienste in Anspruch nahm, war Leni Riefenstahl eine Figur der Vergangenheit, die man am liebsten vergessen wollte. Zu den prominenten Schreibkunden der 1950er-Jahre gehörten auch Ljubomir Romansky, Kapellmeister an der Frankfurter Oper, und Hans Rothe, ein deutsch-amerikanischer Schriftsteller und Chefdramaturg bei der Filmgesellschaft UFA.

Thilo Koch war einer der ersten Prominenten, den man aus dem Fernsehen kannte. Da es am Anfang nur zwei Sender gab und dabei mehr Pausen als Sendezeiten, war Thilo Koch eines der bekanntesten Gesichter Deutschlands. Als Nachrichtensprecher war er fast täglich im Fernsehen. Thilo Koch war sehr vielseitig. Er war Redakteur, Mitbegründer des ARD-Weltspiegels, Auslandskorrespondent in Washington und drehte viele Dokumentarfilme und Reportagen. Zudem schrieb er viele Bücher. Doris notierte 1956 in ihr Tagebuch: „Mit mir arbeitete, aß und plauderte Thilo Koch, Intendant vom Nordwestdeutschen Rundfunk, Studio Berlin. Er war noch jung, aber natürlich verheiratet und ein typischer langer Norddeutscher. Ich habe ihn in Erinnerung als einen wirklich lieben, hoch intellektuellen Menschen." Ihre Meinung änderte Doris allerdings, als sie eine Reise nach Berlin unternahm. Sie hatte ihn kontaktiert und ihn um Reisetipps gebeten, weil er ein Buch über Berlin geschrieben hatte. Als er nicht antwortete, war sie beleidigt: „Als ich ihn am letzten Tag meines Aufenthaltes anrief, um ihm zu sagen, daß ich trotzdem viel gesehen habe, erschien er nicht mal am Telefon. O Gott, wie eingebildet und herzlos. Sein Büchlein über Berlin hat übrigens auch viele langweilige Stellen."

Auch über einen anderen Prominenten berichtet Doris in einem kurzen Tagebucheintrag: „Dann kam Prof. Adorno (der bedeutende Philosoph, von der Frankfurter Uni) zu einem Schwätzchen, wobei er mir zum Abschied einen Handkuß gab."

Einmal hatte Doris das ganze Schreibabteil voller Olympia-Sportler, die gerade von Australien auf dem Weg nach Hause waren und telefonieren wollten: „Als ich dann die fröhliche Sportlergesellschaft um und dicht neben mir hatte, die ihre Gespräche gar nicht abwarten konnten, ließ ich sie mir vorstellen. ‚Also neben Ihnen sitzt Herr Bautz, der einzige, der für uns die Goldmedaille holte.' Wir scherzten zusammen, bis die Gespräche hergestellt waren." Doris ließ sich von der ausgelassenen Stimmung anstecken. In Köln wurden der Goldmedaillen-Sieger und die anderen Sportler mit viel Blumen empfangen.

Zudringlichkeiten

Frauen erleben immer wieder sexuelle Belästigungen. In den 1950er-Jahren war es noch kein Thema, das öffentlich angeprangert wurde, wie heute in der MeToo-Bewegung. Jede Frau versuchte allein, die Zudringlichkeiten abzuwehren. Doris erzählt in ihrem Tagebuch von einem Schreibkunden, für den sie an einem Samstagabend schrieb. Als sie meinte, dass andere sich am Samstagabend amüsierten und sie beide arbeiten müssten, aber sie es ja dennoch sehr nett hätten, antwortete er: „Ja, es war wirklich nett, sehr nett." Dann wollte er sie küssen. Doris wehrte ab, sodass der Kuss auf ihrer Wange landete. Wie viele Frauen sah Doris nicht in dem Mann den Schuldigen, sondern hinterfragte sich selbst: „Irgendwie fragte ich mich auch, bin ich dran schuld? Das wollte ich nicht. Das wollte ich bestimmt nicht, ehrbare Leute verführen. Meine Scherze waren auch nicht dieser Art. Er kam noch, mir in den Mantel zu helfen. Und sagte mir 100 mal Aufwiedersehen. Dann tat er mir leid. Trotzdem werde ich mich künftig vorsehen." Sie hatte das Richtige getan und seine Zudringlichkeit abgewehrt. Der Mann hatte sofort verstanden, dass er eine Grenze überschritten hatte.

Zudringlichkeiten kamen nicht nur von Kunden, sondern auch von Kollegen: „Auf der letzten Dortmunder Fahrt kam einer der Lokführer zu mir herein, rückte immer näher zu mir heran. Ich weiß bis heute noch nicht, was ich in einem solchen Fall machen soll. Ich lege zumindest jetzt immer den Platz an meiner Seite voll mit Aktendeckel, damit man sich nicht mehr so ohne weiteres auf diesen Platz setzen kann. Es sieht nämlich wirklich nicht gut aus. Es ereignete sich an diesem Abend folgendes: Ein Fahrgast, der mir vorher für ein vermitteltes Telefongespräch eine Tafel Schokolade geschenkt hatte, kam nochmals zu mir. Ich konnte seinen versteinerten Blick sehen, als er so den Eisenbahner neben mir sitzen sah und dazu sprang derselbe noch ganz schuldbewußt auf. Ich sagte, ohne eine Miene zu verziehen: ‚Also nur so kurz haben Sie in Basel Aufenthalt. Das ist nicht viel.' Dann war er draußen und ich vermittelte dem Reisenden ein zweites Gespräch." Doris versuchte die brisante Situation umzudeuten, indem sie einen dienstlichen Satz an den Zugführer richtete. Sie schützte ihn damit. Die Situation war ihr offenbar sehr peinlich. Vielleicht befürchtete sie, der Kunde könnte denken, dieses enge Beieinandersitzen sei auch von ihr gewollt. Mit der Bemerkung wollte sie klarstellen, dass sie eine rein dienstliche Beziehung zu ihm hatte. Frauen wussten sich manchmal nicht zu wehren, wie Doris auch in ihrem

Tagebucheintrag schildert, und suchten nach Taktiken, solche Situationen zukünftig zu vermeiden. Doris belegte den Platz neben sich mit Aktendeckel.

Offenbar musste Doris immer auf der Hut sein. Als sie mit einem jüngeren Schaffner abends ins Kino ging, schrieb sie: „Auf dem Rückweg das übliche: ich mußte schwer auf Draht sein, damit keine Übergriffe stattfanden." Doris konnte sich gegen Zudringlichkeit wehren. Die Männer respektierten ihr Nein. Doch einmal erlebte sie eine Situation, in der sie sich ohnmächtig fühlte. Sie übernachtete in Emmerich, einem Ort nahe der niederländischen Grenze. Am Abend ging sie mit einem Grenzschutzbeamten aus. Diese Beamten fuhren im Zug mit, um die Pässe zu kontrollieren. Der Beamte wollte kurz bei sich zu Hause vorbeischauen. Weil es regnete, ging sie mit in seine Wohnung. Doris schrieb zwei Tage nach dem Vorfall in ihr Tagebuch: „Es ist Nacht, bald ½ 2 Uhr. Ich bin wieder aufgestanden, weil ich doch nicht schlafen kann. Ich habe mir eine Zigarette angezündet – das einzig genießbare, das ich vorfand. [...] Heute Nacht ist mir die Geschichte aus Emmerich vorgestern wieder eingefallen, mit der ich nicht so schnell fertig werde und über die ich sehr zornig bin. Ich will sie schildern: Man hat mich vergewaltigt, zwar nicht im landläufigen Sinn, aber in einer Vorstufe dazu. Daß er den Versuch machte, mich zu küssen und zu umarmen, kann man dem Durchschnittsmann nicht nachtragen, daß er aber trotz meines Weigerns weiter sein Ziel suchte [...] und schließlich mir auch seinen Kuß aufpresste – mein Hut war vom Kopf gefallen – ich hatte mich fast leblos nach außen abgeschlossen – eine andere Lösung fiel mir nicht mehr ein – das ist Vergewaltigung, Erniedrigung. Als er seinen Mund wegnahm – sicher weil ich so kalt wie Stein war, sagte ich mutig, aber überzeugend bestimmt: ‚Lassen Sie mich sofort los. Ich gehe.'"

In ihrem Tagebucheintrag reflektiert sie, wie sie die Situation verhindern hätte können: „Ich hatte übrigens schon auf dem Wege durch den strömenden Regen Überlegungen angestellt, wonach ich vor der Haustüre warten wollte, die ich aber auf seine Aufforderung, nicht im Regen stehen zu bleiben, nicht zum Ausdruck bringen konnte. Heute wüßte ich es: ‚Eine Dame tritt nicht in die Wohnung eines Mannes', und zwar mit aller Bestimmtheit."

Die Situation, die Doris hier schildert, wirft ein anschauliches Bild auf die damalige Zeit. Doris empfand es als durchaus normal, dass ein Mann versuchte, sie zu küssen. Von einem „Durchschnittsmann" erwartete sie nichts anderes. Was sie ihm aber übelnahm, war, dass er ihr Nein nicht respektierte. Doris nennt diese Gewaltanwendung auch beim Namen: Es war eine Vergewaltigung und Erniedrigung. Sie fühlte sich ihm hilflos ausgeliefert und war zu keiner Abwehr fähig. Erst als er von ihr abließ, konnte sie das Heft wieder in die Hand nehmen und energisch sagen, dass sie jetzt gehe.

Der Grenzschutzbeamte entschuldigte sich später für sein Verhalten und brachte ihr Blumen. „Ich sagte keinen Ton und er, was er tun könne, um das wiedergutzumachen." Doris antwortete zunächst nichts. Schließlich griff sie zu einer Strategie, die sehr überrascht. „Dann kam ich mir aber so meilenweit überlegen vor und meine ersten Worte waren: ‚Wollen Sie eine Tasse Kaffee mit mir trinken?', die ich auch bezahlte." Dass Doris den Grenzschutzbeamten zu einer Tasse Kaffee einlud, ist auf den ersten Blick schwer verständlich. Doch beim genaueren Hinsehen erschließt sich manches. Zum einen wollte sie mit ihm noch mal über den Vorfall reden und ihm sein übergriffiges Benehmen klarmachen. Und zum anderen hat sie damit das Machtverhältnis umgedreht und sich aus der Ohnmacht herausgeholt, unter der sie besonders gelitten hatte. Doris fühlte sich überlegen, wie sie schreibt, und gab nun vor, wie sie mit dem Vorfall umgingen. Sie war es, die ihn zum Kaffeetrinken einlud und sie war es, die den Kaffee auch bezahlte. In den 1950er-Jahren war es üblich, dass der Mann für die Frau bezahlte. Hier drehte sie den Spieß um und demonstrierte Selbstbestimmung und Unabhängigkeit. Und möglicherweise war es auch demütigend für einen Mann, wenn die Frau in aller Öffentlichkeit ihren Kaffee und vielleicht auch seinen Kaffee bezahlte.

Was diese sexuellen Übergriffe in den 1950er-Jahren von denen in den 1960er-Jahren unterscheidet, ist, dass die Männer sich schuldbewusst und reuevoll zeigen. Es gab eine allgemeingültige moralische Vorstellung, die Männer mit ihrer Zudringlichkeit überschritten. Das war ihnen auch bewusst. Wie diese Grenze, was „erlaubt" ist, aufweichte und welche Auswirkungen es auf das Schuldbewusstsein der Männer hatte, wird im letzten Kapitel über die 1960er-Jahre gezeigt.

6. Liebe im Büro – schwierige Verhältnisse

Bloß keine Liebesbeziehung im Büro! Das empfiehlt Martha Maria Gehrke eindringlich in ihrem Ratgeber für angehende Sekretärinnen. Damit liefere man nur Stoff für den Büroklatsch. Vor allem vom Chef solle man die Finger lassen. Das ginge selten gut. Er sei meistens verheiratet. Bei den Kollegen sei die Lage nicht besser. Auch sie seien meistens in festen Händen. Davon konnte Doris ein Lied singen.

Betriebsfeste und Affären

Doris konnte sich nie vorstellen, ein Verhältnis mit einem verheirateten Mann zu haben. Sie war entsetzt, als ihr eine Kollegin bei Kaffee und Kuchen von den Affären im Büro erzählte: „Im Café Schwille erfuhr ich dann von ihr nicht ohne geringen Schrecken, daß Vögelin ganz schamlose Verhältnisse mit seinen früheren Sekretärinnen hatte, selbst mit Frau Hoffmann, die auch allerhand auf dem Kerbholz hätte.

Dr. Müller hätte eine um 10 Jahre ältere Frau vom Lande, die in keiner Weise ihm etwas bieten könne. Diese Ehe war nur in dem Jahr 1945, als Müller ohne Hilfe aus der Gefangenschaft kam, zu verstehen. Jetzt hat er das Verhältnis mit Frau Schleucher. Seine Frau mit 2 Kindern würde er aber nicht aufgeben, soviel Charakter hätte er."

Es ist sehr erstaunlich, wie unterschiedlich die Verhältnisse bewertet werden. Die Affären von Herrn Vögelin bezeichnet Doris als schamlos, während sie für die Affäre von Dr. Müller Verständnis aufbringt, denn er hatte ja eine Frau, die ihm nichts bieten konnte. Möglicherweise gibt Doris hier auch nur die Meinung ihrer Kollegin wieder, aber sie lässt deren Meinung im Tagebuch unwidersprochen. Herrn Müller wird „Charakter" bescheinigt, weil er sich nicht von seiner Frau trennte, die er unmittelbar nach der Freilassung aus der Gefangenschaft als einsamer und mittelloser Mann geheiratet habe. Damals konnte ihm „eine Frau vom Land" offenbar genug bieten. Immerhin war die Ernährungslage während der großen Hungersnot auf dem Land sehr viel besser als in der Stadt. Herr Müller gab sich offenbar keine große Mühe, sein Verhältnis geheim zu halten, sondern tauschte auf einem Betriebsfest Zärtlichkeiten mit seiner Sekretärin aus – „öffentlich", wie Doris in einem anderen Tagebucheintrag festhielt. Doris ahnte damals noch nicht, dass sie kurze Zeit später in einer ähnlichen Situation sein würde. Bei einer Betriebsfeier an Fasching 1955 kam sie Hans Goldmann näher. Ob er einer ihrer Vorgesetzten war oder nur ein Kollege in einer höheren Position erschließt sich aus dem Tagebucheintrag nicht. In jedem Fall war Hans Goldmann verheiratet und hatte zwei kleine Kinder: „Fasching von 3-12 Uhr in der

Durferrit gefeiert. Mir gefiel es gut. Keiner war beschwipst. Die Schallplatten und später die Radiomusik waren bestens. Goldmann war mein Tänzer den ganzen Abend lang. Einmal begleitete ich ihn hinaus, um Zigaretten zu kaufen. Auf dem verschneiten Hof Schneeballkampf. Dann urplötzlich suchte sein Mund den meinen, aber ich hatte noch einen Ball in der Hand und ich rieb sein Gesicht derart mit ein, daß nicht viel daraus wurde." Doch Hans Goldmann gab nicht auf. „Auf dem Rückweg ähnlicher Überfall. Ich weiß nur noch, daß er mich hoch in die Luft hob, wir an eine Wand in der von ihm gemalten Zielscheibe Bälle klebten und ich beim Schneeabschütteln vor dem Wiedereintreten ins Haus sagte: ‚Bereuen Sie Ihre Sünden!' und er antwortete: ‚Ich bereue gar nichts.'" Sie tanzten miteinander und bei dieser Gelegenheit versuchte Hans Goldmann immer wieder, Doris zu küssen. „Es war herrlich, einfach wunderbar!", schrieb sie. Die Stimmung war ausgelassen, doch Doris hatte gleichzeitig Gewissensbisse. Sie meinte, dass es seine Frau bestimmt verletzen würde, wenn sie von diesem Flirt erfahren würde, doch er erwiderte, dass an Fasching alles erlaubt sei. Hans Goldmann brachte sie mit dem Auto nach Hause und küsste sie wieder. „Ich glaubte, ein neuer Lebensstrom jagte durch meine Glieder. Ich fand es so wunderbar. Ich wußte ja gar nicht, das Küssen so ist." Dennoch löste sie sich aus seiner Umarmung und stieg aus dem Auto aus. „Ich war so unglücklich in der Nacht. Ich schlief kaum. Ich machte mir Vorwürfe und auf der anderen Seite war ich so glücklich, einmal das wunderbare eines Kusses von einem geliebten Mann empfunden zu haben. Ich war traurig, daß wir uns nicht lieben dürfen. Aber ich werde eisern sein, so eisern wie ich nur kann."

Für Hans Goldmann war es zunächst nur ein Faschingsflirt. Er brachte am nächsten Tag seine kleine Tochter in die Firma mit und tat, als ob nichts gewesen wäre. Auch in den nächsten Tagen verhielt er sich gegenüber Doris freundschaftlich und kollegial wie immer. Doch die Affäre war noch nicht vorbei. Die nächste Betriebsfeier kam und für Hans Goldmann eine neue Gelegenheit, Doris näherzukommen. Er brachte sie nach der ausgelassenen Feier nach Hause, stellte den Motor ab, umarmte und küsste sie. In ihr Tagebuch schrieb sie: „Mich durchfuhr dasselbe Gefühl, das ich spüre, wenn ich auf dem Riesenrad in die Tiefe sehe." Doris war hin und her gerissen. Sie war verliebt, aber wollte keine Affäre mit einem verheirateten Mann beginnen. Stattdessen schlug sie ihm vor, dass sie Freunde bleiben sollten. Er wollte jedoch nicht mit ihr befreundet sein, sondern „das andere", wie Doris in ihrem Tagebuch schreibt, „‚das andere' sei doch natürlich". Doris nannte klar beim Namen, dass er sie ja doch nur als Geliebte haben wollte, worauf er sagte „Mir ist das alles ernst", und seine Annäherungsversuche fortsetzte. Doris kam wieder zurück auf das Thema und schlug ihm eine platonische Freundschaft vor. Daraufhin versuchte er es mit einer bewährten Methode. Sie sei ja so verführerisch und er sei zu schwach: „Hilft nur eins, die Haare abschneiden und ein Sack! Das kommt eben ganz darauf an, was ein Frauenkörper ausstrahlt." Mit ihr könne er keine platonische Freundschaft führen. Dann wurde Doris deutlicher. „Ich sagte: Es kommt doch auch darauf an, ob eine Frau will oder nicht. Er sagte: Er wolle es ja für gewöhnlich auch nicht, aber manchmal wolle er eben. Sicher sei ich stärker als er." Die

Antwort auf Doris' Einwand zeigt, dass es nicht darum ging, was die Frau wollte, sondern um die Bedürfnisse des Mannes. Deutlich wird hier auch die Geschlechtervorstellung der 1950er-Jahre, die teilweise noch heute herrscht: die verführerische Frau und der schwache Mann, der seinem Testosteron-Schub hilflos ausgeliefert ist. Deshalb lag es an der Frau, den Mann in die Schranken zu weisen. Die ganze Verantwortung wurde auf sie abgewälzt. Doris wehrte die Annäherungen von Hans Goldmann ab, obwohl sie sich zu ihm hingezogen fühlte. Er ließ sich von ihrem Widerstreben nicht beirren und versuchte es immer wieder. Sie ließ es dann auch zu, dass er sie lange küsste. Er spürte ihre innere Zerrissenheit und akzeptierte ihr Nein nicht. Für Doris war es zudem nicht einfach, sich gegen die Zudringlichkeiten zu wehren, weil ein deutliches Autoritätsgefälle die Beziehung bestimmte. Als Mann hatte er grundsätzlich eine höhere Machtstellung in der Gesellschaft und in der Firma war er in einer höheren Position. Das Autoritätsgefälle wird auch dadurch deutlich, dass Doris Hans Goldmann siezte, aber er Doris außerhalb des Büros duzte. Doris wäre es wahrscheinlich nicht in den Sinn gekommen, ihn mit Hans und Du anzusprechen.

Heute würde diese Aufdringlichkeit als eine klare Grenzüberschreitung gewertet werden und könnte strafrechtlich verfolgt werden. Doch in den 1950er-Jahren war sexuelle Belästigung noch keine Straftat, es war noch nicht mal ein gängiger Begriff.

Dass Hans Goldmann Doris weiterhin so bedrängte, fand sie zunehmend ernüchternd. Als er sie wieder einmal nach Hause brachte, schrieb sie: „Im Wagen legte er wieder seinen Arm um mich und bevor er mich zu küssen suchte, durchkam mich ein Glücksgefühl momentan, dass ich nahe am Weinen war, hätte er nicht sogleich mich so ungestüm zu küssen begonnen. Ich wehrte ab und wir saßen ein Weilchen so im Wagen. Er hatte seinen Arm noch um meine Schulter, aber das Glücksgefühl war weg. Vor unserem Haus noch zwei Stunden geredet. Ich dachte an den Film, wo sich auch die entscheidenden Dinge im Auto abspielen. Er hat auch geküßt und liebkost. ‚Ich wusste nicht, dass es noch so schön wird', hat er gesagt. Und ich habe gesagt: ‚Wartet denn Deine Frau nicht auf Dich, vielleicht weint sie. Vielleicht sagte sie es nur nicht.'"

Was Hans Goldmann über seine Frau erzählte, sagt sehr viel über die Frauenrolle der 1950er-Jahre aus. Doris schrieb in ihr Tagebuch: „Ich fragte ihn einmal, ob seine Frau noch arbeiten gehe. Ja, sagte er, zu was anderem taugt sie nicht. Von Haushalt versteht sie überhaupt nichts. Wenn sie Romane und Abendpost lesen kann, dann ist sie zufriedengestellt." Dass seine Frau lieber einem Beruf nachging, die Zeitung und Bücher las als seine Hemden zu bügeln, den Fußboden spiegelblank zu putzen und Marmelade zu kochen, hatte keinen Wert für ihn. Dabei musste sie vermutlich dennoch den Haushalt machen, denn es ist sehr unwahrscheinlich, dass Hans Goldmann ihr nach dem Büro beim Abwasch half, zumal er seine Freizeit lieber mit seiner Sekretärin im Auto verbrachte. Wahrscheinlich gefiel es ihm nicht, dass sie abends noch in der Küche stand, anstatt ihn zu umsorgen. Auch wenn wir nicht wissen, welchen Beruf Hans Goldmanns

Ehefrau ausübte, so war sie doch so emanzipiert, dass sie sich gegen ihren Mann durchsetzte, der sie lieber am Herd gesehen hätte.

Doris nahm sich fest vor, einen Schlussstrich zu ziehen: „Nein, diese Affaire wird sich nicht wiederholen, aber schlecht war sie, glaube ich, wirklich nicht." Doris' Gefühle für Hans Goldmann waren immer noch sehr stark. Doch das änderte sich, als er sie nach einer anderen Betriebsfeier nach Hause brachte. Er hatte zu viel getrunken und küsste sie. Dieses Mal empfand sie seine Küsse als unangenehm, wehrte ab und stieg aus. Er erkannte selbst sein Fehlverhalten und entschuldigte sich am nächsten Tag, als sie sich wieder im Büro sahen. Doris entgegnete: „Ich hatte Sie, als ich zu Durferrit kam, als einen so besonderen Menschen angesehen und Sie so verehrt und nun ist es so schrecklich, so Stück um Stück eines anderen gelehrt zu werden." Die Bewunderung für Hans Goldmann schwand immer mehr, bis er sich auf ihrer Augenhöhe befand. Daraus entwickelte sich schließlich, wie von Doris von Anfang an vorgeschlagen, ein freundschaftlich-kollegiales Verhältnis. Doris genoss die Vorteile der Freundschaft und setzte Hans Goldmann als ihren privaten Chauffeur ein. Sie ließ sich von ihm zum Zahnarzt, zum Stenokurs oder zu Geschäften bringen, um Besorgungen zu machen. Meistens hielt er sich mit seinen Annäherungen zurück, jedoch nicht immer. Als er sie einmal ins Kino chauffierte, wo sie noch mit einem Kollegen verabredet war, wehrte sie seinen Annäherungsversuch so deutlich ab, dass er nur noch einen zaghaften Vorstoß wagte. „Er bettelte süß: ‚Sag mir doch wenigstens ein liebes Wort', und ich lachte und sagte ihm mit allem Charme: ‚Sie sind ein süßer Goldmann.'"

Eine Affäre im Büro blieb selten unbemerkt. Bei Betriebsfeiern, von denen es damals offenbar viele gab, kamen sich die Kollegen und Kolleginnen näher. Eine Liebesbeziehung in aller Heimlichkeit auszuleben, war in den 1950er-Jahren schwierig. Es gab kaum einen Ort, um sich zu treffen. Zum verheirateten Chef konnte man nicht nach Hause gehen. Und die Sekretärin konnte sich in der Regel keine eigene Wohnung leisten, sondern wohnte zur Untermiete. Dort wachte die Zimmerwirtin mit der Keule des „Kuppelei-Paragrafen". Der Paragraf besagte, dass die „Förderung und Tolerierung außerehelichen Geschlechtsverkehrs" strafbar ist. Erst 1969 wurde er in der BRD abgeschafft, in der DDR ein Jahr früher. Aufgrund dieses Paragrafen konnte ein unverheiratetes Paar auch kein Hotelzimmer buchen. Trotz dieser Hürden gab es langjährige, heimliche Liebesbeziehungen. Davon erzählt die Sekretärin Gerda Knolle in ihrem Tagebuch.

Gerda

Gerda lebte in Dessau in der DDR. Sie war 29 Jahre alt und unverheiratet, wie viele Frauen in der Nachkriegszeit. Viele Männer im heiratsfähigen Alter fehlten, weil sie im Krieg gefallen waren oder sich noch in Kriegsgefangenschaft befanden. Für die Frauen war es damals nicht einfach, einen Ehemann zu finden. Der Mann, in den sich Gerda 1951 verliebte, war verheiratet. Beide arbeiteten im Gericht, er als Wachtmeister und sie als Sekretärin. Im Februar 1951 schrieb sie in ihr Tagebuch: „Seit kurzer Zeit merke ich, dass ich Herrn Klockengiesser,[15] Robert, 49 Jahre, verheiratet, ohne Kinder, sehr gern mag. Wir kommen uns beide immer näher, ich spüre, ich muss mich in Acht nehmen. Es kommt daher, Herr Klockengiesser ist sehr, sehr nett, ruhig, höflich und kann so überaus zart sein. Und ich sehne mich so unendlich nach Liebe, Zartheit, umworben sein, ich habe solche Sehnsucht nach einem Menschen, der mich lieb hat, aus diesem Grunde fühle ich mich so zu ihm hingezogen." Es gab zwar auch einen anderen Mann, der sich für sie interessierte, einen Richter, der neu eingestellt wurde, aber der gefiel ihr nicht: „Es ist ein Mann, der mich an und für sich nicht reizen kann, Angeber durch und durch."

Gerda fühlte sich immer mehr zu Robert Klockengiesser hingezogen: „Wieder so ein Tag, der mich so erregt hat. Ich sass heute das 1. Mal in der politischen Schulung neben Klockengiesser. Ganz eng sassen wir. Was gesprochen wurde, in diesen 2 Stunden, wussten wir beide nicht. Wir waren beide restlos fertig, ich wie er so erregt durch unser nahes Nebeneinandersitzen, so drängten wir uns zusammen mit den Füssen und er hielt dauernd meine Hand in der seinen. Es merkte niemand etwas davon." Sie war überwältigt von ihren eigenen Gefühlen und versuchte, dagegen anzukämpfen. „Es darf nicht sein, wie kann ich mich wehren? Und dabei war es so unendlich schön – ich war selig – noch nie nie habe ich das so empfunden, ich kenne das ja alles gar nicht – und ich hatte plötzlich sooooo unendliche Sehnsucht nach richtiger körperlicher Liebe. Was ist das nur? Hat das etwas mit meinem Alter zu tun? Ist doch die Zeit da, die bei anderen schon lange da ist? Bin ich doch nicht so kalt, wie ich es mir einreden will und wie mir in früheren Jahren so oft gesagt wurde? – Und vielleicht ist es auch ganz natürlich, dass eine Frau von

29 Jahren körperliches Verlangen hat. Ich denke da oft darüber nach – aber ich habe ja die Angst, die Angst steht ja immer dahinter."

Sie sei kalt, wurde ihr früher oft gesagt. Um ihre damalige Gefühlslage zu verstehen, lohnt sich ein Blick in einen früheren Tagebucheintrag, und zwar von Mai 1943. Damals schrieb die 21-jährige Sekretärin: „In der letzten Zeit sind bei mir so viele Zweifel aufgetreten in bezug auf die Liebe, ob das, was ich tue und wie ich denke ganz richtig ist. [...] Neulich nun in der Wirtschaftsgruppe wurde wiederum davon gesprochen. Daß jetzt ganz andere Zeiten wären und dass es wohl fast kein Mädel mehr gebe, die noch rein wäre. Ich kam dabei mit Frau Reinert in die Wolle. Sie sagte mir, es wäre für sie kein Renomé, sagen zu können, ich bin noch rein. Sie könnte mich nicht verstehen, ich wäre doch sonst nicht so; und wenn ich noch mit keinem Mann ‚Verkehr' hätte – wär es doch ein Zeichen, daß so eine Frau reizlos wäre, daß der Mann nichts Reizendes an ihr fände und deshalb gar nicht anfängt." Doch da ist Gerda anderer Meinung. „Warum soll ich keine Reize an mir haben, natürlich, denn das versucht ja jeder Mann, und sich irgendeinem Mann hinzugeben, das ist doch wirklich kein Kunststück, die findet man genug, die dazu bereit sind." Gerda wollte jungfräulich in die Ehe gehen, doch die Sexualmoral ihrer Kolleginnen lassen sie zweifeln. Durch die Diskussionen mit ihren Kolleginnen ändert Gerda ihre Meinung: „In einem Punkt habe ich mich schon überreden lassen bzw. ich bin zu der Überzeugung gekommen. Wir leben nun einmal jetzt in einer anderen freieren Zeit und manches hat sich geändert und ich sehe ein, daß kein Mann solange damit wartet bis zur Hochzeit. Es gibt keinen Mann mehr, der das mitmacht, keiner kauft die Katze im Sack. Mutti hat mir zwar immer beigebracht, nie vor der Hochzeit, aber ich sehe, das geht nicht, ich muß mit, mit der Welt. Aber eher, als bis man verlobt ist, dagegen bin ich grundsätzlich und werde es, auch trotz allen Redens bleiben." Hier zeigt sich, dass die Befreiung der Frau von einer rigiden Sexualmoral nur eine scheinbare Freiheit war. Die Frau bestimmte in Wirklichkeit nicht selbst, wie sie Sexualität leben wollte, sondern passte sich dem Drängen des Mannes an, der „keine Katze im Sack kaufen möchte", wie Gerda schrieb, sondern vor der Ehe wissen wollte, was ihn erwartete. Was Gerda als Gefühlskälte ausgelegt wurde, war ihre Zurückhaltung gegenüber dem Drängen der Männer, dem sie nicht nachgeben wollte. Doch seit sie Robert Klockengiesser kennengelernt hatte, war alles anders. Gleichzeitig fürchtete sie sich, ihren Gefühlen nachzugeben und in einer Affäre mit einem verheirateten Mann zu landen. „Das mit Klockengiesser geht, glaube ich, nicht gut. Er sucht mich, wo er kann, er ist immer bei mir, es fiel schon auf. Und ich? Ich freue mich, sehne mich nach ihm, warte, dass er kommt, ach es ist schlimm, ich freue mich von einem Tag auf den anderen, dass ich ihn sehe."

Aus dieser gegenseitigen Anziehung wurde eine innige Liebesbeziehung. Gerda war glücklich, doch Robert Klockengiesser befand sich in einem inneren Konflikt. Er sagte Gerda, dass er sie liebe, doch seine Ehe sei glücklich gewesen, bis er Gerda traf. Er sei seit 13 Jahren verheiratet und seiner Frau nie untreu gewesen. „Robert meinte, es müsse etwas geschehen, er gehe kaputt dabei, er denke nur an mich, sein Benehmen würde seiner Frau schon auffallen. Seit 4 Wochen schon merke sie, dass etwas mit ihm nicht stimmt. Seit mehr als 14

Tagen hätte er sie schon nicht mehr angerührt. Sie sage da ja nichts, sie sei sehr ruhig, aber bemerkt hatte sie es schon lange." Robert spielte mit dem Gedanken, seine Frau zu verlassen, aber Gerda sagte ihm, dass er das nicht tun solle, denn sie wollte keine Ehe zerstören. Dass auch eine heimliche Affäre eine Ehe zerstört, weil durch Lügen Offenheit und Vertrauen verloren gehen, verdrängte Gerda jedoch. Eine Scheidung wollte Gerda nicht verantworten. Auch hier wird wieder deutlich, welche gravierenden Folgen eine Scheidung in den 1950er-Jahren hatte. Für die verlassene Ehefrau war es auch in der DDR ein sozialer Abstieg und Absturz in die Armut. In der DDR bekamen Frauen ab Mitte der 1950er-Jahre keinen Unterhalt nach der Scheidung.[16] Die Frauen sollten für sich selbst sorgen. Doch viele Frauen verdienten weniger als Männer. Zudem herrschte in den 1950er-Jahren noch das traditionelle Rollenbild. Viele Ehefrauen waren noch Hausfrau, so auch Roberts Ehefrau, oder sie arbeiteten in Teilzeit. Die Gesetzesmaßnahme, dass Frauen keinen Unterhalt nach der Scheidung bekommen, sollte dazu dienen, Frauen von dem bürgerlichen Lebensstil wegzubringen – von der Küche an die Werkbank. Eine Scheidung zu verantworten, war für Gerda ein großer Schritt. „Wenn es keinen anderen Ausweg gebe, müsse ich weggehen. Er war darüber sehr erschrocken. Auf keinen Fall, meinte er, mit dem Tage, an dem ich kündige, kündige er auch. Er gehe evtl. nach dem Westen, habe Verwandte dort. Er ginge dann ohne seine Frau, er bekomme drüben auch Arbeit. Ohne mich bleibe er nicht beim Gericht."

Doch es kam anders: Robert Klockengiesser entschied sich für seine Frau und trennte sich von seiner Geliebten. Gerda litt entsetzlich unter dieser Trennung. 1953 schrieb sie in ihr Tagebuch: „Heute vor 2 Jahren – da war der Tag, als alles krachte, als Robert mich verliess. Was ich in diesen 2 Jahren gelitten habe, ist unbeschreiblich. Gewiss, ich habe auch manche schöne Stunde noch erlebt, manche wirklich glückliche und selige Stunde, aber der Kummer, das Leid, das Schwere alles, das ist doch unermesslich."

Trotz der Trennung hatten sie sich immer wieder heimlich getroffen. Gerda hatte inzwischen einen Freund, Rudi. Er war geschieden und hatte eine Tochter im Teenageralter. Innerlich war Gerda aber immer noch an Robert gebunden. Sie liebte ihn sehr und auch er konnte sie nicht vergessen. Gerda war bereit, sich von Rudi zu trennen, doch Robert hielt eine Trennung von seiner Frau für aussichtslos. Sie würde einer Scheidung niemals zustimmen, erzählte Gerda. „Er hat seit dieser Zeit, diese 2 Jahre, eine völlig andere Frau. Sie macht für ihn alles, er braucht nur zu wünschen, nur den kleinsten Wunsch zu äussern, nie war sie so. Wenn sie auch schimpft, trotzdem tut sie alles für ihn."

Gerda und Robert trafen sich weiterhin heimlich, meistens irgendwo draußen im Dunkeln auf ihrer Parkbank. Im Tagebuch wird immer wieder deutlich, dass es eine erfüllte Beziehung war: „Manche Männer – und vielleicht wird es auch in Zukunft bei mir so sein – führen den G-Verkehr durch und nennen es ‚Liebe', wir aber wüssten doch, was Liebe heisst."

Obwohl sie beide untreu waren, warf Robert Gerda vor, dass sie Rudi betrüge. Robert war auf seinen Nebenbuhler eifersüchtig, aber zugleich schlug er vor, dass Gerda Rudi heiraten solle und sie ihr heimliches Verhältnis fortsetzen. Er könne ihr keine Ehe bieten und mit Rudi hätte sie einen Ehemann an ihrer Seite. Gerda fühlte sich als heimliche Geliebte oft einsam und wünschte sich einen Mann an ihrer Seite, allerdings nicht Rudi, sondern Robert. Doch weil ihre Liebe keine Zukunft hatte, entschied sie sich, Rudi zu heiraten. Bis es so weit war, traf sie sich aber weiterhin mit Robert. Nach ihrer Heirat würde sie zu ihrem Mann in einen anderen Ort ziehen, dann wäre auch die Beziehung zu Robert zu Ende.

Noch zehn Tage vor der Hochzeit trafen sie sich: „Er war schon da, lieb und nett und sagte mir, dass er auf jeden Fall mich nochmal haben will. Er sah mich so lieb an und bestätigte mir auch, dass er mich noch lieb habe." So verabredeten sie sich noch ein letztes Mal an ihrer Bank, um halb neun bei Nieselregen. „Es machte uns nichts, wir waren glücklich, uns zu haben, und traurig – das Wort ‚es ist das letzte Mal' kam uns immer so sehr zu Bewusstsein. Auch Robert erwähnt es mehrere Male. Ich konnte nicht anders, ich musste weinen, weinen, schrecklich weinen, als ich da so in seinen Armen lag, zum letzten Mal ihn spürte – meinen Robert, der mir so unendlich viel Glück gegeben hat, durch den ich erst gelernt habe, was lieben heißt, mit dem ich das höchste Glück, die höchste Seligkeit auskosten durfte." Dem endgültigen Abschied von Robert sah sie mit Traurigkeit entgegen. „Das so oft gefürchtete Ende ist da, das Ende, vor dem ich mich stets gegrault habe."

Auch wenn Gerda sich entschlossen hatte, Rudi zu heiraten, hielten ihre Bedenken bis zur Hochzeit an. „Ach ja, strahlend, glücklich wie eine Braut bin ich wahrhaftig nicht. Bedenken, Sorgen, Angst sind in mir. Ja, wenn Robert es wäre, dem ich da folge, zu ihm gehöre ich, er ist mir vertraut wie selten ein Mensch, da finde ich Schutz, da fühle ich mich geborgen, da wäre ich glücklich. Aber zwischen Rudi und mir ist doch immer noch eine Kälte. Ich kann mir so vieles, was ein eheliches Zusammenleben ergibt, was mit Robert Selbstverständlichkeit war, nicht vorstellen, ich schrecke davor zurück, er ist mir fremd, ich kann den richtigen Kontakt nicht finden. Ja, wir heiraten, es ist nun so gekommen, ich, weil ich eben verheiratet sein will, weil ich los von Robert kommen will, Pflichten und Arbeit, die ablenken, haben will, er vielleicht, weil ich alles habe, weil Möbel, Ausstattung und alles vorhanden ist. Aber Liebe? Wir haben noch nicht einmal das Wort ‚Liebe' erwähnt. Wohl noch nie gefragt ‚liebst du mich'. Irgendwie hält uns wohl beide davon ab, weshalb soll die Antwort darauf eine Lüge sein? Also lassen wir es lieber. Wir mögen uns gern, ja – und vielleicht kommt alles andere noch in der Ehe. Es ist traurig, sehr traurig, daß ich so heirate – aber wieviel wohl mag es ähnlich ergangen sein? Dass eine solche Liebe, wie zwischen mir und Robert bestand, selten bei Menschen ist, ist mir klar und nur die wenigsten werden unter solchen Voraussetzungen geheiratet haben."

Eine Liebesheirat, so erscheint es Gerda, war auch noch in den 1950er-Jahren eher selten. Im Vordergrund standen pragmatische Gründe. Man gehörte zu jemanden, als Frau war man versorgt und als Ehefrau war man respektiert. Unverheiratete Frauen wurden oftmals mitleidig belächelt. Und auch materielle Aspekte zählten. Rudi hatte eine schöne Mietwohnung in einer Villa gefunden, die 70 Mark Miete kostete – was für Gerda viel Geld war – und Gerda brachte eine gute Aussteuer mit.

Trotz all ihrer Bedenken bekam Gerda zunehmend Gefallen an ihrer Rolle als Hausfrau und Ehefrau, je näher die

Heirat rückte: „Und dann wurde zum Abend gegessen, ich hatte alles recht schön gemacht. Ich kam mir so ganz wie Hausfrau, Ehefrau und Mutti vor und war ganz stolz." Sie findet sich schnell in ihre Rolle ein und schreibt einige Tage später: „Ich fühle mich schon in der Küche wie zu Hause, bin doch irgendwie stolz, wenn ich das Essen auftrage oder wenn Rudi mich bittet, ihm ein Hemd herauszusuchen. Ich glaube, diese Pflichten alle werden mir gefallen. Ich werde Freude daran haben."

Obwohl sie jahrelang ein Liebesverhältnis hatte, legte sie weiterhin Wert auf ihre früheren Moralmaßstäbe. Gerda erzählt, dass sie in der ersten Nacht bei Rudi im Wohnzimmer schlief. Das erstaunte die Teenager-Tochter von Rudi sehr: „Ingrid konnte das am anderen Morgen nicht fassen, meinte, es seien doch 2 Betten da. Als ich ihr sagte, ich sei doch noch nicht verheiratet, sagte sie nur ‚ach so'. Niedlich war das."

Langsam entstand auch mehr Nähe zu Rudi: „Heute war ein schöner Tag. Das erste Mal eigentlich, dass ich direkt sagen kann, ich war froh, ich fand das Zusammensein mit Rudi herrlich, ich hatte ihn lieb. [...] Zu Mittag deckte ich schön den Tisch und es gab Frikassee. Und dann kam der Mittagsschlaf. Rudi und ich legten uns etwas und schliefen tatsächlich ein. Er hatte den Arm um mich gelegt und ich fühlte mich geborgen – fand es schön, sehr schön – wirklich, wohl das erste Mal, dass ich mich mit ihm näher verbunden fühlte."

Gerda heiratete Rudi 1954. Damit endete auch die Beziehung zu Robert. Sie bekam ein Jahr später eine Tochter. Zunächst war sie Hausfrau und half im Geschäft ihres Mannes. Später arbeitete sie als Sekretärin in einer Druckerei.

Elsa

Über eine andere Liebesgeschichte im Büro erzählt Elsa N. in ihrem Tagebuch. Sie arbeitete als Sekretärin in der Pressestelle im Amt für Landwirtschaft, Ernährung und Forsten in Frankfurt a. M. Das Amt wurde nach dem Krieg gegründet und Ende 1949 nach Bonn verlegt. Elsa sehnte sich nach einer innigen Verbundenheit mit einem Mann an ihrer Seite. Und sie wollte gerne ein Kind haben. Wie Gerda war Elsa 29 Jahre alt, als sie sich 1949 in ihren neuen Chef verliebte: „Da er ein überaus sensibler Mensch ist, hatte man mir vorausgesagt, daß wir nicht miteinander auskommen würden. Es ist aber doch nicht so gekommen. Im Anfang litt ich sehr unter ihm, da er von großer Liebenswürdigkeit war, die dennoch nicht von einem warmen Herzen, sondern einem geschulten Willen kam. Ich fühlte mich bei der Arbeit zu einer Maschine, einem Werkzeug erniedrigt, die man wohl pfleglich behandeln muß, wenn man etwas von ihr haben will. Langsam, aber ganz, ganz langsam lernten wir uns kennen."

Dass er sich ihr gegenüber so distanziert verhielt, empfand sie als sehr kränkend. Umso wohltuender war es für sie, als ihre Beziehung vertrauter wurde. Herr Ploetz war 40 Jahre alt, verheiratet und hatte zwei Kinder, einen 13-jährigen Sohn und eine 11-jährige Tochter. Manchmal kam seine Ehefrau ins Büro. „Seine Frau war heute da. Sie saß im Licht des Fensters mit ihrem blonden Haar. Er hätte sich mit ihr zu einem kurzen Mittagsspaziergang verabredet, sagte er nachher. Nun saß sie da und strickte und ging dann wieder. So ist er."

Elsa genoss es, wenn Herr Ploetz sie nicht nur als gut funktionierende Sekretärin wahrnahm, sondern auch als Mensch: „Ploetz war wieder herzlicher die letzten Tage. Er ist meine Sonne. Strahlt sie keine Wärme aus, so friere ich und bin unglücklich." Elsa umsorgte ihren Chef. Wenn es ihm nicht so gut ging, legte sie ihm Datteln, Schokolade oder Blumen auf den Tisch und schrieb aufmunternde Worte dazu. Sie verliebte sich in ihn: „Seit gestern habe ich die wunderbare Sicherheit, sodaß ich es nun ruhig hinschreiben kann: ich habe ihn herzlich lieb. Das bleibt nun die stille, stetige Glut, die niemals mehr ganz erlöschen kann. Mag nun von ihm kommen, was immer da wolle. Hier bin ich nicht mehr zu erschüttern. Wir unterhielten uns über das Leben, (nach Dienstschluß unterhalten wir uns neuerdings immer ein wenig) und Ploetz sagte, daß es das Leben schön und lebenswert mache, wenn man Freude hätte, Freude an den Menschen, mit denen man zusammen lebte und arbeite. Er sah mich dabei herzlich an." Bald unterhielten sie sich nach Dienstschluss nicht nur im Büro, sondern gingen auch bummeln und Kaffee trinken. Als Elsa aus ihrem Urlaub kam und ihr Chef noch auf Dienstreise war, stellte sie ihm Blumen auf den Schreibtisch, dazu eine Tasse als Urlaubsmitbringsel. Außerdem verfasste sie ein Gedicht im Namen der Presseabteilung. Ploetz freute sich sehr über diese Aufmerksamkeit, als er wieder ins Büro kam. Doch er erschien nicht allein: „Ploetzens Frau kam heute herein, strahlte mich an und unterhielt sich dann mit mir, was sie so liebenswürdig und lange noch nie getan hat. Sie bewunderte mein Gedicht (das ihr Ploetz also gezeigt hat), die Tasse, roch auch an den Blumen, fragte mich allerlei von meinem Urlaub, erzählte kurz von ihrer Tochter, die krank sei und war so natürlich und gelöst, daß ich nichts anderes als Sympathie für sie empfinden konnte. Wie weit ihr Benehmen womöglich von Klugheit und Selbstbeherrschung diktiert war, weiß ich freilich nicht." Elsa vermutete, dass Ploetz' Ehefrau ahnte, dass ihr die Sekretärin gefährlich werden könnte und dass sie deshalb versuchte, mit Charme ihre Rivalin aus dem Gefecht zu schlagen.

Elsa war so verliebt in ihren Chef, dass sie auf Karrieremöglichkeiten verzichtete. „Man hat jetzt bei uns im Amt eine einmalige Chance, sich um jede Stelle bewerben zu können und kann da nach Bestehen der entsprechenden Eignungs- und Fachprüfungen Beamter auf Lebenszeit werden. Ich könnte z. B. Sekretärin im mittleren Dienst werden. Hätte ich nicht Ploetz als Chef, so würde ich es wohl tun. In der Pressestelle sind keinerlei Beamtenposten vorgesehen." Sie verzichtete lieber darauf, Beamtin zu werden, als die Abteilung zu wechseln. Beamtin zu werden war für Frauen ohnehin nicht so erstrebenswert wie für Männer, denn immer noch galt das „Beamtinnenzölibat". Trotz der Gleichberechtigung im Grundgesetz, das am 23. Mai 1949 verabschiedet wurde, verloren Frauen ihren Beamtenstatus und alle Pensionsansprüche, wenn sie heirateten. Erst als 1957 das Beamtenrecht reformiert wurde, waren Beamtinnen den Männern gleichgestellt und konnten ohne damit verbundene Nachteile heiraten.

Elsa verzichtete auf eine Karriere, um bei ihrem Chef bleiben zu können, Ploetz hingegen hatte andere Pläne. Er wollte Ministerialrat werden und war bereit, einen Umzug nach Bonn in Kauf zu nehmen. Anfang 1949 wurde noch darüber diskutiert, ob zukünftig Frankfurt a. M. oder Bonn die Hauptstadt werden sollte und das Amt eventuell verlegt werden müsste. „Ich würde dann plötzlich dastehen mit meiner Weisheit, obwohl ich sicher gleich wieder eine Stelle finden würde. Noch sind gute Stenotypistinnen Mangelware; das behauptet Ploetz wenigstens. Aber nach einer etwaigen Trennung von Ploetz ist mir so ziemlich alles gleichgültig, was da noch kommt."

Ihr Chef band Elsa immer mehr in seine Arbeit ein, sodass ihr Aufgabengebiet im Büro verantwortungsvoller wurde: „Nun erst bin ich seine Sekretärin. Vorher war ich doch nur eine Schreibkraft. Früher hatte ich auch bei vertraulichen Verhandlungen, die im Zimmer geführt wurden, verschwinden müssen. Das gibt es schon lange nicht mehr. Wieviel kriege ich täglich zu hören von allen Seiten, doch mein Grundsatz ist, alles anzuhören, aber keinem etwas von dem anderen zu sagen."

Nach Büroschluss trafen sich Elsa und Ploetz immer öfter. An einem Abend lud er Elsa ins Kino ein, als seine Frau in ein Konzert ging. An einem anderen Abend brachte er Elsa nach Hause: „An meiner Haustür standen wir uns lange schweigend gegenüber, uns an den Händen haltend. Warum ging er denn nicht? Ich wagte es nicht, ihn zu umarmen. Aber auch er war wohl nur scheu. Er nahm mir schließlich den Schlüssel aus der Hand, schloß auf, zog mich ins bergende dunkle Haus und nahm mich in die Arme. Ich konnte es kaum fassen, daß es wirklich so war, dass er es wirklich war, der mich küßte, viele viele Male." Ploetz sagte ihr, dass er sie liebe, aber dass sie es nicht zulassen dürften, dass mehr daraus würde.

Am nächsten Tag im Büro begrüßte er sie distanziert und auch in den folgenden Tagen war er reserviert. Während Ploetz auf einer Geschäftsreise war, nahm Elsa an einer mehrtägigen Fachprüfung teil, die sie als Beste bestand. Sie wartete sehnsuchtsvoll, dass Ploetz wieder zurückkam und stellte ihm einen Blumenstrauß auf seinen Schreibtisch. „Ich wagte mein Brot nicht zu essen aus Furcht, ihm mit kauendem Munde und fettigen Fingern zu begegnen." Als er kam, gratulierte er ihr zu ihrem Erfolg bei der Prüfung: „‚Das wußte ich schon immer, daß Sie die Beste sind, – meine Beste', sagte er warm."

Aus der Affäre wurde mehr. „Wir wandelten Arm in Arm im Park umher und erzählten uns gegenseitig von uns. Dann saßen wir lange auf einer Bank, als es schon dunkel war, und es war da Vertrautsein, Zärtlichkeit, Innigkeit, Verständnis füreinander. Es kam dann so, daß ihm schließlich seine letzte Bahn fortgefahren war, und er überlegte viele Möglichkeiten, was zu tun sei. Zunächst wollte er mich jedenfalls nach Hause bringen und dann kam es so, daß er bei mir übernachtete."

Aus einer Nacht wurden mehrere Nächte. Elsa hatte ein Zimmer zur Untermiete. Sie musste deshalb aufpassen, dass ihr Vermieter nichts bemerkte. Wenn er noch nicht schlief, gingen sie so lange spazieren, bis das Wohnzimmerlicht ausging und sie den Vermieter im Bett vermuteten. Dann schlichen sie sich in ihr Zimmer.

Ploetz sagte ihr, dass er sie liebe, aber dass sie kein Liebespaar werden dürften. Sie solle ihre Liebe einem Mann schenken, der sie heirate. Er könne dieser Mann nicht sein. Ploetz war hin- und hergerissen. Er selbst sei Scheidungskind und wolle dieses Schicksal seinen Kindern ersparen. Trotz dieses inneren Konflikts traf Ploetz sich weiterhin mit Elsa. Doch inzwischen hatte seine Frau von diesem Verhältnis erfahren. „Du Mistvieh von einem Mann“, schrie sie ihn bei einem Spaziergang an. Doch sie wollte sich nicht scheiden lassen. Deshalb entschloss sich das Ehepaar, zu einem Psychologen zu gehen. Das verschärfte den inneren Konflikt von Ploetz. Er warf Elsa vor, sie sei eine Verführerin; gleichzeitig machte er sich selbst Vorwürfe und bezeichnete sich als Schuft. Schließlich schlug er eine Ehe zu dritt vor. Das könnte doch möglich sein, wenn sich beide Frauen gut verständen. Er fühle sich mit seiner Frau immer noch sehr verbunden, sagte er zu Elsa. Er liebe seine Frau auf eine andere Art als Elsa. Es sei ihm nicht gleichgültig, dass seine Frau jeden Tag weine.

Doch Ploetz übernachtete weiterhin manchmal bei Elsa. Dabei blieb es bei Zärtlichkeiten und Gesprächen, wie sie in ihrem Tagebuch erzählt: „Und als er kam, so sagte er gleich, er wolle nicht lange bleiben und blieb dann doch die Nacht über da. Und es war wunderbar, als er mir mit Behutsamkeit, Reinheit des Empfindens, Güte erzählt, wie es vor sich gehe, wenn man sich ganz gehöre. Ich war ihm innig zugetan, als er das alles so erzählte, immer auf sich und mich bezogen. Aber es dürfe nicht sein, es wäre Sünde von ihm, sagte er. Denn ich sollte heiraten oder bei einem Mann bleiben, mit dem ich zusammenleben könnte. Fast alle Frauen trügen Schaden daran, wenn sie außerhalb der Ehe sich verlören und nur ganz robuste mache es nichts aus. Seine Vernunft, Anständigkeit wolle es nicht, daß ich ihm ganz gehöre, aber sie stehen im Kampf mit der Leidenschaft." Ploetz ging davon aus, dass auch Elsa ihre innere Leidenschaft zügeln musste, doch in ihrem Inneren sah es anders aus: „Er irrt sich, da er glaubt, daß ich finster entschlossen sei, auch das Letzte zu erleben. Dazu ist mir zu bange vor dem Unbekannten, Unheimlichen. Nur würde ich mich nicht wehren diesmal, wenn es so käme; ich würde es geschehen lassen. Wir erzählten uns noch viel über die sexuelle Seite der Liebe, und ich hörte ihm gern zu, da er hier eigentlich gar nicht empfindet wie ich. Da ist nicht das Leiseste in seinen Worten, das abstoßen oder befremden könnte, es ist alles natürlich, sauber, ja ästhetisch empfunden. Ich liebe ihn, den Ästheten."

Hier wird die Vorstellung von Sexualität in den 1950er-Jahren deutlich: Für eine Frau kam nur Sexualität in der Ehe infrage. Außerhalb des geschützten Rahmens würde sie psychischen Schaden daran nehmen. Ob er seine Leidenschaft zügelte, weil er es als Sünde empfand oder ob er sie schützen wollte, geht aus dem Tagebuch nicht hervor. Auf jeden Fall fühlte sich Elsa respektiert. Für sie hatte Liebe mit Reinheit zu tun, und das bedeutete sexuelle Zurückhaltung. Dennoch liebte sie ihn sehr und war auch bereit, sich über ihre Ängste hinwegzusetzen, um sich ihm hinzugeben, „es geschehen zu lassen", wie sie schreibt. Doch Elsa war nicht nur passiv in dieser Beziehung. Sie genoss das nächtliche Zusammensein mit Ploetz und bedrängte ihn: „Ich hielt ihn fest, als er dann gehen wollte. Ich hielt ihn fest mit aller Körperkraft, wir rangen miteinander, und ich war taub für die Stimme der Vernunft. Ich hinderte ihn daran, auf die Uhr zu schauen. Und dann war ihm wirklich die letzte Bahn weggefahren – und er blieb. Nun hatte ich ihn nahe bei mir, und doch – was ging hinter seiner Stirn vor? Wir sprachen darüber, über die Einsamkeit des Menschen. Aber wir wurden auch heiter. Wir waren wohl glücklich – jeder für sich."

Dass Ploetz nicht freiwillig, sondern gezwungenermaßen bei ihr war, verhinderte eine wirkliche Nähe. Es war kein gemeinsam erlebtes Glück. Elsa hatte Gewissensbisse, dass sie Ploetz zum Bleiben genötigt hatte, doch rechtfertigte sie es innerlich, weil er ja sonst immer bestimmen würde, wann sie sich sehen. Dieses Mal habe sie es bestimmt. Es ist schwierig, diese Situation zu bewerten. Wenn die Situation andersherum gewesen wäre und Ploetz sie genötigt hätte zu bleiben, würde das als männlicher Machtmissbrauch betrachtet werden.

Obwohl Elsa und Ploetz eine Liebesbeziehung hatten, siezten sie sich. An einer Stelle schreibt Elsa jedoch, dass Ploetz sie mit „Du" angeredet habe, was sie sehr berührte. Auch hier wird wieder deutlich, wie vertraulich ein „Du" war. Gleichzeitig war duzen auch ein Ausdruck der Hierarchie. Es waren eher die Männer, die Frauen duzten als umgekehrt. Eine Frau hätte einen Mann kaum geduzt. Auch Elsa tat es nicht. Im Tagebuch nennt sie ihren Geliebten, der gleichzeitig ihr Chef war, nicht beim Vornamen, sondern nur Ploetz. Wie er mit Vornamen hieß, wissen wir nicht. Oft unterhielten sie sich auf Englisch, nicht nur um die Sprache zu praktizieren, sondern auch weil das You viel vertrauter klingt. Sich zu duzen war in den 1950er-Jahren eine große Hürde, wie wir bereits gesehen haben.

Elsa wünschte sich sehnlichst ein Kind, notfalls auch ohne Ehemann. „Aber kann ich das verantworten? Wie sollte ich einem Kind die Atmosphäre schaffen, in der es gedeihen kann? Das macht mir schwere Bedenken. Aber ich bin fast 30 Jahre alt; ich kann es mir nicht leisten, auf eine andere Begegnung zu hoffen und zu warten, aus der evtl. eine Ehe entstehen könnte. Und ich habe das Gefühl, als wenn Ploetz das auch möchte, mir ein Kind schenken." Ploetz war hin- und hergerissen. Dass seine Frau ihn noch liebte, machte die Sache komplizierter, meinte Elsa. Ploetz' Ehefrau kam immer wieder ins Büro. Sie war freundlich zu Elsa und Elsa fand seine Frau hübsch und sympathisch.

Der letzte Tagebucheintrag handelt von dem bevorstehenden Umzug des Amts von Frankfurt nach Bonn. Wie es danach weiterging, erfahren wir von Elsas Tochter, die das Tagebuch dem Deutschen Tagebucharchiv zur Verfügung stellte und einige biografische Informationen weitergab, so auch dass ihre Mutter in Frankfurt im Ministerium für Ernährung, Landwirtschaft und Forsten arbeitete: „Hier wurde sie die Sekretärin meines Vaters, der ihretwegen seine Familie verließ, Heirat war nicht möglich wegen Nicht-Einverständnis der Ehefrau meines Vaters mit einer Scheidung. Meine Eltern lebten 6 Jahre zusammen und bekamen 3 Kinder. Dann verließ mein Vater meine Mutter und meine Mutter zog uns alleine groß bei voller Berufstätigkeit. Sie verließ das Ministerium und arbeitete bis zur

Rente bei einer Bonner Bank, wo sie bis zur Vorstandssekretärin aufstieg."

Dass Ploetz seine Frau doch verließ, lag vermutlich daran, dass das Ministerium von Frankfurt nach Bonn zog, und Ploetz ebenfalls. Elsa folgte ihm offenbar, denn sie arbeitete bis zu ihrer Trennung von Ploetz im Ministerium in Bonn.

Liebe im Büro war ein schwieriges Verhältnis, denn oftmals war der Mann verheiratet. In den 1950er-Jahren waren die Nachwirkungen des Krieges noch spürbar, es fehlten Männer im heiratsfähigen Alter. Die Liebesbeziehung geschah im Verborgenen. Kam sie doch ans Tageslicht, dann war der Mann zwischen seiner Frau und seiner Geliebten hin- und hergerissen. Wirklich glücklich war niemand, weder die Geliebte noch der Mann und erst recht nicht die betrogene Ehefrau. Einen Ehemann zu finden, war in den 1950er-Jahren nicht so einfach, auch wenn für die jüngeren Frauen die Auswahl wieder größer war. Darum geht es im nächsten Kapitel.

7. Die Suche nach der großen Liebe – Wie angelt sich eine Dame einen Ehemann?

Ich überlege mir natürlich jetzt, wie ich mir einen Freund beschaffen kann", schrieb Doris 1956 als 25-Jährige in ihr Tagebuch. Das Lebensziel der meisten jungen Frauen in den 1950er-Jahren war, einen Mann fürs Leben zu finden – und ihn zu heiraten. Wenn Doris über sich schreibt: „Ja, es ist bei einer jungen Dame wohl das Hauptthema: Liebe, Glücklichsein" so gilt das heute noch genauso. Doch heute gibt es sehr viele Wege, glücklich zu sein. Dazu gehört auch der Beruf. In den 1950er-Jahren ließen sich Beruf und Ehe kaum vereinbaren. Das Ziel war deshalb nicht die berufliche Karriere, sondern die Ehe. Manche jungen Frauen sahen ihre Karriere darin, einen erfolgreichen und gutverdienenden Mann zu heiraten. Beruflicher Erfolg war nicht so anerkannt wie eine Heirat, selbst wenn es eine Frau zur Chefsekretärin brachte. Das war nicht nur in Deutschland so, sondern auch in anderen Ländern. Inge, eine junge Frau, die Mitte der 1950er-Jahre ein Jahr in Kanada verbrachte, schrieb 1954 in ihr Tagebuch: „Einstweilen ‚personal secretary' bei einem der etwas größeren Chefs der kleinen Chefs zu sein, wäre auch nicht schlecht, aber auf solch einen Posten schaffen es nur ältere Damen von fünfundzwanzig aufwärts und wer in dem Alter immer noch im Büro hockt und immer noch nicht verheiratet ist, der/die kann sich eh' lieber gleich aufhängen, sagen die girls." Mit 25 Jahren galt man schon als „spätes Mädchen", das sich schleunigst einen Ehemann suchen musste, bevor sie „sitzen blieb".

Heiratstipps

Doch so einfach war es nicht, den Mann für's Leben zu finden. Die Zeitschrift Brigitte befasste sich in einem Heft 1959 über vier Seiten mit dem Thema „So kriegt man einen Mann".[17] Man müsse selbst aktiv werden und dazu wollte Brigitte Hilfestellung leisten. Dabei scheute die Redaktion keine Mühe: „Weil wir dieser Auffassung sind und weil wir wissen, daß ungezählte Mädchen und Frauen für einen handfesten (nicht nur theoretischen) Rat dankbar sind, haben wir das Thema auf eine ziemlich ungewöhnliche, aber – wie wir glauben – nützliche Weise aufgegriffen. Wir haben ein reichliches Dutzend Frauen und Männer zu uns in die Redaktion gebeten und sie aufgefordert, uns Ratschläge zum Thema ‚So kriegt man einen Mann!' zu geben. Die Gruppe umfaßte alle Altersklassen und alle Stufen der Erfahrung: frisch Verlobte und längst Verheiratete, standhafte Junggesellen und erfolgreich Geschiedene." 120 Tipps hatten die Journalistinnen für den Artikel zusammengestellt, wobei es kein Patentrezept gäbe und man die Tipps auch „nicht gar so fürchterlich ernst“ nehmen sollte.

Um jemanden kennenzulernen, solle man erfolgsversprechende Orte zum Ausgehen wählen: „Werden Sie sich über die Gelegenheiten klar, bei denen Sie geeignete Männer kennenlernen könnten und nehmen Sie sie nach Möglichkeit wahr. Beispiele: Theater und Konzert, Sportklubs, Ausstellungen, Vorträge, Theatervereine und überhaupt Vereine aller Art, Kurse, Diskussionsabende und so weiter.“ Ein anderer Tipp ist, sich einen geeigneten Arbeitsplatz zu suchen: „Finden Sie heraus, an welchen Orten Männer-Überschuß herrscht. Suchen Sie dort einen Arbeitsplatz. 7 % aller Ehen werden unter Berufskollegen geschlossen.“ Oder noch besser: „Studieren Sie Maschinenbau oder ein anderes Fach, das von Männern bevorzugt wird.“ Dieser Tipp gehört wohl in die Kategorie, die Empfehlungen nicht ganz ernst zu nehmen. Mit diesem Ratschlag wird jedoch dem weitverbreiteten Vorurteil, dass Frauen nur deshalb studieren, um sich einen Akademiker zu ergattern, der später gut verdienen würde, Vorschub geleistet. Die größten Erfolgsaussichten, jemanden kennenzulernen, sei beim Tanzen, erklärt Brigitte: „Gehen Sie tanzen! Der Tanz steht in der Statistik des Kennenlernens absolut an erster Stelle. 43 % aller Ehen verdanken ihr Zustandekommen dem Tanzboden.“

Um Interesse beim Mann zu wecken, sollte die Frau den Mann bewundern: „Bringen Sie das Gespräch auf seine Lieblingsthemen, geben Sie ihm Gelegenheit, seine Weisheit im besten Licht leuchten zu lassen.“ Oder sich auch mal hilflos geben: „Fragen Sie ihn in schwierigen Situationen um Rat, und sagen Sie dann: ‚Ich weiß gar nicht, was ich ohne dich täte!'".

Für Frauen, die einen Freund gefunden hatten, aber vergeblich auf einen Heiratsantrag warteten, gab Brigitte Tipps, wie man ihn auf „Ehegedanken" bringen konnte: „Lassen Sie ihn auf dezente Weise wissen, daß Sie auch kochen und Hausfrau spielen können – obwohl Sie die schickste Frau der Welt sind." Interessant ist hier, dass Hausfrau als eine Rolle gesehen wird, die die Frau „spielen" sollte, denn sie sollte ja zugleich schick aussehen und auf keinen Fall hausbacken. Um sich als zukünftige Ehefrau ins Spiel zu bringen, empfiehlt Brigitte weiterhin, die Konkurrenz zu erwähnen: „Deuten Sie mal ganz beiläufig an, daß Ihr alter Jugendfreund immer noch feste Absichten hat."

Diese Ratschläge von Frauen, die die Brigitte-Redaktion zusammengetragen hatte, sind nur bedingt ein Spiegel der Zeit, wie Leserbriefe zeigen. Manche Frauen fanden die Tipps reichlich daneben. Eine Leserin schrieb: „Wenn ein Mädchen diese lächerlichen Hilfsmittel benutzen muß, um an den Mann zu kommen, kann es mir leid tun."[18] Einem Mann hingegen – offenbar gab es auch Brigitte-Leser – gefiel der Artikel ausgesprochen gut: „Ich habe mit vielem Interesse Ihren Artikel ‚So kriegen Sie einen Mann' gelesen, aber könnten Sie bitte nicht einmal uns Männern einen Tip geben, wie wir eine Frau bekommen?"

Heiratsdruck

Auch Doris, die durchaus Karriereabsichten hatte, wollte heiraten. Und auch für sie war es klar, dass sie dann ihren Beruf aufgeben würde. Doch selbst für sie war es nicht einfach, einen Mann zu finden, obwohl sie aufgeschlossen und kontaktfreudig war und als Zugsekretärin viele Menschen, im Schreibabteil vor allem Männer, kennenlernte. Entsprechend der Brigitte-Tipps war es der ideale Ort, um einen Ehemann zu finden. Manch eine Zugsekretärin lernte im Schreibabteil den Mann fürs Leben kennen. Doris erzählt in ihrem Tagebuch von einer Zugsekretärin, die sie kennenlernte, als sie 1957 von ihrem Sommerurlaub auf Sylt wieder nach Frankfurt zurückreiste: „Mit meinen Kolleginnen aus Hannover, die diesen Zug befahren, habe ich mich unterhalten, da es mir interessant war, wie sie ihr Schreibabteil aufziehen. Die erste erzählte mir von Hamburg bis Hannover von ihrem Verlobten, den sie im Zug kennengelernt hat. Als sie mir ein Bild zeigte, erkannte ich ihn wieder. Bei ihr war er gleich demnächst Professor. Nun, ich hörte mir alles mit gebührender Rücksichtnahme an. Professor wird er nicht so schnell, wie mir später Onkel Erich erzählte, aber er kommt jetzt in den Bundestag." Der Verlobte war Gerhard Stoltenberg. Er hatte in seiner politischen Laufbahn verschiedene Ämter inne und war Wissenschaftsminister, Finanzminister sowie Verteidigungsminister und von 1971 bis 1982 Ministerpräsident in Schleswig-Holstein.

Zum eigenen Herzenswunsch, einen Lebenspartner zu finden, kam noch der soziale Druck von außen und der wurde größer, je älter man wurde – bis man dann als hoffnungsloser Fall galt. Doris litt sehr darunter. Sie war 30 Jahre alt, als sie 1961 in ihr Tagebuch schrieb: „Ich frage, warum ich nicht heiraten soll, ich weine. Fast jeden Tag spricht mich eben jemand im Zug zu diesem Thema an, scheinbar geht es meinen älteren Diktierkunden, die mich nun schon so lange kennen, auch nach, daß ich ‚sitzenbleiben' soll. Ich kann es auch nicht verstehen. Noch bin ich nicht häßlich, nicht krank, ja was soll ich aber machen?“ Fast täglich machte ein Schreibkunde eine Bemerkung. Wahrscheinlich äußerten sie ihre Verwunderung darüber, dass Doris noch nicht verheiratet war. Schließlich war sie hübsch, klug und kommunikativ. Doris interpretierte die Äußerungen als aufrichtiges Bedauern und Mitfühlen, denn die Schreibkunden waren ihr wohlgesonnen. Doch wenn man täglich vor Augen gehalten bekommt, dass man ohne Mann ein Mangelwesen ist, geht es nicht spurlos an einem vorbei. Frauen standen unter Rechtfertigungszwang, wenn sie unverheiratet waren, Männer hingegen nicht. Unverheirateten Männern brachte man Verständnis entgegen, weil sie in ihrem Beruf Erfüllung fanden und keine Zeit zum Heiraten hatten. Für Frauen war eine Erfüllung im Beruf nicht vorgesehen, selbst bei einer erfolgreichen Frau wie Doris nicht, die einen abwechslungsreichen und interessanten Beruf hatte. Ehefrau und Mutter – das war die eigentliche Lebensbestimmung der Frau.

Den Druck zu heiraten, erlebte Doris bereits in jungen Jahren. Schon 1955, als sie 24 Jahre alt war und noch bei Degussa arbeitete, meinte ein Kollege bei einem Betriebsfest zu ihr: „Wissen Sie, was Sie unbedingt brauchen? Einen Freund. Wissen Sie, daß das Leben einer Frau erst schön wird durch einen geliebten Mann?“ Doris hinterfragte die Selbstherrlichkeit ihres Kollegen nicht, der sie darüber aufklärte, dass ein Leben ohne Mann ein trostloses Leben sein müsse, sondern gab ihm sogar Recht: „Ich sagte ‚Ja‘, worauf er sagte, ‚So, wenn Sie das wissen, das ist schon viel wert.‘ Ich dachte, was denken die denn alle nur von mir. Da kann man ja Komplexe kriegen.“

Doris wurde immer wieder mit guten Wünschen bedacht, den bedauernswerten Zustand als Junggesellin loszuwerden: „Viele, so auch Rani, den ich vergangenen Montag im Kronberger Schwimmbad traf, wünschte mir so innigst einen Ehegemahl. ‚Das wäre ja ein Glück für Sie' usw." Es ist kein Wunder, dass Frauen ihr Lebensziel in einer Heirat sahen, denn sie konnten dem Druck kaum entkommen. Doris vermied Situationen, in denen sie danach gefragt werden konnte, ob sie einen Freund hätte oder ob sie bald heiraten würde. Als sie bereits Zugsekretärin war und bei ihren früheren Kollegen vorbeischauen wollte, ging sie erst am späten Nachmittag hin: „Übrigens sagte ich der Durferritabteilung vorvorgestern ‚Guten Tag'. Die Freude dort war so groß und ich bedauerte selbst, so spät am Nachmittag hingegangen zu sein, aber ich wollte einfach nicht die Zeit lassen, daß einer bzw. jeder mich frage, ob sie mir bald gratulieren dürfen."

Dieter Pätzold

Wie schwierig es war, einen Mann zu finden und dabei die Gratwanderung zwischen damenhafter Zurückhaltung und Annäherungsversuchen erfolgreich zu bewältigen, das zeigen die Tagebucheinträge von Doris.

Doris war jahrelang in einen Studenten verliebt. Dieter Pätzold wohnte in ihrer Nachbarschaft und gehörte zum Bekanntenkreis ihrer Familie. Doris und Dieter begegneten sich manchmal im französischen Kulturinstitut in Frankfurt. Beide hatten eine große Leidenschaft für die französische Sprache und Kultur. Immer wieder überlegte sich Doris, wie sie mit Dieter ins Gespräch kommen könnte. Es war nicht so einfach für eine Dame, einen Mann anzusprechen. Doch Doris nutzte die Gelegenheiten, die sich ihr boten. In ihrem Tagebuch berichtet sie 1955 von einer Begegnung kurz vor Weihnachten. Es war sehr spät am Abend, Doris kam gerade vom Kino: „Als ich in der Steinwegpassage einbog, um die Kleider zu bewundern, hörte ich hinter mir das Aufschlagen eines Schrittes. Es war Dieter Pätzold gewesen. Ich blieb wie angewurzelt stehen, machte einen Schritt vorwärts und einen Schritt zurück. Die Aufregung schnürte mir die Kehle ab. Dann stürmte ich den hinteren Ausgang der Passage hinaus. Hinter dem Gutenberg-Denkmal verbarg ich mich, denn Dieter Pätzold überquerte vorn auf der Kaiserstraße die Schienen. Dann überquerte auch ich die Straße. Dieter Pätzold besah sich vorn die Amelang-Buchhandlung. Ich starrte – wahrscheinlich wie eine, die nicht alle im Kasten hat – an der Ecke Taunusstraße in ein völlig uninteressantes Schaufenster einer Luftfahrtgesellschaft." Eine Dame abends allein unterwegs – darin sahen offenbar manche Männer ihre Chance. „Hinter mir sprach mich ein Mann an. Ich gab keine Antwort, lugte ein bißchen um die Ecke. Dieter stand noch immer dort. Den Mann fauchte ich an: ‚Ja, gehen Sie nur weiter.'" Doris präparierte sich für eine Begegnung mit Dieter: „Ich meinerseits zog aus meinem Beutel meine schwarze Handtasche und hing sie über den karierten Beutel, damit ich nicht so ‚bürgerlich' aussehe, um welcher Eigenschaft willen, wie ich von jeher glaubte, Dieter Pätzold nichts von mir wissen wollte." Mit bürgerlich meinte Doris „spießig", wie an verschiedenen Textstellen in ihren Tagebüchern deutlich wird. Spießbürgerlich wollte sie auf keinen Fall wirken, sondern lieber intellektuell und kultiviert. Nachdem sie sich mit dem Verstauen ihres karierten Beutels auf eine Begegnung vorbereitet hatte, nahm Doris ihr

Zielobjekt wieder unter Beobachtung: „Dann setzte Dieter Pätzold seinen Weg fort, indem er in die Kaiserstraße Richtung Bahnhof einbog. Ich jagte an dem Mann vorbei durch die Taunusstraße in die gleiche Richtung. Beim Kaiserbrunnen kam ich auf die Kaiserstraße. Bei dem Kunstgewerbegeschäft drehte ich mich ganz schnell um: Dieter Pätzold war hinter mir. An der Ecke schaute ich mir hastig das Kleidergeschäft an, bog auch um die Ecke des Schaufensters. Als ich mich dort umsah, blicke ich direkt in die Augen von Dieter Pätzold." Für ihn war es eine unerwartete Begegnung, für Doris der Erfolg ihrer strategischen Planung. Sie begrüßten sich mit einem Handschlag und lachten. Für Doris war es, wie sie schreibt, „ein Lachen des Entspannens". Dieter war freudig überrascht: „‚Sie hier?', sagte er. Es war vielleichte ½ 12 Uhr nachts. Ich erzählte ihm, daß ich meinem Exkollegen seine Weihnachtsgratifikation gebracht hatte und anschließend die ‚Glen-Miller-Story gesehen hätte. ‚Und Sie?' ‚Ich', sagte er, ‚ich bin spazierengegangen.' ‚Ach so, wie man im französischen sagt, flâner?' ‚Ja, ganz recht', lachte er. ‚Wir könnten eigentlich noch eine Tasse Kaffee zusammen trinken.' ‚Ja', sagte ich, ‚dann werde ich wenigstens wieder wach.'" Sie gingen in ein kleines italienisches Lokal, das Doris als „Bistro" bezeichnete, aber wohl eher eine Bar war, wie sie beim Eintreten bemerkte: „Dann schaute ich die hohen Barstühle an. Dieter Pätzold überlegte wohl, mich so musternd, ob ich wohl schon jemals auf einem solchen Hocker gesessen habe, denn er sagte diskret, da hinten an der Ecke stände auch ein Tischchen mit zwei Stühlen. Ich antwortete: ‚Nein, nein, das gefällt mir auch nicht recht. Danke schön.'" Die Bardame fragte, was sie trinken wollten. Dieter schaute Doris an, doch sie wusste nicht, was sie sagen sollte. Doris war etwas unsicher. Vor allem fragte sie sich immer, was Dieter Pätzold von ihr dachte. Sie wollte auf keinen Fall unerfahren wirken. In ihr Tagebuch schrieb sie: „Er muß wohl wieder sich gefragt haben: War sie tatsächlich noch in keiner Bar? Aber dann ging eine Erleuchtung durch meinen Kopf und ich antwortete majestätisch: ‚Einen Cointreaux, bitte.' Damit hatte er nicht gerechnet, denn er gab beinahe stotternd zurück: ‚Ja, einen Cointreaux sollen Sie haben.'" Der Orangenlikör Cointreau war ihr noch nicht so geläufig, wie die falsche Schreibweise zeigt, ebenso der neu aufgekommene Espresso: „Als er dann neben mir seinen Expresso-Kaffee schlürfte, erzählte ich ihm: ‚Ja, mit dem Cointreaux ist das nämlich so: Ich trinke ihn heute zum 2. Mal in meinem Leben." Dann erzählte sie ihm, dass sie aus ihrem Sommerurlaub in Frankreich eine kleine Flasche Cointreau für ihn gekauft habe. Doch als sie Dieter einlud, um es ihm zu geben, kam er nicht. „Traurig verblieb dieses Fläschchen dann auf dem Schrank." Dieter lachte und Doris erzählte weiter, dass sie den Likör schließlich selbst getrunken habe, was ihn sehr amüsierte. Der Abend verlief vielversprechend. Dieter brachte sie zur Straßenbahn. Der Abend klang noch lange in ihr nach. „Ich wurde in der Nacht wach und war so glücklich."

Doris hoffte, dass sich ihre Träume endlich erfüllen würden. Doch es passierte nichts. Doris machte sich viele Gedanken über ihr Verhalten an dem Abend und überlegte sogar, ob der Cointreau zu teuer gewesen war. „Also am Dienstagabend nach der Steno trank ich noch mit meiner Mitschülerin [...], einen Expresso in dem italienischen Bistro, um zu erfahren, was ein Cointreaux kostet, denn mir waren hinterher Gewissenbisse gekommen, daß das vielleicht zu teuer war. Na Gott sei Dank, er kostete nur 2.50 DM, obwohl das ja auch schon Geld ist, aber immerhin keine 9.- DM, für die mir schon einmal ein Expresso gekauft worden war." Neun Mark für einen Espresso war 1955 unfassbar teuer, ein Luxusgetränk, das italienischen Urlaubsflair nach Deutschland brachte.

Dieter ließ nichts von sich hören. Deshalb unternahm Doris einen neuen Versuch. Sie überlegte sich einen Anlass, um ihn anzurufen und fand ihn: Sie wollte über eine deutsch-französische Übersetzung mit ihm reden, über die sie in der Bar diskutiert hatten. Doch ein Anruf in den 1950er-Jahren war nicht so einfach, denn nicht jeder hatte ein Telefon. Dieter Pätzold wohnte zur Untermiete. Ein Telefon besaß nur die Vermieterin. „Dreimal fing ich an zu wählen und dreimal legte ich auf. Und dann rief ich doch an. Noch habe ich es in den Ohren: ‚Herr Pätzold, eine Dame für Sie.' Es war keine Dame, sondern ein kindisches Wesen. Erstens zwang ich ihn, französisch zu sprechen und jetzt kommt das Schlimme: Ich lachte – wenn auch aus Verlegenheit – (aber lachen, zumal am Telefon, ist lachen), als ich mich wiederholte, ob er sich freuen würde, wenn ich an den Zug käme, mit dem er zu seiner Mutter fährt. ‚Nein', sagte er." Das musste wie eine Ohrfeige für Doris gewesen sein. In ihr Tagebuch schrieb sie: „Diese Antwort hatte ich wiederum nicht erwartet. Dann wurde er sich seines ‚Neins' bewußt und fuhr beschwichtigend fort: ‚Sie sind doch so vielbeschäftigt. Sie haben doch sicher etwas anderes vor.' Und ich sagte in ganz normaler Tonstärke: ‚Ja, es wird sich schon was anderes finden lassen', aber in höchster Verärgerung." Ihr war klar, wie patzig ihre Erwiderung bei ihm angekommen sein musste. Sie versuchte deshalb einen sanfteren Ton anzuschlagen und ihm ehrlich zu sagen, dass sie nicht allein sein wolle: „Je ne veux pas être solitaire." Hinterher machte sie sich Vorwürfe: „Ach Gott, ich habe die Sache nur verschlimmert, denn ich wurde mir bewußt, was ich da eben gesagt hatte und da es im Grunde meines Herzens auch wahr war, konnte ich es nicht zurücknehmen. Dieter Pätzolds Antwort war: „C'est ca, alors." Seine gleichgültige Antwort, dass es nun mal so sei, verletzte sie sehr. „Ich lenkte ab und sagte am Schluß: ‚Bon soir, Dieter', sehr traurig und völlig fertig." Dieter wünschte ihr ebenfalls einen guten Abend: „‚Bon soir, (Pause) Mademoiselle, et je vous souhaite une bonne fête de Noelle.'" Mit seinen guten Wünschen für Weihnachten verabschiedete er sich. Doris war zutiefst unglücklich: „Es ist nicht gelogen, ich habe den ganzen Samstag geweint und den ganzen Sonntag."

Jahrelang machte sich Doris Hoffnungen, dass aus ihr und Dieter ein Paar werden könnte. Selbst nach dieser kühlen Abfuhr gab sie die Hoffnung nicht auf. Sie suchte nach Begegnungen mit ihm, doch Dieter Pätzold war sehr reserviert. Nach und nach spielte er nicht mehr diese dominante Rolle in ihrem Leben und sie hatte wieder einen Blick für andere Männer.

Klaus Storch

Doris kam in ihrem Beruf mit vielen Männern zusammen, die sich für sie interessierten. „Auch erlebe ich es jetzt auf jeder Fahrt nach Hamburg, daß mich jemand für den Abend einlädt, daß ich diese Einladungen bislang abschlug, ist eine andere Sache, aber ich empfinde doch durch sie, daß man sich für mich interessiert." Manchmal war das Interesse gegenseitig: „Ich habe jetzt einen so netten jungen Mann kennen gelernt und ich zähle immer an allen sich nur bietenden Kleiderknöpfen ab ‚Er liebt mich, er liebt mich nicht', aber die Ergebnisse fallen so verschieden aus, daß ich allein davon schon ganz unglücklich bin." Der nette junge Mann war ein Musiker, der in Mainz wohnte. Klaus Storch kam mit seinem Cello unter dem Arm zum Zug. Das fand Doris gleich sehr sympathisch. Sie verabredeten sich in einem Café. „Wir verstanden uns so gut", schreibt sie in ihr Tagebuch. Aus dem Kaffeetrinken wurde ein langer Abend. „So gut verstanden wir uns auch, als wir im Chinesischen Restaurant zu Abend aßen und grünen Tee dazu tranken. Alle Gespräche ließen durchblicken: ‚Wir sehen uns wieder, viele Male.'" Klaus versprach, ihr eine Schallplatte von ihm zu schenken, er wollte sie wieder treffen, ihr seine Wohnung zeigen und mit ihr Spazierengehen. Nach dem Essen gingen sie zusammen ins Theater: „Im Theater am Roßmarkt in ‚Eine etwas sonderbare Dame' lachten wir zusammen und am Ende faßte er plötzlich meine Hand. [...] Wir drückten uns die Hand und unsere Hände ließen lange nicht auseinander und dann griff ich zaghaft nochmal nach seiner und auch unsere Augen begegneten sich." Für Doris und Klaus Storch war der Abend noch lange nicht zu Ende. Nach dem Theater gingen sie noch in eine „Hüttenbar". Die Binsenwände waren mit Sackleinen bespannt und verströmten dadurch ein originelles, exotisches Ambiente. Hinter der Bar führte ein Verbindungsgang zu einem anderen Raum, aus dem Musik kam und in dem getanzt wurde. Doris und Klaus nahmen in diesem Gang Platz, „denn da standen so nette Tischchen à deux und die Wände waren mit bunten Reisebüroplakaten tapeziert. Als wir saßen, hatte ich den Eindruck, in einem italienischen Straßencafé am Abend zu sein. Ich war ganz angetan von dieser Umgebung." Klaus Storch bestellte eine Flasche Sekt, sie tanzten und genossen ihr Zusammensein. „Und als er mich viel später fragte, wie es mir vorkomme, antwortete ich ‚wie ein Märchen'. […] Und für mich war dies alles zum ersten Mal – allem Ersten wohnt ein Zauber inne. Das erste Mal, daß man einen Menschen lieben konnte und den ich liebte. Wir küßten uns lange, es war so wunderbar. Ich, die immer hier Distanz gewahrt hatte, es war alles anders, ganz wunderbar. Wie sprang er der Rosenfrau nach, um mir Rosen bringen zu lassen. Nur, wer weiß, wie selten ich Blumen in meinem Leben geschenkt bekommen habe, begreift meine Freude. Es konnte nicht schöner, wunderbarer sein. In der Nacht stand ich auf, ging in meinem langen Nachthemd ans Fenster, holte die Rosen, steckte eine Kerze an und betrachtete mir meine Rosen."

Doris war sehr glücklich. Doch dann ließ Klaus Storch lange nichts mehr von sich hören. Das bedrückte Doris sehr. Sie war sich unsicher, wie sie reagieren sollte. Als Dame musste sie abwarten, bis der Mann den ersten Schritt machte. Darauf wollte sie allerdings nicht warten. Doris, die künstlerisch sehr begabt war, fertigte einen Scherenschnitt an und schrieb eine Karte dazu. Erst nach einigen Tagen traute sie sich, die Karte loszuschicken. Und dann kam endlich eine Antwort von Klaus Storch. Er hatte sich nicht gemeldet, weil er im Krankenhaus lag. Nun war er aber wieder zu Hause und Doris besuchte ihn in Mainz. Dafür ließ sie eine andere Einladung zu einem Faschingsball in München im Deutschen Theater sausen, wo sie gerne hingegangen wäre. Doris und Klaus machten einen Spaziergang, dann zeigte Klaus ihr seine Wohnung. „Geschmackvoll, aber ganz andere Farben, als ich ausgesucht hätte", erwähnte Doris in ihrem Tagebuch.

Doris genoss das Zusammensein, doch die Begegnung, die so hoffnungsvoll begonnen hatte, verlief im Sande. Klaus ließ nichts mehr von sich hören. Wie sie später erfuhr, war seine Musikpartnerin, die sich in dieser Zeit in den USA aufhielt, nicht nur beruflich seine Partnerin.

Auf der Suche nach einem Mann

Nachdem Doris ihren Liebeskummer überwunden hatte, war sie wieder offen für neue Versuche, einen Ehemann zu finden. Über verpasste Gelegenheiten ärgerte sie sich: „Heute abend bin ich wieder jemandem begegnet, der sich gelohnt hätte, zu kennen. Ich hätte ihn kennenlernen können, wenn meine Schaltung rechtzeitig funktioniert hätte. Dumme Schaltung!! Ab morgen werde ich schalten. Vor lauter Schwermut esse ich mir Pfunde um Pfunde an."

Auch im Zug schaute sie sich um, ob ein geeigneter Kandidat unter den Fahrgästen war, den sie genauer kennenlernen könnte: „Ich klage auch nicht, wenn ich nach meinem geliebten Spaziergang durch den Zug keinen einzigen jungen Mann unter all den älteren gefunden habe." Dennoch machte Doris immer wieder interessante Bekanntschaften im Zug, aus denen sich manchmal ein Flirt ergab. Wenn Doris sich für einen Schreibkunden interessierte, stellte sie schon mal eigene Nachforschungen an: „Ein Schweizer, der mir erzählte, er sei bei der Swissair 1. Sektions-Chef in St.Gallen usw. usw, log das Blaue vom Himmel. Als ich in der Schweiz war, erkundigte ich mich bei der Swissair. Da stellte sich der Schwindel heraus. Er ist Generalvertreter für akustische Geräte und kommt daher auch mit Fluggesellschaften in Berührung, sicher ist er verheiratet und schwindelt deshalb."

Vielleicht wäre es für Doris einfacher gewesen, ihr Leben als Single zu leben, wenn nicht der gesellschaftliche Druck so groß gewesen wäre. Sie geriet deshalb in Torschlusspanik, zumal die Chancen, einen Ehemann zu finden, mit jedem Jahr sanken. Auch ihre Tante machte sich Sorgen und mahnte sie, aktiver zu werden: „Tantchen, eine so liebe alte Persönlichkeit, noch ganz Dame mit ihren 80 Jahren, hatte mir beim Einsteigen in den Zug nachgerufen: ‚Jetzt verlobe Dich bald. Du mußt auch etwas dazu tun, heute ist das anders.' Und nachdem sie sah, daß ich ein Abteil hatte, wo nur ein katholischer Pastor saß, noch: ‚Das ist wohl nicht das richtige Abteil für Dich, das ist ja Raucher.'" Schwer zu sagen, ob sich diese Aussage auf den katholischen Pastor bezog oder auf das Raucherabteil. Ein Raucher als Ehemann war für die Tante offenbar genauso ausgeschlossen wie ein katholischer Pastor. Doch das Raucherabteil sei ein guter Ort, um einen Mann kennenzulernen, schreibt die Zeitschrift Brigitte: „Setzen Sie sich in der Bahn, im Bus, im Flugzeug grundsätzlich ins Raucherabteil und in die Nähe von Männern."[19] Die Ermahnung ihrer Tante, sich mehr zu bemühen, fiel bei Doris auf fruchtbaren Boden. „Das leuchtet mir auch ein, daß [...] ich etwas dazu tun muß. Trotzdem habe ich immer das Gefühl, daß ich gerade für das Gegenteil, nämlich allein zu bleiben – etwas dazu tue. Das ist aber auch irgendwie dadurch bedingt, daß ich das so schrecklich finde, nun wie eine Nymphomanin auf jeden Mann Jagd zu halten."

Doris hatte einen interessanten Beruf, verdiente ihr eigenes Geld und war durchaus selbstbewusst. Und dennoch litt sie unter dem gesellschaftlichen Druck, einen Ehemann zu finden. Es war ihr zuwider, aber sie ließ nichts unversucht:

„Übrigens habe ich diesen Monat eine ganze Menge Geld vertan, um eventuell eine Bekanntschaft zu machen, indem ich in Cafés Kaffee trank, aber da sitzen nur ältere Männer oder jüngere mit Freundinnen. Es langweilte mich derart, daß ich keine Lust mehr habe, auf diese Weise einen Mann zu ergattern. Wenn ich nur wüßte, wie man zu einem kommen könnte???? Ach, auf der anderen Seite, warum soll ich mich durch Selbstsuchen um die Romanze eines ungeahnten Entdecktwerdens durch einen Ungekannten prellen. Nein, das sollst Du nicht, nur mußt Du bedenken, wenn Du Dich in Dein Schneckenhaus zurückziehst, kann Dich auch niemand entdecken. Also. Irgendwie muß ich mich doch unter Menschen mischen!!!!!"

Es war ein Balanceakt. Auf der einen Seite das Heft in die Hand zu nehmen und auf der anderen Seite auch nicht zu forsch sein. Der Mann war der Werbende und die Frau reagierte auf das Werben mit Charme und Zurückhaltung. Eine Frau konnte höchstens mit Blicken und einem Lächeln einen Mann ermutigen, sie anzusprechen.

Die Grenze eines angemessenen Alters zum Heiraten lag damals bei Mitte Zwanzig. Danach wurde die Zeit allmählich knapp, um nicht als „spätes Mädchen" zu gelten. Doris lernte zwar viele Männer kennen, aber zu ihrem Unglück waren viele Männer, die sie kennenlernte, bereits verheiratet oder verlobt. So lotete sie als 25-Jährige Strategien aus: „Ich könnte natürlich mal den jungen Mann, der mich im Winter einmal eingeladen hatte und der mir noch eine Karte geschrieben hatte, betreffs des 2. nicht zustandegekommenen Treffens, mobilisieren, aber ich habe von ihm den Eindruck behalten, daß er keinen allzu tiefen Charakter besitzt und mir sind solche Bekanntschaften so wenig interessant, zumal ich schon so alt bin und meine Jahre nicht gerade unnütz verstreichen lassen will." Doris fühlte einen Zeitdruck auf sich lasten, den sie nicht mit irgendwelchen Bekanntschaften vergeuden wollte, die zu nichts führten.

Doch zwischendurch befreite sie sich von dem Druck, einen Ehemann zu finden. Sie hatte keine Lust, ständig ihre Vergnügungen danach auszurichten, wo sie einen Ehemann finden könnte, und so machte sie wieder das, was sie am liebsten tat. Doris liebte die Natur und ging oft wandern, sie ging auch gern ins Kino, ins Theater, in Ausstellungen, zum Tanzen und las sehr gern. Und sie besaß genug Realitätssinn, um zu wissen, dass eine Ehe auch nicht immer rosig war: „Dazu denke ich dann aber auch, die tun ja alle so, als wüßten sie nicht, wie selten heute noch eine Ehe harmonisch ist. Nein, so eheverschossen bin ich auch nicht." Doch fügt sie hinzu: „Freilich, wenn ich erst mal einen Mann gefunden habe, der mir zusagt, werde ich alles tun, um daraus eine glückliche Ehe wachsen zu lassen."

Dates und Flirts

Doris' Augenmerk richtete sich wieder auf andere Dinge und dabei ergaben sich von selbst neue Bekanntschaften mit Männern. In München lernte sie einen Schauspieler kennen, gutaussehend, charmant, aber nicht sehr erfolgreich. Sie genoss das Zusammensein. Beim Abschied umarmten sie sich innig. Sie war glücklich, wie sie schreibt, doch bald kamen Zweifel auf. „Zu Hause kam mein Verstand so heftig mit zur Sprache: ein Schauspieler, katholisch, keine Familienangehörigen, mit 35 Jahren noch keine feste erfolgsversprechende Anstellung! Warum hat er noch keine Frau?" Dass er katholisch war, stellte ein großes Manko für Doris dar, die der evangelischen Kirche angehörte. Unterschiedliche Konfessionen waren damals eine fast unüberwindliche Hürde. Nicht nur die beiden großen Kirchen waren gegen eine „Mischehe“, wie man damals sagte, und verweigerten eine Trauung, sondern auch die Kirchenmitglieder selbst. Protestanten wie Katholiken konnten sich eine Ehe mit jemandem aus der anderen Konfession nicht vorstellen. Zu unterschiedlich schienen die Lebenswelten zu sein. Als Doris sich einige Jahre später in einen amerikanischen Professor mit deutschen Wurzeln verliebte, wäre es für sie kein Hindernis gewesen, dass er katholisch war. Vielleicht ist ihre Einstellung offener geworden, vielleicht aber liebte sie ihn so sehr, dass die unterschiedliche Konfession für sie nicht entscheidend war. Doch obwohl er am Anfang großes Interesse an Doris zeigte, sagte er ihr, dass eine „Mischehe“ für ihn nicht infrage käme. Es traf Doris tief, dass er sie nicht genug liebte, um über die unterschiedlichen Konfessionen hinwegzusehen.

Doris war von dem Schauspieler angezogen, doch seinen „indirekten Heiratsantrag“, wie sie im Tagebuch schreibt, lehnte sie ab. Vermutlich war es kein wirklicher Heiratsantrag, sondern lediglich die Bekundung von Interesse, mit ihr eine Liebesbeziehung einzugehen, denn ein ernst gemeinter Heiratsantrag ist in der Regel immer direkt. Zudem hatten sie sich nur zwei oder drei Mal getroffen und kannten sich kaum. Doris erwähnt in ihren Tagebüchern öfter, dass sie Heiratsanträge bekommen habe. So erzählt sie, dass ein Schreibkunde, ein Regierungsschulrat und immerhin evangelisch, ihr gleich im Zug einen Heiratsantrag machte. Einmal schrieb sie, dass sie in einer Woche mehrere Heiratsanträge bekommen habe. Diese Vielzahl an Heiratsanträgen von Männern, die sie kaum kannte, lässt vermuten, dass sie eine charmante Umwerbung als Heiratsantrag deutete. Der Grund für diese Interpretation könnte darin liegen, dass für Doris und ihre Generation eine Umwerbung normalerweise in eine Ehe mündete.

Immer wieder ergaben sich Flirts, auch in der Straßenbahn – ein vielversprechender Ort, um einen Mann kennenzulernen, wie die Zeitschrift Brigitte empfiehlt: „Übrigens sind laut Statistik 7 % aller Ehen durch ‚Straßenbahnbekanntschaften' zustande gekommen."[20] Doris erzählt von einem Mann, den sie in der Straßenbahn öfter sah, wenn sie von ihrem Dienst nach Hause fuhr: „Saß den ganzen Winter sehr oft ein einziger interessanter Mann abends in der langweiligen Straßenbahn, wenn ich, gewöhnlich mit Tulpen aus Holland bepackt, nach Hause fuhr." Einmal fragte er: „‚Haben Sie so viele Verehrer, daß Sie immer mit so schönen Blumen nach Hause fahren?' Ich klärte ihn lächelnd leichthin auf, das seien Tulpen aus unserem Zug, die dort zur Dekoration gestanden hatten." Ihr Verehrer war ein Student der Theaterwissenschaft. Nach dieser Begegnung sah sie ihn monatelang nicht mehr. Doch eines späten Abends im Januar, als sie an der Straßenbahnhaltestelle wartete, bemerkte sie ihn in dem Moment, als die Straßenbahn einfuhr. Sie stieg ein und er sprang hinterher. Die Straßenbahn war voll. Doris drehte sich um und stand direkt vor ihm. Er sagte: „Was meinen Sie, warum ich heute eingestiegen bin? Nur, um Sie zu sehen! Wollen wir gleich wieder aussteigen und noch eine Tasse Kaffee trinken?" An der nächsten Haltestelle stiegen sie aus. Es war kurz vor Mitternacht und so gingen sie in eine Espresso-Bar. „Wir krochen auf die hohen Stühle. Als ich gefragt wurde, was ich trinken wolle, fühlte ich meinen Kopf heiß werden. Ich meinte

‚Cointreau', aber mir fiel der Name nicht ein." Cointreau war die einzige Spirituose, die sie kannte – inzwischen so gut, dass sie es auch richtig schrieb. Schließlich ging sie kaum in eine Bar, aber sie wollte auch nicht so ahnungslos dastehen. „Man ließ mich überlegen. Das Barmädchen erkannte den Blumenfreund als früheren Gast wieder und er erwiderte abwehrend: ‚Aber schon lange war ich jetzt nicht mehr hier.'" Offenbar war es ihm vor Doris unangenehm, als Barbesucher erkannt zu werden. Das „Barmädchen" zählte sämtliche französische Liköre auf, um Doris auf die Sprünge zu helfen. „Schließlich, als ich immer röter wurde, sagte ich: ‚Ja, der', obwohl ich genau wußte, daß es nicht der war, den ich meinte. Hörte aber vom ‚Blumenfreund', daß der, den ich bekam, durch den Film ‚Die Feuerzangenbowle' sehr berühmt geworden sei." Doris und ihre neue Bekanntschaft unterhielten sich angeregt und sie erfuhr, dass er nun als Regisseur an der Landesbühne Hessen arbeitete. Als sie die Bar in der kalten Winternacht verließen, stülpte er ihren Mantelkragen fürsorglich hoch. „Ich fand es so süß." Er brachte sie nach Hause. Beim Abschied umarmten und küssten sie sich. Doch auch aus diesem Flirt entwickelte sich keine Beziehung.

Hans Langenbuch

Im Frühjahr 1957, als Doris 26 Jahre alt war, lernte sie Hans Langenbuch kennen, einen Arzt aus München: „Wir haben uns in der Fernand-Léger-Ausstellung in München Ende März kennengelernt. Ich dachte erst, vielleicht ist er Lehrer." Doris kam mit ihm ins Gespräch, als sie die Bilder des französischen Künstlers betrachtete. Sie unterhielten sich so gut, dass sie den Ausstellungsbesuch gemeinsam fortsetzten: „Im Haus der

Kunst stiegen wir die Treppen hinauf, wo auch mich die Keramik von Léger begeisterte und wo wir zu dem Léger-Film gingen. Man verkaufte uns automatisch Studentenkarten dazu und er fragte mich und ich fragte ihn ganz zu der gleichen Zeit: ‚Studieren Sie noch?' Und wir lachten uns zu wie zwei Spitzbuben, schüttelten mit den Köpfen und lächelten." Die Sympathie beruhte auf Gegenseitigkeit. Nach der Ausstellung gingen sie noch zusammen zum Nürnberger Bratwurst Glöckl am Dom und unterhielten sich über die Kunst und die Welt. Beim Abschied am Bahnhof sagte Hans Langenbuch, dass sie ihn anrufen könne, wenn sie wieder einen Aufenthalt in München habe. Doris wollte ihn gerne wiedersehen und sagte: „‚Aber ich muß Ihren Namen dazu wissen' und so schrieb er mir seine Adresse in meinen Taschenkalender."

Als Doris wieder in München war, verabredeten sie sich am Stachus in einem Café und gingen anschließend im Englischen Garten spazieren. Er redete über seinen Beruf „und über die vielen kleinen Kinder, die unehelich in seiner Klinik geboren würden und noch dazu von ihren Müttern verlassen würden", schrieb Doris in ihr Tagebuch. In den 1950er-Jahren war ein uneheliches Kind für eine Frau noch eine Katastrophe. Oftmals waren die Frauen auf sich allein gestellt, vor allem, wenn das Kind von einem amerikanischen Soldaten stammte, der wieder in die USA zurückkehrte und bereits eine Familie hatte. Die Frauen mussten ihren Lebensunterhalt selbst verdienen. Und weil es keine Kinderbetreuung gab, sahen viele Mütter keine andere Lösung, als ihr Kind in ein Kinderheim zu geben.

Als Doris nach einem Kurzurlaub in Meran nach Frankfurt zurückreiste, legte sie einen Stopp ein und verbrachte das Wochenende in München. Hans Langenbuch holte sie auf dem Bahnsteig ab und trug ihre Reisetasche. „In dem Hotelzimmer, wo ich mich frisch machte, währenddem er auf einem Stuhl wartete und mir zuschaute, kam plötzlich ein so beglückendes Gefühl über mich." Es war ein Gefühl der Vertrautheit. Doris hatte das Empfinden, dass sie am Ziel ihrer Wünsche angekommen war, endlich zu jemandem zu gehören. „Heimgefunden", beschreibt sie das Glücksgefühl in ihrem Tagebuch. „Im Nymphenburger Park gingen wir spazieren, er erzählte mir von der Chirurgentagung in München (besonders über die Fortschritte in der Handchirurgie und der temporären Herausnahme der Niere bei Operationen)." Am Abend gingen sie essen und sahen sich danach ein Theaterstück in den Kammerspielen an. Damit war der Abend noch lange nicht zu Ende. Doris und Hans genossen das Schwabinger Nachtleben und zogen durch die Bars. Schwabing war damals das angesagte Szenenviertel, in dem bis zum frühen Morgen gefeiert wurde. „In Studio 15 legte er seinen Arm um meine Schulter und ich legte meinen Kopf an seine Schulter. Ich wehrte seine Hand nicht, ich fand es so schön, wie ein Wunder." Dann gingen sie ins Du über. „Mir, der immer schwergefallen war, ja mich gerade davor scheute, mich mit einem Menschen zu duzen, kam es ganz natürlich vor." Für Doris war das Duzen intimer, als sich zu küssen. Sie hatte manche Männer geküsst, aber sie immer gesiezt. Doris war glücklich. Sie war verliebt und Hans erwiderte ihre Zuneigung. Als er sie nach dieser langen Nacht frühmorgens ins Hotel brachte, fühlte sie sich wie in einem Traum: „Mir kam es vor, als liefe ich durch nie gekannte Straßen und wenig kam es mir zu Bewußtsein, daß ich in München war, sondern irgendwo, nicht im realen Leben."

Am nächsten Morgen verschlief Doris fast ihre Verabredung mit Hans. Sie war noch nicht fertig, als er sie an diesem Aprilmorgen abholte. „Als Hans kam, mußte er mir noch meinen Reißverschluß am Kleid zuziehen. Es war ein ganz wunderbarer Sonnen-Sonntag. Es kommt mir noch jetzt fast unglaublich vor, daß ich ohne Jacke in meinem neuen ärmellosen Tanzkleid ausging. Wir tranken Kaffee im Garten des Hotel Regina und tanzten dort im Freien. Die Kapelle war ausgezeichnet, die Atmosphäre elegant und vornehm." An einer anderen Stelle schrieb Doris: „Wir tanzten, Kopf an Kopf ohne Worte." Am Abend gingen sie in ein „originelles jugoslawisches" Restaurant und anschließend ins Theater. Den Abend ließen sie wieder in Schwabing ausklingen: „In der ‚Hängematte', ein Lokal in Schwabing, das mir sehr gefiel, fuhren wir fort über ‚Schiller und Goethe' zu reden, wenn wir redeten. Ich fand es nicht so nett, aber das lag wohl daran, daß wir über, wie gesagt, ‚Schiller und Goethe' redeten."

Trotz der bisweilen einseitigen Gesprächsthemen über Literatur genoss Doris das Zusammensein mit Hans. „Beim Abschied in meinem Hotelzimmer, bis wohin ich ihn sozusagen als Vertrauensbeweis mitgenommen hatte, gab ich ihm das Geld für meine Theaterkarten und das Abendessen, zu dem ich ihn eingeladen hatte." Es war ungewöhnlich, dass eine Frau einen Mann einlud. Damals war es üblich, dass der Mann die Rechnung übernahm. Immerhin war es in der Zeit, als noch der Mann über das Geld seiner Frau verfügte. Erst 1958 durfte eine Ehefrau ohne Zustimmung ihres Mannes ein Konto eröffnen. Doris bewies eine emanzipatorische Haltung, indem sie Hans einlud. Sie zeigte damit, dass sie unabhängig vom Geld eines Mannes war. Doch als Frau hätte sie die Rechnung niemals öffentlich bezahlen können, ohne ihn als Mann würdelos dastehen zu lassen. So ließ sie ihn bezahlen und gab ihm das Geld später im Hotel. „‚Ich will kein Ausbeuter sein', hatte ich gesagt und er hatte mir die Hand gedrückt: ‚Ja, ach nein, das bist Du nicht.'" Hans nahm das Geld offenbar ohne Widerrede an.

Was so hoffnungsvoll begann, nahm plötzlich eine unerfreuliche Wendung. Doris besuchte am Vormittag die Gemäldesammlung in der Schackgalerie. Sie hoffte, dass Hans am Nachmittag noch zum Bahnhof kommen würde, um sie zu verabschieden, aber er sagte ab: „Am Montag, an dem er nicht noch mal an meinen Zug am Nachmittag kommen wollte, machte ich mir über den vergangenen Abend Gedanken und war traurig. Keine Schackgalerie konnte mich darüber hinwegtrösten. Am Telefon erklärte er mir, jetzt habe ihn der Weltschmerz erreicht. Nein, ich sei nicht daran schuld gewesen, daß er mich beim Tanzen nicht angeschaut habe, er wäre immer so labil."

Doris bemühte sich um Hans und verzichtete auf damenhafte Zurückhaltung. Als sie am darauffolgenden Samstag wieder in München war, versuchte sie erneut, ihn zu treffen. „Tatsächlich konnte ich ihn nicht mal telefonisch erreichen: Die Nummern waren gerade von 5stelligen auf 6stellig umgewandelt worden und als ich endlich, nachdem ich mein ganzes Kleingeld verpulvert hatte, das Krankenhaus bekam, war er nicht mehr da." Diese kleine Bemerkung über die Änderung der Telefonnummern zeigt, dass es in den 1950er-Jahren immer mehr Menschen gab, die sich einen Telefonanschluss legen ließen, um nicht mehr auf öffentliche Telefonverbindungen angewiesen zu sein. Doris rief offenbar aus einer Telefonzelle an, in der man Münzen brauchte. Weil Doris Hans nicht erreichte, besuchte sie eine Ausstellung, aber sie dachte die ganze Zeit nur an Hans und war unglücklich. Schließlich entschied sie sich, bei ihm vorbeizuschauen. Das war schon ein sehr aktiver Schritt von einer Dame in den 1950er-Jahren. Eine Stunde hatte sie noch Zeit, bevor ihr Zug wieder fuhr. Sie ging zu seiner Wohnung und läutete. Da sie nichts hörte, klopfte sie: „Die Schelle war abgestellt, was mich alles stutzig machte. ‚Ach', sagte er, mit seiner milden Stimme ‚komm herein. Ich habe auf Deinen Anruf gewartet und dann gedacht: ‚Heut kommt sie nicht'. Da hat er nun den ganzen Nachmittag gesessen und Bilder in sein Fotoalbum geklebt in aller Seelenruhe, während mein unruhevolles Herz ihn den ganzen Nachmittag herbeigesehnt hatte." Sein Zimmer gefiel Doris sehr. Er hatte Kunstdrucke an den Wänden und seine Strand-Mitbringsel aus den USA aufgestellt. Wie das Gespräch mit Hans verlief, darüber schrieb sie nichts. Er brachte sie zur Haltestelle, wo sie sich verabschiedeten.

Als sie sich das nächste Mal trafen, teilte er ihr mit, dass er nun weniger Zeit habe, weil er bei den Vorlesungen seines Professors assistieren müsse. Doris belastete, dass Hans sich zurückzog und kühler wurde. Die vereinbarten Treffen hielt er jedoch ein. Wenn sie verabredeten, sich zwei Wochen später um 14 Uhr in einem Café zu treffen, dann war er auch da. In einer Zeit ohne Handy war Zuverlässigkeit wichtig. Doris war gern mit Hans zusammen: „Wir haben uns restlos alles ausgetauscht, was wir gelesen und gesehen hatten, was durchaus interessant war und ich war direkt froh, daß ich jemand gefunden hatte, mit dem ich diesen Austausch vornehmen konnte." Sie verabschiedeten sich immer mit „Bye-Bye". Die amerikanische Kultur übte auf die jungen Leute eine Faszination aus. Sie wirkte modern und lässig, Bye-Bye hörte sich anders an als das förmliche Aufwiedersehen. Heute ist das italienische Ciao verbreitet, zumindest in Süddeutschland, in dem die leichte italienische Lebensart mitschwingt.

Immer wenn Doris in München war, traf sie sich mit Hans. „Vergangenes Wochenende war ich wieder in München. Es war ganz wunderbares Wetter. Da er sich am Nachmittag hat ausruhen wollen, bin ich mit Frau Dirksen, meiner diensthabenden Kollegin, an den Starnberger See gefahren, wo wir die Sonne ganz wunderbar genossen haben. (Später hat sich herausgestellt, daß er 3 Stunden an der Isar in der Sonne allein gelegen hatte)." Doris war verletzt, dass er sich immer mehr distanzierte. Sie gingen zusammen ins Theater, zum Essen und zum Tanzen, aber er wirkte unnahbar.

Am nächsten Tag fuhren sie zusammen an den Starnberger See. „In der Bahn lasen wir sofort. In Berg zum See hinabgestiegen, fanden wir einen netten Platz. Und er bot sich zugleich an, mir den Rücken einzureiben. Er wollte erst, daß wir in Anbetracht unserer Sachen jeder für sich bzw. nacheinander ins Wasser gingen, aber ich organisierte den Laden, nämlich daß wir zusammen gehen konnten, in dem ich zwei Muttchens ausfindig machte, denen ich unser Zeug hinstellte. Ganz so, wie ich es mir vorgestellt hatte, daß wir nämlich zusammen hinaus und immer weiter schwimmen würden, kam es nicht, aber ich war doch zufrieden. Am Strand lagen wir nebeneinander in der Sonne. Dafür, daß ich praktisch noch nie mit einem Mann baden gewesen war, benahm ich mich erstaunlich ungehemmt." In den 1950er-Jahren gingen Frauen und Männer meist getrennt baden, Badeanstalten und Seebäder unterschieden zwischen Badebereichen für Frauen und Männer. Gemeinsam in Badekleidung am Strand zu liegen, hatte eine ungewohnte Intimität. Liegen war dabei noch etwas anderes, als nur zu sitzen. Als Doris mit dem bereits erwähnten Schauspieler beim Baden an der Isar war, schrieb sie: „Ich hätte mich gerne hingelegt, aber ich war ja mit einem Mann hier." Mit Hans fühlte sie sich jedoch so vertraut, dass sie keine Scheu hatte. Er hatte einen neuen Fotoapparat und machte zwei Fotos von Doris. Es war ein schöner Nachmittag. Deshalb fasste Doris sich ein Herz, und begann ein Gespräch über ihre Beziehung. Sie wollte endlich wissen, woran sie bei ihm war: „Bevor wir gingen, ach es war ja so schön gewesen, rückte ich mit folgenden Fragen heraus: ‚Glaubst Du, dass diese Art unserer Freundschaft positiv ist? (Jede Freundschaft sei das). ‚Würdest Du es bedauern, wenn sich unsere Freundschaft auflösen würde?' (‚Ja, ich würde es bedauern'). ‚Du hast doch aber auch nicht eine Auflösung mit eingeplant.' (‚Was für Fragen, nein!') – ‚Ja, da siehst Du einmal, was in mir vorgeht.'" Hans beteuerte Doris zwar, dass ihm die Freundschaft wichtig sei, aber er unternahm nichts, um diese Freundschaft zu vertiefen.

Am Abend gingen Doris und Hans zusammen in das Theater „Kleine Freiheit" und sahen sich eine Komödie an, die sie sehr amüsierte. „Anschließend saßen wir bei einem Glas Wein in dem Fuchsbau auf der Maximilianstraße. Ich hatte den Eindruck, er rücke immer mehr von mir ab und als ich mich draußen wie bisher einhängte, sagte er: ‚Was soll das Ärmchengeben?' Es sei eine ganz blöde Sitte und hätte nichts mit l'amour zu tun." Das war eine deutliche Abfuhr. Sich unterzuhaken war eine freundschaftliche Geste, die damals sehr üblich war. Auch Hans redet von einer „Sitte", die er auf einmal „blöd" findet. Doris hatte sich bisher immer bei ihm untergehakt, aber auf einmal wies er sie schroff zurück. Es war ihm zu viel Nähe. Hans distanzierte sich nun auch körperlich von Doris. Und auch im Gespräch signalisierte er ihr, dass sie sich keine Hoffnungen machen sollte: „Dann fragte er mich, ob er mir noch nicht von seinen mannigfaltigen Liebeserlebnissen erzählt habe. ‚Nein', sagte ich, er habe mir nur von seinem zurückgezogenen Leben in München berichtet. ‚Ja, das würde auch stimmen, aber schließlich sei er 30 Jahre alt und da hätte man viel erlebt. Er sei Nihilist, Pessimist, ihm sei alles egal, er könne nichts mehr geben." Schon am See hatte er ihr gesagt, dass er sich ganz „ausgebrannt" vorkomme. Es ist interessant, dass er diesen Begriff verwendete, der erst Jahrzehnte später als Problem der modernen Leistungsgesellschaft wahrgenommen wurde und unter dem Begriff „Burnout" Aufmerksamkeit bekam. Bis dahin war mehr die körperliche Erschöpfung ein Thema und weniger die psychische Belastung. Doris führte das Gespräch fort: „Ich sagte, ich glaube dir das nicht, daß Du Nihilist und Pessimist bist und fragte: ‚Ja, willst Du dann auch niemals eine Familie haben' – doch, das wolle er. – Ich sagte, ‚ich verstehe Dich nicht' und wir drückten uns die Hände und ich brachte unter Tränen heraus: ‚Hans, nur wenn es Dir Freude macht, will ich Dir etwas sein.'" Doris gab ihm dadurch zu verstehen, dass sie ihn liebte und gerne eine Beziehung mit ihm haben wollte. Sie wagte sich weit aus der damenhaften Zurückhaltung hervor. „Und er sagte: ‚Hör auf, so zu reden, es hat ja doch alles keinen Sinn.'" Hans gab ihr einen Korb. Als Doris wieder in ihr Zimmer kam, weinte sie sehr.

In den nächsten Tagen grübelte Doris, was die Ursache dieser Wandlung war. Am Anfang ihres Kennenlernens war er so zugewandt gewesen, nun verhielt er sich so abweisend. Doris konnte es nicht verstehen und wollte diese Freundschaft, die so hoffnungsvoll begonnen hatte, nicht einfach aufgeben. „Deshalb hatte ich bei seiner Wirtin ein Körbchen Erdbeeren gewaschen und gezuckert und geschnitten und samt einer Flasche Milch dann in sein Zimmer zur Überraschung gestellt." Sie schrieb in ihr Tagebuch, wie glücklich sie gewesen wäre, wenn ihr jemand an einem solch heißen Tagen eine Erdbeermilch hingestellt hätte. Doch Hans reagierte nicht. Doris sah ihn sechs Wochen lang nicht, weil er als Vorlesungsassistent tätig war. Aber sie rief ihn in dieser Zeit zweimal an. Er war freundlich und unverbindlich. Doris blieb hartnäckig und bemühte sich um ihn. Sie war die Werbende, nicht der Mann. Vor ihrem Sommerurlaub im August besuchte sie ihn wieder. Er machte zwar eine kleine Flasche Sekt auf, aber das verbesserte die Stimmung auch nicht. Sie sprachen über Bücher und Ausstellungen, Theater und Filme und dann brachte er sie zur Straßenbahn. Auch nach ihrem Urlaub auf Sylt kam keine Nähe mehr auf. Doris wusste nicht mehr weiter. All ihre Bemühungen liefen ins Leere. Deshalb suchte sie Rat bei ihrem Onkel Erich. Eigentlich war es nicht ihr Onkel, sondern ein väterlicher Freund, den sie im Schreibabteil kennengelernt hatte. Er war Zahnarzt in Hamburg und Vorstandsvorsitzender der Kassenzahnärztlichen Bundesvereinigung. Schon davor hatte sie ihm von der schwierigen Beziehung erzählt und schon damals kam ihm eine Ahnung, dass Hans homosexuell sein könnte. Doch er vermied klare Worte und Doris verstand nicht, was er meinte. Nun erzählte Doris, dass Hans nur an einer Freundschaft interessiert sei, aber nicht an einer Liebesbeziehung. Eine andere Frau sei nicht im Spiel. Eine platonische Freundschaft zwischen einer Frau und einem Mann war in den 1950er-Jahren unüblich. Beziehungen liefen auf eine Heirat hinaus oder man brach sie ab. In ihrem Tagebuch erzählte Doris über das Gespräch mit dem Onkel. Im Gegensatz zu ihrer sonst klaren Sprache drückt Doris sich hier sehr umständlich aus. Es scheint, dass sie über Homosexualität wenig wusste oder nicht beim Namen nennen wollte. Homosexualität war in den 1950er-Jahren nicht nur tabuisiert, sondern auch strafbar. Doris schrieb über das Gespräch mit ihrem Onkel: „Er vermutete schon damals etwas, was er nicht beim Namen nannte, nachdem ich ihm gesagt hatte, daß eine andere Freundin gar nicht in Frage käme. Auch meine in Brüssel verheiratete Kollegin erzählte mir einen solchen Fall, an den Onkel Erich dachte. Ach, ich habe es einfach nicht geglaubt. Wohl erinnerte ich mich daran, daß Hans einmal beim Erzählen, daß er gerade ‚Si le grain ne meurt' von Gide lese, betont darauf, ja beinahe entschuldigend, hingewiesen hatte, daß er diese Bücher über ... (welches Fremdwort ich nicht kannte und die Freundschaft zwischen Männern geschlechtlich bedeutete) nur von der wissenschaftlichen Seite lese. Das hatte ich damals sowieso angenommen."

Bei dem Buch handelte es sich um die Autobiografie des französischen Schriftstellers André Gide. Es erschien erstmals 1926. Darin erzählt Gide über seine schwierige Kindheit bis zu seiner Verlobung mit seiner Cousine Madeleine, die er sehr verehrte. Doch dann wurde ihm bewusst, dass er homosexuell war. Er versuchte, seine Homosexualität zu bekämpfen, indem er Madeleine heiratete. Nach ihrem Tod schrieb er ein zweites Buch. In diesem schreibt er über seine inneren Konflikte während der Ehe, denn obwohl er hoffte, durch eine Heirat seine Homosexualität überwinden zu können, sei ihm dies nicht gelungen. Offenbar war Hans in einem ähnlichen Konflikt. Er versuchte seine Homosexualität mit einer Liebesbeziehung zu einer Frau zu bekämpfen, aber er konnte sich nicht selbst belügen.

Der Onkel empfahl Doris, mit Hans offen zu reden: „Er riet mir dringend, die Sache nun beim Namen zu nennen bzw. mir Klarheit zu holen, dazu hätte ich ein Anrecht, nachdem wir uns nun mehr als ein halbes Jahr kennen würden."

Als Doris Hans das nächste Mal traf, nahm sie ihren Mut zusammen, um ein klärendes Gespräch über ihre Beziehung zu beginnen, ohne jedoch seine mögliche Homosexualität anzusprechen. Das war ein absolutes Tabuthema. Sie gingen bei schönstem Herbstwetter im Isartal spazieren und setzten sich auf eine Bank: „Ich begann also, er zuckte merklich zusammen, wollte ausweichen, aber dann kam es heraus. Unsere Beziehung hätte er als reine Freundschaft angesehen, die er schön gefunden hätte. Ja, er wolle später heiraten, er wolle ja Kinder. Daran, daß er mich einmal heiraten würde, hätte er noch gar nicht gedacht." Da Hans zudem sagte, dass es ihm egal sei, wen er heirate, wollte Doris wissen, warum sie nicht infrage käme: „Vielleicht, weil ich keine Akademikerin sei? Ach nein, damit habe es gar nichts zu tun, ich sei ja klug und gebildet." Dass Hans sagte, es sei ihm egal, wen er heiraten würde, lässt vermuten, dass ihm der äußere Schein, ein „normales Leben" mit Frau und Kindern zu führen, so wichtig war, dass die Person zweitrangig war.

Doris versuchte, ihn eifersüchtig zu machen, indem sie von anderen Männern erzählte, die an ihr interessiert seien und mit ihr ins Bett gehen wollten, doch das zeigte keine Wirkung. Er betonte noch mal, dass zwischen ihnen nur Freundschaft sei und sie mit anderen Männern ausgehen und mit ihnen schlafen könne, wie sie wolle. Das verletzte Doris sehr: „Das tue ich nicht, habe ich nur geantwortet. Ich hätte geglaubt, daß – wenn auch noch lang hingezogen – wir einander heiraten würden, eins miteinander für immer sein würden." Doris redete sehr offen von ihrer Hoffnung. „Da sagte er, ja, er sehe es ein, er sei schlecht, ja das könne er gar nicht verantworten." Nur eine Freundschaft von einer Frau zu erwarten, die auf eine Heirat hoffte, kam ihm egoistisch vor. Doris war zutiefst unglücklich und weinte sehr, als sie wieder in ihrem Zimmer war.

Die Beziehung neigte sich im Februar 1958 dem Ende zu. Doris hatte alles versucht. Im September 1957 hatte Doris eine Handschriftenanalyse machen lassen, vermutlich von Hans Langenbuch, den sie aber als „Dr. H. Engelen" angab. Der Doktortitel und der abgekürzte Vorname deuten auf Hans hin. In der zweiseitigen „Charakter-Analyse" wird der Schreiber der Schriftprobe als hochintelligent, vielseitig interessiert, aber unsicher und gehemmt beschrieben. Er sei sehr „zartempfindend" und verletzbar. Er ließe Menschen nicht an sich heran, eine Partnerschaft mit ihm würde sehr schwierig sein. Im November 1957 reichte Doris offenbar eine Schriftprobe von sich selbst ein. Die Charakter-Analyse „weiblich, 26 Jahre" sagte aus, dass die Schreiberin gebildet und kultiviert sei, aufgeschlossen sowie kontaktfreudig und schloss mit dem Ergebnis: „Ihre Partnerschaftsfähigkeit ist im übrigen unbedingt zu bejahen. [...] Um sagen zu können, ob eine Ehe mit Herrn Dr.

Engelen harmonisch und aufbauend zu werden verspricht, müssten wir von beiden Schreibern nochmals die Handschriftproben vorliegen haben. Grundsätzlich glauben wir jedoch, diese Frage bejahen zu dürfen."

Hans und Doris trafen sich noch einmal: „Wir waren in der Paula Modersohn-Ausstellung und er führte mich anschließend noch zu Kandinsky, dessen Farben mich erst da ergriffen. Wir tranken später noch Tee in einem Café, das ich noch nicht kannte (was ihm Spaß machte) und er kaufte mir ein Stück Kuchen. Er selbst aß nichts. Ich rollte auch noch einmal die alte Leier auf, er sagte nur, es gäbe eben ganz rein geistige Freundschaften wie auch ganz körperliche. Ich sagte hierzu nur, daß aber im Normalfall im Verhältnis zwischen Mann und Frau beides Hand in Hand gehen müßte. Dann sah ich keinen Sinn mehr, bei diesem Thema zu verharren, und wir wechselten den Gesprächsstoff." Für Doris war es unvorstellbar, eine rein freundschaftliche Beziehung zu einem Mann zu führen. Sie hatte gehofft, ihn überzeugen zu können, doch nach diesem Gespräch begrub sie ihre Hoffnungen. An Weihnachten schrieb Hans ihr noch eine Karte, die sie in ihr Tagebuch einklebte. Danach trennten sich ihre Wege.

Homosexualität

Obwohl die Vermutung im Raum stand, dass Hans homosexuell sein könnte, vermied Doris das Thema. Wir wissen deshalb nicht, ob die Vermutung zutraf. Dass Homosexualität ein absolutes Tabuthema war, lag auch daran, weil Homosexualität strafbar war. In den 1950er-Jahren galt immer noch der §175 StGB in der verschärften Form, wie ihn die Nationalsozialisten 1935 festgelegt hatten. Der Paragraf stellte damit nicht nur

„beischlafähnliche" Handlungen unter Strafe wie vor 1935, sondern alle „unzüchtigen" Handlungen. Das bedeutete, dass nun auch Umarmungen und Küsse mit Gefängnis bestraft werden konnten. Der Paragraf galt jedoch nur für Männer. 1957 wiesen Richter eine Klage ab, die sich gegen die ungleiche Behandlung von Frauen und Männern richtete und damit gegen das Gleichheitsgebot im Grundgesetz verstieß.[21] Die Richter erklärten, dass die Ungleichbehandlung vertretbar sei, denn aufgrund „biologischer Verschiedenheiten" von Frauen und Männern sei „weibliche Homosexualität weniger gefährlich als männliche".[22] Erst ab 1969 waren homosexuelle Handlungen zwischen Erwachsenen nicht mehr strafbar.

Gegen diese „gefährliche" Homosexualität wurde noch in den 1950er- und 1960er-Jahren drastisch vorgegangen. „Zwischen 1950 und 1965 wurden ungefähr 45.000 Personen verurteilt. Einen Höhepunkt stellte die Frankfurter Verfolgungswelle von 1950 und 1951 dar."[23] Bei diesen sogenannten Homosexuellen-Prozessen in Frankfurt „wurde gegen 280 Männer ermittelt, 100 wurden verhaftet und 75 angeklagt. Aus Angst vor Gefängnisstrafen und gesellschaftlicher Ächtung nahmen sich sechs Menschen das Leben."[24]

Von diesen Prozessen musste auch Doris gewusst haben, denn sie lebte in Frankfurt und war eine interessierte Zeitungsleserin der Frankfurter Allgemeinen Zeitung. Möglicherweise vermied sie eine offene Aussprache mit Hans, weil sie dadurch zur Mitwisserin eines gefährlichen Geheimnisses geworden wäre. Man darf nicht vergessen, dass noch wenige Jahre zuvor Homosexuelle ins Konzentrationslager kamen und viele ermordet wurden. In den 1950er-Jahren herrschte noch nationalsozialistisches Gedankengut in vielen Köpfen.

So berichtet eine lesbische Frau in einem Interview, dass sie um 1958 als 15-Jährige mit ihrer Freundin „rumgeknutscht" hatte und dabei von ihrer Mutter erwischt wurde. Am Abend erzählte die Mutter dem Vater davon. „Dieser habe sie [seine Tochter] ‚aufs Übelstes beschimpft', daß er ‚so was nicht großziehen würde; zu der Zeit als [...] der Adolf noch da war, hätte man so was ins KZ gesteckt und vergast'."[25]

Auch wenn lesbische Frauen nicht strafrechtlich verfolgt wurden, so waren sie doch Diskriminierungen ausgesetzt. Deshalb verheimlichten sie ihre Liebe zu einer Frau. Sie mussten sich verstellen und hatten Angst, dass ihr Geheimnis entdeckt werden würde. Manche Frauen heirateten, um ihre Homosexualität zu bekämpfen, manche waren sich ihrer Homosexualität nicht mal bewusst, weil es das nicht geben durfte. Andere Frauen heirateten, um nach außen den Schein der „Normalität" zu wahren und heimlich eine Liebesbeziehung zu einer Frau zu leben. Das war möglich, denn eine enge Frauenfreundschaft weckte keinen Verdacht.

1951 gab es eine in Hamburg verlegte Zeitschrift für lesbische Frauen: „Wir Freundinnen. Monatsschrift für Frauenfreundschaft". Sie wurde aber 1952 wieder eingestellt. Lesbische junge Frauen fanden sich in dem Film „Mädchen in Uniform" mit Romy Schneider und Lilli Palmer wieder, der 1958 in die Kinos kam. Darin geht es um eine erotische Anziehung zwischen einer Schülerin und einer Lehrerin, die damit endet, dass die Schülerin in ihrer Ausweglosigkeit einen Suizidversuch beging.

Auch in der DDR war Homosexualität strafbar. Allerdings lehnte die Justiz die nationalsozialistische Rechtsprechung des §175 ab und kehrte 1950 zu der Fassung der Weimarer Republik zurück. Ab 1957 wurde einvernehmlicher Sex zwischen erwachsenen Männern nicht mehr bestraft.

Einen Mann per Heiratsinserat?

Doris war attraktiv, klug, kontaktfreudig und trotzdem erfüllte sich nicht ihr Herzenswunsch, einen Mann fürs Leben zu finden. Sie hatte zahlreiche Flirts, einige Bekanntschaften und war durchaus aktiv in der Partnersuche. Das war nicht immer einfach in einer Zeit, in der von einer Dame Zurückhaltung erwartet wurde. Zu viel Aktivität wirkte auf Männer zudringlich. Die einzige Möglichkeit, aktiv einen Mann zu suchen, war über ein Heiratsinserat in der Zeitung. Das überlegte sich auch Doris. Sie hatte schon einen Text für eine Heiratsannonce formuliert, „einen Zauberspruch", wie sie es nannte, aber sie traute sich nicht, das Inserat aufzugeben, „zumal ich bislang nichts von diesem Geschäft gehalten habe und mir auch nicht den Mann, der darauf schreibt, vorstellen kann, obwohl ich weiß, daß es durchaus wertvolle Männer genauso vereinsamt wie ich, gibt." Es war eine Zwickmühle. Viele dachten, dass nur die „Übriggebliebenen" in einer Zeitung inserieren, doch tatsächlich waren dort genauso interessante und offene Persönlichkeiten wie Doris darunter. In den 1950er-Jahren war das Inserieren einer Heiratsannonce noch schambehaftet. Man hat es verheimlicht, wenn man jemanden per Inserat gesucht hat, auch wenn die Suche erfolgreich war. Doris formulierte 1959 ein Inserat, in dem sie schrieb, dass sie für ihre Wochenenden einen Freund suchte, den sie auch gerne heiraten würde. Ob sie dieses Inserat veröffentlicht hat, geht aus ihrem Tagebuch nicht hervor. Doch auch später versuchte sie, einen Mann über ein Inserat kennenzulernen. In einem Brief im Oktober 1961 schrieb sie auf eine Annonce: „In Frankfurt bin ich zu Hause, da enden alle meine Reisen. Da wäre es doch einmal eine nette Idee, Sie holen mich einmal an einem meiner Züge ab. Und wir könnten dann eine Tasse Kaffee zusammen trinken. Schwer haben Sie es nicht, mich zu erkennen, denn ich stecke immer in dem blaugrauen Kostüm der Zugsekretärin. Aber am besten schreiben Sie mir noch einmal, dann kann man auch noch etwas Genaueres ausmachen. Ich bin auch evangelisch und auch 30 Jahre. Und da ich eine sehr voreingenommene Meinung gegenüber diesem ‚Märktchen' habe, wäre es für mich das größte Vergnügen, wenn Sie sich als netter Mann entpuppten. Einstweilen viele freundliche Grüße, Doris Kraus." Der Mann antwortete offenbar nicht. Doris schreibt in ihrem Tagebuch jedenfalls nichts darüber. Einen Ehemann oder eine Ehefrau über ein Inserat zu suchen, war so peinlich, dass sich die Heiratssuchenden fast dafür entschuldigten, so wie Doris. Dennoch sprach sie mit einem Schreibkunden darüber: „Samstag: Engländer mit Backenbärtchen macht Heiratsannoncenvorschlag für mich." Ob sie diesen Vorschlag verwendete oder selbst eine Annonce formulierte, wissen wir nicht. Aber dass sie inserierte und vermutlich einige Verabredungen hatte, zeigt ein Tagebucheintrag von 1962: „Man bekommt den Eindruck, daß wirklich nur seltsame Typen sich dieses Marktes befleißigen."

Doris heiratete nie. Sie hatte immer wieder mal einen Freund, aber zu einer Ehe führte keine der Beziehungen. Dafür führte sie ein unabhängiges, beruflich erfolgreiches Leben. Sie genoss es, ins Kino und in Ausstellungen zu gehen, zu tanzen und vor allem zu reisen. Darum geht es in den nächsten zwei Kapiteln.

8. Milchbar, Tanzen, Kino – Freizeitvergnügen nach Dienstschluss

In den 1950er-Jahren war die Arbeitszeit länger als heute, auch der Samstag war ein Arbeitstag. Die wenige Freizeit war mit Pflichten angefüllt. Junge Frauen mussten putzen, Wäsche waschen, bügeln, flicken und einkaufen, egal, ob sie zur Untermiete oder bei ihren Eltern wohnten. Zeit zum Ausgehen hatten sie nur am Samstag nach der Arbeit und am Sonntag.

Tanzen

Zu den beliebtesten Freizeitvergnügen in den 1950er-Jahren gehörte das Tanzen. Auf dem Dorf tanzte man bei allen Festen. Und wenn es nichts zu feiern gab, luden die Wirtshäuser zum Ball ein. In den Städten gab es noch mehr Gelegenheiten zum Tanzen. Schon am Nachmittag öffneten Tanzcafés, wo es mit Walzer und Slowfox eher gemächlich zuging. Richtig Stimmung kam aber am Abend in den Tanzlokalen auf, in denen Rock'n'Roll und Boogie-Woogie gespielt wurde. Elvis Presley war der Star des Rock'n'Rolls und Peter Kraus die deutsche Antwort. Es war keine Musik, die man sich einfach anhörte, sondern zu der man sich einfach bewegen musste. Begeistert lernten die jungen Leute die neuen Tanzschritte und akrobatische Figuren – zum Entsetzen ihrer Eltern. Das „Rumgehopse" hatte nichts mehr mit der Vorstellung des eleganten Dahingleitens über das Parkett zu tun, wie ein Benimmbuch erklärt: „Ein taktvolles Tanzpaar wird für die exzentrische Schlenkrigkeit oder die müde Saloppheit der Jünglinge und ‚Jünglinginnen' in den Existentialistenkellern nicht viel übrighaben, auch nicht für die undelikaten Klammertänze."[26] Erste Versuche zu gendern gab es offenbar schon in den 1950er-Jahren. Das Akrobatische sei jenseits des guten Geschmacks. Beim Tanz zählten Grazie und Anmut, die nur dadurch entstehe, dass der Mann führt und die „Dame sich seiner Führung anvertraut". Die „müde Saloppheit", von der hier die Rede ist, meinte eine zu nachlässige Haltung. Doch die neuen Tänze knüpften nicht an die Tanztradition der bürgerlichen Gesellschaft an, als Tanzkurse zur Bildung der höheren Töchter und höheren Söhne gehörte, sondern es war etwas komplett Neues. Rock'n'Roll war ein sehr schneller Tanz, der aus dem Boogie-Woogie entstanden war. Auch das neue Geschlechterverhältnis spiegelte sich in den modernen Tänzen wider. Die Frau zeigte Aktivität und eigene Tanzfiguren, auch wenn der Mann nach wie vor führte. Bei anderen modernen Tänzen, wie beim Twist, hatten Männer und Frauen zwar ein Gegenüber, aber jeder tanzte für sich. Es war der Anfang einer freien Tanzform.

Trotz der neuen Tänze, die in den 1950er-Jahren aufkamen, dominierten immer noch die Standardtänze.

Rock'n'Roll und Boogie-Woogie mussten erst gelernt werden. So erlebte es auch Doris, als sie mit einem jungen Mann zum Tanzen ging: „In dem Tanzlokal zeigte sich, daß er die modernen Tänze auch nicht richtig konnte, und das beruhigte mich. Wir lachten zusammen über die drolligen Figuren, die andere tanzende Paare abgaben, weil sie den Tanz nicht verstanden." Wahrscheinlich gaben Doris und ihr Tanzpartner auch eine komische Figur ab, über die sich andere Paare amüsierten. So war allen geholfen, weil jeder feststellte, dass die anderen auch nicht besser tanzten.

Bei Tanzveranstaltungen gab es klare Benimmregeln. Männer mussten darauf achten, dass jede Frau zum Tanzen aufgefordert wurde und man keine in der Ecke übersah. Das galt bei privaten Tanzveranstaltungen genauso wie bei Dorffesten, also auf Festen, wo man sich kannte. Eine Frau konnte die Aufforderung zum Tanz kaum ablehnen, nur weil der Mann zu klein, zu dick oder der größte Angeber im ganzen Dorf war. Wenn junge Leute gemeinsam zum Tanzen gingen, sollte der Mann zuerst alle Damen an seinem Tisch zum Tanzen auffordern.[27] Nach dem Pflichtprogramm durfte er nach anderen Frauen Ausschau halten. Er durfte auch Frauen auffordern, die in Begleitung eines Mannes da waren, aber er musste den Herrn vorher um Erlaubnis fragen.

Doris tanzte sehr gern und ging auch allein tanzen. Als Zugsekretärin war sie ständig unterwegs und verbrachte viel Zeit in fremden Städten. Wenn sie nicht allein in ihrer trostlosen Unterkunft der Deutschen Bahn sitzen wollte, musste sie ihr Freizeitvergnügen selbst in die Hand nehmen: „Ich war wieder allein in der noch ziemlichen fremden Stadt. Es war zu kalt, um spazieren zu gehen. Ich ging in das erste Café.

Dort war auch Tanz. Als ich um 1/2 10 Uhr schon gezahlt hatte – ich dachte nicht zu tanzen, obwohl mir das Lokal gefiel und ich auch schon zweimal aufgefordert wurde – als ich einen recht netten Herrn, der heiter zu scherzen wußte, kennenlernte. Ich tanzte noch viermal mit ihm. Er will mir für das nächste Mal eine Theaterkarte im ‚Deutschen Schauspielhaus' bestellen, und wenn er noch in Hamburg ist, mit hingehen. Eigentlich wollte er mir noch die Reeperbahn zeigen, Likörchen mit mir trinken, Kennenlernen feiern, aber ich habe alles abgewimmelt. Tanzen konnte er verdammt gut, und für mich war er wie eine Erfüllung beim Tanzen."

Bei einem anderen Aufenthalt in Hamburg ging sie wieder zum Tanzen, aber dieses Mal nach Blankenese, einem vornehmeren Stadtviertel. Dort hoffte sie, ein angenehmeres Publikum zu finden. Der erste Eindruck war gut. Die Gäste waren jünger, es waren nicht nur „ältere Herren" da, wie sie erfreut feststellte. Das Tanzlokal war moderner, die Tanzfläche rötlich beleuchtet. Doris schaute sich um und setzte sich an einen strategisch günstigen Platz mit Blick auf die Tanzfläche. An ihrem Tisch saß noch eine Mutter mit ihrer Tochter, „die sich ab und an leise spöttelnd über den Vierten an unserem Tisch unterhielten, einem gehemmten Mann, der nicht tanzte", wie Doris in ihrem Tagebuch bemerkte. Der Mann zeigte kein Interesse an den drei Frauen an seinem Tisch. Ein anderer Mann ließ sich auch nicht blicken, weil die anderen Gäste dachten, dass der Mann zu den Frauen gehörte, wie Doris später erfuhr. Den Frauen blieb nichts anderes übrig als abzuwarten – auf einen Tänzer oder auf die Damenwahl. Zumindest in den Tanzlokalen existierte in den 1950er-Jahren ein Hauch von Gleichberechtigung. „Bei der zweiten Damenwahl hatte ich schon den Mut, vielleicht auch durch meinen kleinen Cointreau verursacht, einen Herrn aufzufordern, im Gegensatz zu der Tochter, die auch da sitzen blieb. Dieser Herr saß ganz am Ende des Saales. Ich hatte seinen Kopf schon längere Zeit beobachtet, da er zum Tanzen nie aufstand und er mit Thomas Halbe eine frappierende Ähnlichkeit aufwies." Thomas Halbe war ein früherer Kollege von Degussa. Der Mann erschien ihr also nicht ganz so fremd, sondern kam ihr schon fast vertraut vor. Dennoch war es ein Risiko, einen Mann aufzufordern, der den ganzen Abend nicht getanzt hatte und dann auch noch am anderen Ende des Raumes saß. Das schreckte Doris jedoch offenbar nicht ab: „Nun ich wollte tanzen, aber ich war auch von einer großen Neugierde beseelt, wie dieser zweite Thomas Halbe reagieren würde. Dieser Gedanke belustigte mich auf meinem langen Anmarschweg zu ihm ziemlich, aber ich merkte, wie mir bei meiner Aufforderung doch die Röte ins Gesicht stieg." Der Mann war erfreut, dass ihn endlich jemand in der hinteren Ecke entdeckt hatte und tanzte mit ihr. Damit war das Eis gebrochen. Beim nächsten Tanz forderte er Doris auf. Schließlich verließ sie ihre langweilige Tischgesellschaft und zog an seinen Tisch um. Sie unterhielten sich angeregt. Er war 26 Jahre alt, lernte Schiffsmaschineningenieur und war auf den Meeren in der ganzen Welt unterwegs. Der Abend endete damit, dass sie die Adressen austauschten und er sie zur Straßenbahn brachte. Der junge Mann, Claus mit C, wie er betonte, umarmte und küsste sie. Doris genoss die Umarmung, aber zierte sich, wie es sich für eine Dame gehörte. Sie wandte den Kopf ab, gab ihm aber dann doch ein Küsschen auf die Wange. Außerdem siezte sie ihn, was ihm gar nicht gefiel. Doris ging glücklich zu ihrer Unterkunft. Sie hoffte, ihn wieder zu treffen, aber er meldete sich nicht mehr.

Auch bei ihrem Aufenthalt in München erkundete sie die Tanzszene. An einem regnerischen Nachmittag machte sie sich auf den Weg in das Park Café, ein bekanntes Tanzcafé in München. Doris schrieb in ihr Tagebuch: „Nachdem ich meine Haare geordnet hatte und ein bißchen Parfüm um meinen Hals gestrichen hatte, öffnete ich die Tür, blieb suchend nach einem freien Tisch dort stehen und als ich keinen entdeckte, fragte ich gleich den nächsten Tisch zu meiner Linken. Ein Lebemann bejahte meine Frage, der Platz sei frei. Als erstes schüttete die Bedienung mir die Erdbeertorte über den Rock, das brachte mich mit dem Gegenüber ins Gespräch bzw. Kontakt. Ich fand ihn interessant (nun was heißt das schon bei solch einer Gelegenheit), er wußte eine scherzende Plauderei anzubahnen und ich stehe dabei ja auch nicht zurück und das gefiel ihm wohl." Doris fand ihn unterhaltsam. Sie selbst war nicht schüchtern und konnte sich gegen den Mann behaupten, der Doris ziemlich frech anpumpte. Sie solle ihm ein Stück Torte kaufen, weil ihm das Geld ausgegangen sei. „Ich hatte die Sache abgebogen, daß ich meine Brieftasche gerade gestohlen bekommen hätte und deshalb auch nicht viel Moneten mehr habe." Doris wurde tatsächlich einige Tage zuvor bestohlen, doch das war nicht der Grund, warum sie ihm niemals eine Torte spendiert hätte. „Hinterher überlegte ich mir, ob ich nicht die Wahrheit hätte sagen sollen, nämlich: Ja, wenn Sie ein weibliches Wesen wären, hatte ich es auch getan, aber Männern etwas zu kaufen, das bin ich nicht gewöhnt. Zumal er als Grandseigneur da saß. Vielleicht hätte ich auch gegenfragen sollen:

Und das ließe Ihr Stolz zu?" Dass eine Frau einen Mann einlud, war in den 1950er-Jahren völlig abwegig. Eine Ehefrau konnte bis 1953 noch nicht mal über ihr eigenes Geld verfügen. Es war bereits ein emanzipatorischer Schritt, wenn eine Frau sich nicht einladen ließ, sondern ihre Rechnung selbst bezahlte. Darauf bestand Doris bei einigen Verabredungen. In der Regel bezahlte aber der Mann, wenn Doris mit jemandem ausging.

Der „Grandseigneur" war sehr von sich überzeugt. Er erklärte, er sei Hochstapler, ergänzend fügte er hinzu: und Journalist. Immerhin konnte er gut tanzen: „Muß schon sagen, er wußte schon, wie man eine Frau anfaßt, um ihr zu schmeicheln." Doch auch auf dem Tanzparkett zeigte er sich wenig zurückhaltend. Er stellte Doris aufdringliche Fragen nach ihrer Jungfräulichkeit: „Ihn interessierte dann – wenn auch sehr geschickt durch die Blume – ob ich noch ein unschuldiges Mädchen sei." Der Tanzpartner sah Doris offenbar als Freiwild, als eine leichte Beute, weil sie allein ausging. Sehr direkt fragte er, wann sie nachts in München sei oder ob er mit ihr nach Frankfurt fahren solle. Sie solle ihn anrufen, wenn sie wieder eine Nacht in München verbringen würde und schrieb seinen Namen und seine Telefonnummer auf ein Zuckerpäckchen. Doris ging auf seine Bemerkungen gar nicht ein: „Ich gab ihm so lachende Antworten, die alle solchem Geschwätz die Spitze abbog. Ich konnte ja nicht mehr von dem Besuch dort erwarten und war schon froh, keinen alten Herrn am Tisch zu haben." Doris wollte einen unterhaltsamen Abend haben und tanzen. Seine Sprüche tat sie als dummes Gerede ab. Mit seinen Bemühungen um ein sexuelles Abenteuer war er nicht erfolgreich. Die Begegnung endete vor dem Tanzcafé: „Er half mir in die Jacke und brachte mich vor das Haus. Meinen Namen weiß er nicht. Ich stellte mich nicht vor.“ Hier zog Doris eine klare Grenze und signalisierte ihm, dass sie nicht an ihm interessiert war.

In der Bar

Doris ging häufig allein tanzen, aber niemals in eine Bar. Eine Bar war kein Ort, den man als Frau allein aufsuchte. In manchen Bars waren Frauen als Gäste nicht besonders willkommen, denn dort gab es bereits Frauen, die den Männern einen angenehmen Abend bereiten sollten. In ihrem Tagebuch erzählt sie von einem Abend in Hamburg, an dem sie mit Willhelm-Christian, dem Sohn des bereits erwähnten väterlichen Freundes Onkel Erich, ausging: „Ich war mit Willhelm-Christian in ‚Cherie‘ gewesen, bei dessen Eintritt mir Willhelm-Christian, der auch noch nie dort gewesen war, erklärt hatte, hier wird es nicht gern gesehen, wenn man Damen mitbringt. Du darfst Dich nicht wundern, wenn Du hier alleinsitzende Damen antriffst – fast alle machten übrigens nicht nur den Eindruck von Animierdamen, sondern das gewisse Etwas stand ihnen auch im Gesicht geschrieben, obwohl sie auffallend jung waren und ein gepflegtes Äußeres besaßen. Sie trugen ganz verschiedene Kleidung und sie unterschieden sich auch typenmäßig sehr stark. Eine Blonde, anscheinend die jüngste dieser Damen, mit Knoten, schrieb an einem Brief und immer, wenn sie aufschaute, nahm sie den Federhalter an den Mund und machte ein Gesicht, als wartete sie darauf, in dieser Stellung für den Film entdeckt zu werden.“

Für Doris war eine Bar eine andere Welt, in der sie sich sehr fremd fühlte. In ihrem Tagebuch erzählt sie von einem anderen Barbesuch aus der Zeit, als sie noch bei Degussa arbeitete. Nach einer Betriebsfeier, dem Appelwoi-Fest, entschloss sich ein kleiner Rest der Feiernden, noch irgendwo einen Kaffee zu trinken. Sie stiegen zu fünft in das Auto von Hans Goldmann. Er hatte schon bei einigen Betriebsfeiern die Gelegenheit genutzt, um Doris näherzukommen, wie im Kapitel Liebe im Büro bereits erzählt wurde. Die Stimmung im Auto war ausgelassen. Alle waren schon etwas angetrunken. Doris, die auf dem Beifahrersitz saß, erklärte Hans Goldmann prustend, dass ihr Knie nicht die Handbremse sei, während es auf dem Rücksitz offenbar auch Annäherungsversuche gab: „Frau Vogel rief dauernd laut: Herr Lohu belästigt die anderen Fahrgäste, küßt fremde Menschen, und dann lachte wieder der ganze Verein." Obwohl Doris sich amüsierte, wollte sie lieber nach Hause. Doch alle überredeten sie, mit auf einen Kaffee zu kommen und so landeten sie in einer Bar. „Wir waren in einem Nachtkabarett, wo Mokka-double DM 9.- kostete. Die Revueweiber fand ich einfach ordinaire [sic] und das ganze primitiv. Ich scheute auch nicht zurück, dies Hans Goldmann zu sagen. Er hatte geantwortet: Ich gucke gar nicht hin, mir sind die Augen eines jungen Mädchens viel mehr wert. Wir tanzten auch noch dort, aber mir machte das ganze keinen Spaß. Irgendwie waren mir auch in bezug auf Hans Goldmann die Binden von den Augen genommen worden. Wenn ich tanzte, fielen mir gleich wieder die ausgezogenen Barweiber ein, die kurz zuvor auf derselben Stelle getanzt hatten und ich kam mir auch ganz ausgezogen vor."

Doris war dieser Nachtclub zuwider. Hans Goldmann hingegen schien mit der Welt dort vertraut zu sein. Es war ein Ort, den Doris normalerweise nicht betreten hätte. Der Kaffee kostete ein Viertel der Monatsmiete für ihr Zimmer. Doch was Doris am meisten störte, war, dass sie sich an diesem Ort wie ein Sexobjekt fühlte. Und in gewisser Weise war sie das ja auch, in dieser Atmosphäre und unter den Blicken von Hans Goldmann. Sie hatte den Eindruck, dass Hans Goldmann sie mit den gleichen Augen betrachtete wie die unbekleideten Tänzerinnen.

Eine Bar war kein Ort, an dem sich Doris wohlfühlte. Anders war es in München, als sie mit dem bereits erwähnten Hans Langenbuch die Szenenkneipen durchstreifte. Mit dem Arzt, in den sie damals verliebt war, genoss sie das Schwabinger Nachtleben: „Da schleusten wir uns auch schon in das Käuzchen ein, das vornehmlich von Studenten aufgesucht wird: niedrig, voll, halbdunkel, Musik, Zeichnungen aller Art an den Wänden. Ein Stimmkünstler machte das Surren aller Flugzeugtypen, aller Züge und vieler Tiere nach. Alles klatschte begeistert und dann tanzten wir auch. Wir trafen den Stimmkünstler, der anscheinend alle Lokale durchmachte, in der Nachteule wieder." In der Nachteule stand eine Schiefertafel, auf der Liebespaare ihre Namen einkratzen konnten, wie heute Paare ihre Namen auf Vorhängeschlösser schreiben und sie an Brückengeländer befestigen. Hans Langenbuch schrieb Doris auf die Tafel und Doris schrieb „Duck" darunter, weil das Wort im amerikanischen Slang für Doktor stehe. Danach zogen sie weiter: „In der Badewanne waren wir nicht, zu voll, auch nicht in der Gisela-Bar aus dem gleichen Grund. Auf dem Heuboden war es uns zu hell und zu wenig originell. Im Studio 15 waren wir bis irgendwann morgens, als es schon nicht mehr Nacht war, aber noch keine Straßenbahnen fuhren." Die Namen der Bars klingen nach originellen Locations. Und sie waren es auch. Die Hängematte, wo sie am nächsten Tag waren, gefiel ihr besonders gut: „Dort sind überall Hängematten aufgespannt an der Decke, und als Köpfe bemalte Flaschen aller Art hängen dazwischen herunter. Auch die Bar ist originell. Die Barhocker sind nur durch Hängematten-Schaukeln ersetzt. Ich bestellte einen ‚Omnibus' (Himbeersaft mit Kognak). Als er nicht gleich kam, rief die Kellerin: ‚Der Omnibus hat Verspätung.'"

Wenn Doris ausging, konnte es sehr spät werden. Bis in die frühen Morgenstunden amüsierte sie sich, wenn sie interessante Begleitung hatte. Doris hatte viel mehr Freiheiten als andere junge Frauen. Sie war als Zugsekretärin viel unterwegs und übernachtete in unterschiedlichen Städten. Dort war niemand, der kontrollierte, wann sie nach Hause kam. In ihrem Zuhause in Frankfurt war es anders. Sie wohnte in einem Zimmer zur Untermiete neben ihren Eltern. Da blieb es nicht unbemerkt, wann sie heimkehrte.

Eine andere beliebte Location in den 1950er-Jahren waren Milchbars. Dort gingen vor allem junge Leute hin. Milchbars kamen in den 1930er-Jahren in den USA auf. Die amerikanische Kultur begeisterte die jungen Menschen in Deutschland. In den 1950er-Jahren gab es viele amerikanische Soldaten, die in Westdeutschland stationiert waren, und in ihrem Umfeld arbeiteten Amerikaner und Amerikanerinnen in verschiedenen Berufen. So verbreitete sich auch die amerikanische Kultur, die Musik, die Filme und die Milchbars. Sie waren mit modernen, leichten Möbeln eingerichtet, an der Bar waren Barhocker und oft gab es auch eine Musikbox. Manche Milchbars gab es als Kiosk in Fliegenpilzform. Einige stehen heute noch, zum Beispiel in Regensburg, und sind denkmalgeschützt. In den Milchbars gab es keine alkoholischen Getränke, dafür aber eine reiche Auswahl an Milchshakes. Sie wurden wie Cocktails mit Eis und Früchten zubereitet. Doris berichtet, dass sie in einer Milchbar in München, „die wie immer voll besetzt war", Sanddornmilch trank. Außerdem gab es auch so ausgefallene Getränke wie Cola-Milch für 25 Pfennige und Haselnussmalzmilch, in die noch ein Ei geschlagen wurde, was mit 65 Pfennigen das teuerste Getränk war.[28] In eine Milchbar konnte man als Frau auch gut allein hingehen: „Gestern abend wollte ich noch ein bißchen Luft schnappen, landete nach einem langweiligen Gang durch die Große Bergstraße in einer Milchbar. Ich thronte dort allein auf dem Barhocker und sog mein Ananas-Shake oder blätterte in der Illustrierten, die mir ein Reisender vor dem Aussteigen geschenkt hatte." Als die Bedienung zu ihr kam, zahlte sie und fragte, ob es in der Nähe ein Kino gäbe. Die junge Frau gab ihr die Adresse eines Kinos, das in der Nähe lag.

Kino

Die 1950er-Jahre waren das Jahrzehnt des Kinos. Das Fernsehen war noch keine Konkurrenz. Nur in wenigen Wohnzimmern stand ein Fernsehgerät, vor dem sich die ganze Nachbarschaft versammelte. Die stolzen Besitzer hatten jedoch keine große Programmauswahl. Es gab einen Sender mit einem Programm von drei oder vier Stunden am Abend: die Tagesschau, ein Spielfilm und danach eine Quizsendung. Die restliche Zeit war Sendepause. Für viele war der Kinobesuch daher das beliebteste Freizeitvergnügen. 1956 erreichte das

Kino mit 817 Millionen Zuschauern einen Besucherrekord.[29] „Es ist unglaublich, aber wahr", schrieb eine Filmzeitschrift, „an fast jedem Tag wird irgendwo ein neues Kino eröffnet."[30] In den Städten entstanden große Filmpaläste, die Kinosäle glichen einem Theatersaal. Das Programm wechselte sehr häufig, in der Regel zweimal in der Woche. Doris erzählt in ihrem Tagebuch von einem Schreibkunden, der mehrere Kinos besaß, unter anderem das Metro in Frankfurt. Er versprach ihr, Freikarten zu schicken.

Auf dem Land gab es wenige Kinos. Dort behalf man sich mit Wanderkinos. Filmbetreiber führten Filme im Wirtshaus vor. Das war ein Ereignis, das sich die wenigsten Menschen auf dem Dorf entgehen ließen. Das Wirtshaus war meistens voll, außer wenn ein Skandalfilm lief, wie „Die Sünderin" mit Hildegard Knef. Dann fuhren die jungen Leute lieber ins Kino in die Stadt, wo sie unerkannt blieben.

Die Filme in den 1950er-Jahren zeigten vor allem eine heile Welt. Heimatfilme und Liebesgeschichten waren sehr beliebt. „Schwarzwaldmädel" mit Sonja Ziemann und Rudolf Prack war ein Kassenschlager, ebenso die Sissi-Filme mit Romy Schneider und Karlheinz Böhm. Einige wenige Filme setzten sich mit dem vergangenen Krieg auseinander, wie „Der Arzt von Stalingrad" (1958) oder der mehrfach ausgezeichnete Film „Die Brücke" (1959), bei dem es um Jugendliche geht, die in den letzten Kriegstagen eine Brücke verteidigen sollen. Besonders erfolgreich waren Kinofilme aus Italien, Frankreich und den USA mit Stars wie Sophia Loren, Brigitte Bardot, Gregory Peck und Marilyn Monroe.

Auch Doris ging gerne ins Kino, doch entgegen der weit verbreiteten Beliebtheit der Genres interessierten sie Heimatfilme und leichte Kost nicht. Sie sah sich lieber internationale, anspruchsvolle Filme an, darunter den vieldiskutierten französischen Film „Der Abtrünnige" (1954), in dem es um einen Priester und seinen Konflikt mit Glauben und Kirche geht, oder den Film „Wie verlorene Hunde" (1955) über drei verwahrloste Jugendliche, die kriminell werden, aber auf einen verständnisvollen Richter stoßen. Doris war sehr berührt von dem Film, doch ihr Filmgenuss war durch ihren Kollegen, mit dem sie im Kino war, beeinträchtigt: „Der Eisenbahner hatte Schokolade und Plätzchen gekauft und knisterte während der Vorstellung dauernd mit dem Papier."

Als Zugsekretärin lernte Doris auch Schauspieler kennen, die damals sehr bekannt waren: „Ich hatte in der letzten Zeit ganz interessante Leute zum Schreiben: Da war ein großer Schauspieler vom Burgtheater: Hanns Ernst Jäger, der den Mammon im Salzburger Jedermann spielen wird." Hanns Ernst Jäger war nicht nur auf vielen Bühnen zu sehen, sondern auch in Filmen. So spielte er zum Beispiel in „Hotel Royal" die Hauptrolle, in den Nebenrollen waren andere Schauspieler, die später Berühmtheit erlangten, wie Paul Hubschmid, Nadja Tiller oder Joachim Fuchsberger.

Unterwegs mit Freunden – oder allein

In den 1950er-Jahren gab es einen wirtschaftlichen Aufschwung, der sich auch positiv auf das kulturelle Angebot auswirkte. Auf den Trümmern der Städte waren neue Wohnungen entstanden, der Kühlschrank war voll und man hatte wieder Zeit, sich den schönen Dingen zuzuwenden. Die Menschen genossen es, ins Café zu gehen, ins Kino, ins Theater und ins Museum. Doch für junge Frauen war es nicht immer einfach, das kulturelle Angebot zu nutzen, wenn die Freundinnen schon verheiratet waren und kein Verehrer in Reichweite. In der Zeitschrift „Gabriele – die perfekte Sekretärin" wird den Frauen empfohlen, dass sie nicht allein ausgehen sollten, um nicht von Männern belästigt zu werden, weder in ein Lokal noch ins Theater, in Ausstellungen oder ins Kino.[31] Und schon gar nicht sollte sie nachts allein durch die Stadt spazieren.

Doris war als Zugsekretärin viel unterwegs. Die Abende in ihrer Unterkunft zu verbringen, war für sie keine Option. Und weil sie sich sehr für Kunst und Kultur interessierte, besuchte sie die Museen und Ausstellungen allein. So schreibt sie bei einem Aufenthalt in Emmerich: „Jetzt möchte ich dort noch die Van Gogh-Ausstellung brennend bald besuchen, dann vielleicht einmal nach Utrecht fahren (ich muß immer etwas auswählen, bei dem das Allein-Sein angebracht ist und nicht als traurig zur Geltung kommt). Wenn ich meinen kulturell-geistigen Hunger gestillt haben werde, habe ich schon Lust, an einem der kleinen Tischchen vor den Boulevard-Cafés niederzusitzen, einfach dazusitzen und auf die Vorbeigehenden zu schauen."

Auch zu Hause in Frankfurt vermisste Doris Menschen, mit denen sie ausgehen konnte. Sie war offen und lernte leicht Leute kennen, aber für eine junge Frau Ende zwanzig war es nicht einfach, jemanden zum Ausgehen zu finden, weil die meisten in diesem Alter verheiratet waren. Doris schrieb in ihr Tagebuch: „Von morgen ab fange ich ein neues Leben an, das versteht sich! Es ist ja keine Sache, nicht einen einzigen Freund habe ich, noch nicht einmal so einen, mit dem man mal ins Kino gehen kann, aber hauptsächlich brauche ich einen zum Wandern."

Wandern war ein weit verbreitetes Freizeitvergnügen, das auch Doris liebte. In den 1950er-Jahren lebte man immer noch sehr sparsam, und Wandern war eine Beschäftigung, die sich jeder leisten konnte. Manchmal wanderte Doris mit ihrer Freundin im Taunus und manchmal allein: „Gestern bin ich von der Saalburg aus nach dem Sandplacken und weiter auf den Feldberg gelaufen. Gerade die Strecke von der Saalburg nach dem Sandplacken ist eine der schönsten Wanderwege im Vordertaunus. Ich begegnete kaum jemandem und wenn, dann älteren Leutchen, die schon bei ihrem Picknick im Walde waren. Als ich auf dem Heimweg an die Hauptwache kam, nutzte ich die Gelegenheit und schaute mir noch ‚La Strada' an, ein großartiges Filmwerk, ein Zirkusfilm, der nur in dem alten französischen Film ‚Les enfant du paradis' seines Gleichen hat." Doris kam am Kino vorbei und sah, dass dort das italienische Melodram von Federico Fellini lief. Da konnte sie nicht vorbeigehen. Sie hatte zwar Wanderkleidung an und war völlig unpassend angezogen, aber das nahm sie in Kauf. Egal war es ihr jedoch nicht. Sie fühlte sich mit ihren Wanderschuhen unter all den hübsch angezogenen jungen Frauen im Sommerkleid fehl am Platze.

Doris hatte genug davon, ihre Freizeit allein zu verbringen. Deshalb schrieb sie ein Inserat. Darin suchte sie nicht nur jemanden, mit dem sie ihr Wochenende verbringen konnte, sondern gleich einen Mann fürs Leben: „Unkomplizierte, geistreiche, frische, hübsche, weitgereiste, junge Dame (ev./1.60 und 28 Jahre alt, was ihr doch niemand glaubt) in Frankfurt (Main), sucht für ihre Wochenenden, vor allem zum Spazierengehen, Wandern, Theaterbesuch, die Gesellschaft eines charakterlich hochstehenden Mannes, am liebsten Akademiker, lebensfroh und tüchtig, musik-/kunstliebend bis Mitte 30 und mit dem Wunsch nach einer glücklichen Ehe."

Dieses Inserat schickte Doris aber nicht ab, wie aus einem Tagebucheintrag hervorgeht, in dem sie von ihrer amerikanischen Bekannten Lois erzählt: „Ich hatte ihr gegenüber niemals erwähnt, daß ich niemanden habe zum Ausgehen, ja daß ich in meinem Kummer mir schon eine Zauberformel für das Hexenblatt einsamer Herzen der FAZ zusammengeschmiedet hatte – ohne jedoch den Mut bisher gefunden zu haben, das Geschoß wirklich abzuschießen – , von allem nichts. Sie mochte eher denken, daß ich ausreichend versorgt sei, denn ich hatte ja auf ihrer Christmas-Party einen heftigen amerikanischen Verehrer abgewiesen." Lois war eine junge Lehrerin aus Ohio, die an der amerikanischen Schule in Frankfurt unterrichtete. Doris lernte auch ihre amerikanischen Freunde kennen. Sie war gerne mit Menschen aus anderen Nationen zusammen. Das kam ihrer Weltoffenheit entgegen. Und sie liebte es, Französisch oder Englisch zu reden. Doris wäre gerne in einen amerikanischen Club gegangen und hatte Lois darauf angesprochen. Doch diese antwortete, dass ihr Club dem Offiziersclub angeschlossen wäre und er nicht für Deutsche gedacht sei. Die Amerikaner und Amerikanerinnen in Deutschland lebten in den 1950er-Jahren oft abgeschottet in ihrer eigenen Welt.

Lois und ihre Freunde bildeten in gewisser Weise eine Ausnahme und Doris genoss es sehr, mit ihren amerikanischen Freunden etwas zu unternehmen. Begeistert erzählt sie in ihrem Tagebuch von einem Picknick. Als ihre drei Bekannten sie zu Hause abholten, stellte sie erstaunt fest, dass sie ganz anders gekleidet waren: „Sie waren angezogen wie die Kosaken. Ich mußte gleich lachen, aber ich konnte nicht umhin, Lois das Kompliment zu erteilen, daß sie im Gegensatz zu mir richtig für ein Picknick angezogen sei. Wozu sie meinte, na ja Maks und ich seien dafür mehr wie für ein Konzert gekleidet. Da fiel erst mein Blick auf Maks Kleidung und sie war mir in diesem Falle tatsächlich ein gewisser Trost." Doris trug wahrscheinlich einen Rock, eine Bluse und Wanderschuhe. In den 1950er-Jahren trugen Frauen noch keine Hosen. Lois hingegen hat offenbar Wanderhosen getragen, was für Doris ein sehr ungewöhnlicher Anblick war.

Sie fuhren an den Waldrand und parkten an einem Waldweg. Ausgerüstet mit ihrem Picknickkorb wanderten sie in den Wald. Sogar einen Gaskocher hatten sie dabei und – worüber Doris sich sehr wunderte – vier Kleiderbügel. Sie überlegte, ob man in Amerika die Wanderjacken im Wald auf den Bügel hängte. Als sie an der Picknickstelle ankamen, hängten sie tatsächlich ihre Jacken auf, jedoch nicht an den Kleiderbügeln, sondern an den Ästen. Dann kamen die Kleiderbügel zum Einsatz: „Auf einer moosfreien trockenen Stelle unter Bäumen stellten wir Lois Trockenkocher auf. Das Flämmlein brannte alsbald und nun begannen die typical american clothes hangers ihre Rolle zu spielen: Ihre Haken wurden nämlich aufgebogen, an den Flügeln fest in eine Männerhand genommen und alsbald aus Lois Vorräten eine nackte Wurst geholt, an der aufgebogenen Spitze aufgespießt und über der Flamme geröstet, beinahe schwarz geröstet." Ihre Freunde schnitten ihre mitgebrachten amerikanischen Brötchen auf, und bereiteten mit den Würstchen und Senf

Hotdogs zu. „Es schmeckte über die Maßen, wie ich mir beim Anblick der immer schwarzer werdenden Würste über dem Rost nie hatte träumen lassen. Kaffee gab es aus Lois Thermosflasche. Das mir zugeworfene Zuckerstückchen zog ich vor, nicht zu gebrauchen, sondern meiner Zuckersammlung zu Hause zuzufügen, es war ja immerhin ein Klümpchen von Hilton-Berlin. Auch Gurken und Tomaten und Bananen verzehrten wir." Letztgenannte Lebensmittel waren in den 1950er-Jahren noch nicht so alltäglich wie heute, vor allem nicht im März, als Lois und ihre Freunde das Picknick veranstalteten. Als Doris und ihre amerikanischen Bekannten ihr Picknick beendeten, war Doris überrascht, wie sauber sie alles aufräumten: „Eindruck hatte auf mich gemacht, daß sie den Picknick-Platz im Walde nicht eher verlassen hatten, bis restlos alle Überreste beseitigt waren und kein Mensch auf die Idee kommen konnte, hier an dieser Stelle haben vor kurzem Menschen diniert." Offenbar hinterließen die Deutschen ihren Picknickplatz anders.

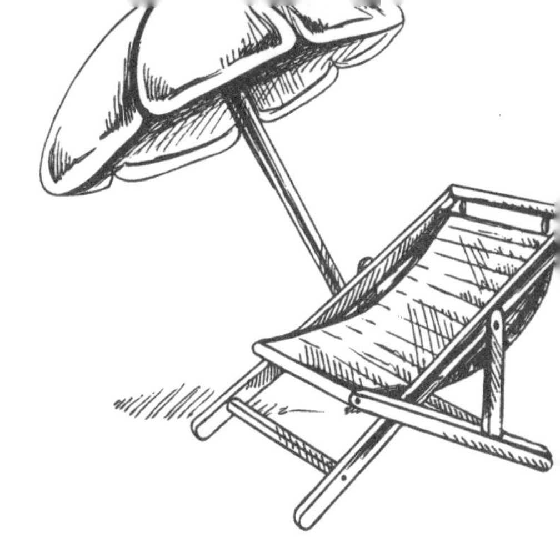

9. Das schöne Leben im Wirtschaftswunder – ein neues Lebensgefühl

In den 1950er-Jahren herrschte Aufbruchsstimmung. Alles sollte besser werden. Doch die Nachwirkungen von Krieg und Nationalsozialismus waren im Alltag immer noch spürbar. Es war eine Zeit, in der man um das Überleben kämpfte, auch in den Nachkriegsjahren. Man „organisierte“ Kohlen, „hamsterte“ bei Bauern Kartoffeln und nähte aus Militärdecken Wintermäntel. Trotzdem war die Zukunft hoffnungsvoll, insbesondere bei den jungen Leuten entstand ein neues Lebensgefühl. Das Leben lag vor ihnen und es sah wunderbar aus. Die jungen Frauen träumten von Reisen, der zurzeit angesagten Mode, einer hübschen Wohnung und der großen Liebe.

Mode

Die Mode der 1950er-Jahre war ein Ausdruck dieses neuen Lebensgefühls: schwingende Röcke – oft auch mit einem Petticoat darunter – und Kleider in hellen, bunten Farben vermittelten Leichtigkeit, schmale Röcke mit tailliertem Jäckchen Eleganz. Zum modischen Erscheinungsbild gehörten auch Handschuhe und ein Hut, man trug entweder ein kleines Käppi oder ein großes und breitkrempiges Wagenrad. Die Mode im Wirtschaftswunder war ein sichtbares Zeichen, dass man sich wieder Dinge leisten konnte, die über das Notwendige hinausgingen. Man wollte wenigstens einen Hauch von Luxus genießen. Dazu gehörten auch die Nylonstrümpfe. Als die ersten Nylonstrümpfe 1939 in den USA auf den Markt kamen, kosteten sie 250 Dollar. In Deutschland gab es zur gleichen Zeit hauchdünne Strümpfe aus Perlon, aber sie waren kaum zu haben, weil das reißfeste Perlon für Kriegszwecke gebraucht wurde, beispielsweise für Fallschirme. Auch in der Nachkriegszeit waren diese feinen Strümpfe schwer zu bekommen und viel zu teuer. Deshalb färbten sich modebewusste Frauen die Beine dunkel und malten die Naht mit einem schwarzen Stift auf. In den 1950er-Jahren gab es endlich Nylonstrümpfe zu kaufen, aber mit einem Preis von acht Mark waren sie immer noch sehr teuer. Für eine Sekretärin war es ein stolzer Preis. Die Nylonstrümpfe standen für eine moderne Zeit, in der man die Not und Armut hinter sich gelassen hatte, als man noch Wollstrümpfe trug, die man flickte und stopfte.

Hosen trugen Frauen kaum. Modebewusste Frauen trugen dreiviertel lange Caprihosen. Aber das war schon sehr gewagt. Im Büro ginge das überhaupt nicht, wird in der Fachzeitschrift „Gabriele – die perfekte Sekretärin" erklärt.[32] Eine Sekretärin in Hosen war unvorstellbar. Die Jeans, die in den 1950er-Jahren aufkam, war eine Protestkleidung junger Männer, die James Dean und Elvis Presley als Vorbild hatten. Die

„Halbstarken“ trugen Jeans, ebenso rebellische Studenten, die statt des Anzugs, den man damals an der Universität trug, mit dieser lässigen Kleidung provozierten.

Ein neuer Modetrend, der als sehr gewagt galt, war der Bikini. In den 1950er-Jahren trug man einen Badeanzug. Der Bikini wurde 1946 von dem Franzosen Louis Réard entworfen und von einer Striptease-Tänzerin in einem Pariser Freibad vorgeführt. Der Bikini galt als so skandalös, dass er in Italien, Spanien und teilweise auch in Frankreich verboten wurde – in Deutschland nicht, denn da hatte sowieso niemand etwas von diesem Modetrend gehört. Erst zwei Jahre später berichtet eine Redakteurin des Frauenfunks des Bayerischen Rundfunks über diese Modeneuheit: „Was ich da so in ausländischen Journalen gesehen habe: noch weniger als an den neuen Badeanzügen dran ist, wäre einfach – nichts! Ein buntes Taschentuch und ein ca. handbreites Stück Band genügen vollständig, um einen modernen Badeanzug herzustellen und wer nicht einmal das aufbringt, der hat vermutlich sowieso andere Sorgen als zum Baden zu gehen. Gutwillige Leute sehen in dem neuen Modell gerade noch den guten Willen zum Anstand. Das ganze Kostüm nennt sich ‚Bikini‘, nach der Insel, wo der Atombombenversuch gemacht wurde; da waren nachher auch nicht mehr Textilien zu finden!“[33] 1946 wurde auf der Inselkette Bikini-Atoll eine Atombombe getestet. Welches Ausmaß die Atombomben annehmen würden, ahnte die Redakteurin noch nicht. Der Bikini wurde zwar in den Modemagazinen präsentiert, aber niemand trug diese freizügige Bademode. Als 1953 Brigitte Bardot im Bikini posierte, war das ein Skandal, und als zehn Jahre später Ursula Andress in einem James-Bond-Film im Bikini zu sehen war, bekam das mehr Aufmerksamkeit als die abenteuerlichen Heldentaten des Agenten. Erst in den 1960er-Jahren setzte sich der Bikini langsam durch. Für Doris war der Bikini eine Modeneuheit, die etwas Mut zum Tragen brauchte, selbst in ihrem Urlaub in Frankreich. Sie schrieb 1963: „Ich trug wieder meinen zweiteiligen Badeanzug, den anzuziehen ich mich erst gescheut hatte. Ich mußte später noch oft lachen, denn Françoise hatte auf dem Schwimmbad von sich aus noch einmal angefangen, den zweiteiligen Badeanzug könne ich gut anziehen, er würde mir gut stehen und außerdem hätten andere Leute ja auch so etwas an."

Die Kluft zwischen dem, was in Modemagazinen präsentiert wurde und dem, was man sich leisten konnte, war groß. Wenn Doris sich etwas Neues zum Anziehen kaufte, musste sie sehr auf das Geld achten: „Habe mir 1 Kleid, 1 Rock u. 1 Bluse u. 1 silbernes Kettchen u. Armreif gekauft. Ich hielt es nicht mehr aus mit meiner Garderobe wieder einmal, nur bestehend aus: Schottenrock, verwaschenem Jäckchen u. Pullover u. abgetragenes 4 jähriges Kleid u. evtl. Kostümrock. Ich hätte sterben können, wie ich so allein in dem riesigen C&A, wo alle armen Leute kaufen, herumtappte u. Mäntel probierte. Endlich kaufte ich mir ein schwarz-weiß kariertes Kleid für DM 24.-." Doris wollte gerne etwas Besonderes tragen, keine Massenware, aber das konnte sie sich nicht leisten. Doch sie kombinierte das Kleid stilvoll und war ganz zufrieden mit sich: „Ich sah so schön aus in meinem chinesischen Kleid, schwarzen hohen Schuhen und Tasche und weiße Handschuhe und Häubchen."

In den 1950er-Jahren präsentierten Modehäuser die Neuheiten in Modeschauen. Auch Doris ging gerne dort hin.

1957 schrieb sie in ihr Tagebuch: „Frankfurt: Modeschauen bei Wagener & Schlötel im Frühjahr und Sommer, sehr nett arrangiert, in den Pausen gab es Sekt als Präsent sowie beim Empfang im Frühjahr ein Fläschchen ‚Ma Griffe', ein Fläschchen spanischen Parfüms und ein Stückchen Seife sowie im Sommer ein Sträußchen Blumen oder Blüten zum Anstecken." Der Eintritt kostete eine Mark. Sehr beliebt war die farbenfrohe Kleidung aus Kunstfasern: „Neu für mich waren die Orlon-Mäntel, die federleicht sind und die man selbst waschen kann." Die Modeschauen wurden immer professioneller gestaltet. Es gab zwei Ansagerinnen, die die Mode präsentierten, dazu einen Pianisten. Doris war fasziniert von den Mannequins, besonders von einem, das in einem grünen Chiffonkleid über den Laufsteg schritt: „Es ist ein seltsames Wesen, dieses Mannequin. Immer ein leichtes, halb spöttisches Lächeln um ihre Züge, diesmal rotes Haar, blaue Augendeckeltusche, wie ein seltener Vogel bunt, daß man immer wieder hinschauen muß, dann der Gang, so leicht, die schlanke Figur und das Lächeln, das Nichtalltägliche (Ich glaube, sie ist schon bald 40 Jahre. Was tut es, wenn man so faszinieren kann?)." Blauen Lidschatten kannte Doris noch nicht. Das war eine Neuheit. Sie kannte aber schwarze Tusche, um einen Lidstrich zu malen. Deshalb hat sie vermutlich den Begriff Augendeckeltusche verwendet.

Während Doris sich gerne modisch kleidete, trug ihre Mutter, wie viele Frauen ihrer Generation, zu Hause eine Schürze. Die trug sie auch, wenn sie als Lehrerin Schülern und Schülerinnen in ihrer Wohnung Unterricht zur Prüfungsvorbereitung gab. Der modische Fortschritt für diese Frauengeneration war, dass sie anstelle der Baumwoll- oder

Leinenschürzen die neu aufgekommenen bunten Kittelschürzenkleider aus Kunstfasern anzogen. Diese trugen Frauen nicht nur beim Kochen, sie gehörten zum Outfit einer Hausfrau. Doris war es peinlich, dass ihre Mutter in ihrer Kittelschürze auch auf die Straße ging.

In der Stadt hatten die Frauen eine zunehmende Auswahl an Modehäusern, doch auf dem Land gab es keine Bekleidungsgeschäfte. Frauen mussten in die nächste Stadt fahren, um Kleidung zu kaufen, aber meistens nähten sie ihre Kleider selbst oder ließen sich von der Schneiderin einkleiden, wie es auf dem Land lange Zeit üblich war. In den 1950er-Jahren kam eine moderne Einkaufsmöglichkeit auf: Man bestellte im Versandhaus. Aus den Katalogen, die zweimal im Jahr herauskamen, konnte man Kleider, Schürzen, Unterwäsche und vieles andere auswählen. Es gab dort auch Fernseher, Nierentische und Tütenlampen zu kaufen.

Mode und Konsum in der DDR

Mode spielte auch in der DDR eine wichtige Rolle, obwohl die kommunistische Doktrin das Konsumdenken der BRD ablehnte. Frauen sollten hübsch aussehen und sich modisch kleiden. Zum Frühling brauche man ein neues Kleid, empfahl der Katalog des Centrum-Versandhauses seinen Kundinnen, und wenn man sich nicht für ein Kleid entscheiden könne, solle man einfach zwei bestellen.[34] Das Ideal der modernen Frau schwankte zwischen zwei Polen. Die Frauenzeitschriften präsentierten sowohl die elegante Frau in schickem Kostüm mit Wespentaille als auch die zupackende Frau in Arbeitskleidung. Auch die Frau an der Werkbank sollte gut aussehen. Deshalb zeigte die Werbung Frauen in modernen Arbeitshosen und in gemusterten Kittelschürzen.

Das politische Modeideal war die etwas kräftigere Frau, mit der sich Frauen identifizieren konnten. Bei den ländlichen Modeschauen führten deshalb etwas fülligere Frauen die neuesten Kollektionen vor.[35] Damit wollte man sich vom Schlankheitsideal des Westens abgrenzen. Dort würden die Frauen oft so wenig essen, dass sie bei Modeschauen ohnmächtig wurden. Das schreckte die Frauen jedoch nicht ab. Auch in der DDR war die schlanke, elegante Dame Modevorbild, entgegen dem politischen Modeideal.

Die DDR grenzte sich nicht nur von der Mode, sondern auch vom Konsumverhalten des Westens ab. Man solle nicht ständig der neuen Mode hinterherrennen. Das sei unökonomisch und unmoralisch. Deshalb wurde 1962 der Saison-Schlussverkauf abgeschafft. Stattdessen solle man sich eine schöne Standardgarderobe zulegen und sich hin und wieder etwas dazukaufen. Diese Auffassung klingt sehr modern. Heute, in Zeiten des Klimawandels, ist ebenfalls ein nachhaltiger Umgang mit Kleidung gefragt. Trotz des großen Angebots von Fast Fashion kaufen viele modebewusste Menschen inzwischen Secondhandkleidung. Heute ist die Motivation Umweltbewusstsein, in der DDR waren es Versorgungsengpässe, mit denen die Wirtschaft zu kämpfen hatte. Die Politiker appellierten an die Frauen, nicht so viel Geld für Mode auszugeben. In der BRD war es ganz anders: Da sollten die Menschen die neue Mode, die neuen Küchengeräte und die neuen Möbel kaufen, um die Wirtschaft anzukurbeln. „Wohlstand für Alle“, das war das Ziel in Westdeutschland und so lautete der Buchtitel des Wirtschaftsministers Ludwig Erhart.[36] In der DDR hingegen wurde der Kapitalismus kritisiert und das Konsumdenken abgelehnt. Es war eine politische Doktrin, die viele Menschen als eigene Haltung übernahmen. Die Sekretärin Renate Lemke aus Jena schrieb in ihr Tagebuch 1955: „Wir haben auch heute in der Gewerkschaftsgruppe erst wieder Entscheidung angenommen und unterschrieben. – Aber es gibt leider immer noch genug Leute, die nicht den Zerfall des Kapitalismus sehen! Wir sind sozialistisch erzogen. Für uns vieles Selbstverständlichkeit, was für die anderen, älteren, unmöglich!!" Wie sehr die politische Einstellung zum privaten Leben gehörte, zeigt ein Tagebucheintrag von Renate Lemke am Jahresanfang 1955, den sie als Brief an ihren Freund formuliert: „Drei Dinge will ich nicht nochmal erleben: West-Deutschland, Heimlichkeiten von Deiner Seite und die Riesenangst, ein Baby zu bekommen. Um nichts in der Welt!" Es ist bemerkenswert, wie sehr Renate die Politik der BRD ablehnt und diese auf die gleiche Stufe stellt wie ihre innersten Sorgen.

In der Nachkriegszeit war der Unterschied, was man sich leisten konnte, zwischen Ost und West nicht so groß. Es gab einfach kaum etwas zu kaufen. Das änderte sich in den 1950er-Jahren. Immer deutlicher zeigte sich der Unterschied zwischen Ost und West. Die Menschen in der DDR verdienten immer mehr, sie konnten sich mehr leisten, aber das Angebot fehlte.[37] Es gab zwar auch in der DDR Fernseher, Waschmaschinen und Kühlschränke, aber die waren nicht so einfach zu bekommen. Zugleich sah man, was es im Westen alles zu kaufen gab. Trotz der Kritik gegenüber dem Kapitalismus, wünschten sich viele Menschen Dinge, die es in der

DDR nicht gab. Da Ende der 1950er-Jahre die Grenze zwischen Ost und West noch durchlässiger war, gelangten vom Westen Schokolade, Südfrüchte, Schallplatten und Nylonstrümpfe in die DDR.[38] Nylonstrümpfe und manch anderes waren begehrte Tauschobjekte, um damit andere Waren zu bekommen. Wer über Westgeld verfügte, konnte sich vieles leisten, was in der DDR kaum erhältlich war. In Berlin war das KaDeWe, Kaufhaus des Westens, mit seinem großen Warenangebot direkt vor der Nase. Dort arbeiteten mehrere Hundert Verkäuferinnen aus dem Osten und viele Ostberliner kauften dort ein.

Der Traum vom eigenen kleinen Reich

Doris wohnte in Frankfurt in einem Zimmer zur Untermiete im Nachbarhaus ihrer Eltern. Doch da sie keine Kochmöglichkeit, kein Bad und keine Toilette hatte, spielte sich ihr Leben vor allem in ihrem Elternhaus ab. Morgens brachte sie ihren Nachttopf zum Ausleeren in die Toilette ihrer Eltern. Bei ihnen wusch sie auch ihre Wäsche, sie kochte, backte, aß mit ihnen und half im Haushalt mit. Teilweise wohnten auch ihre Schwestern noch bei ihren Eltern. Wenn Doris Besuch bekam, empfing sie ihre Freunde und Freundinnen im Wohnzimmer ihrer Eltern oder im Garten. Eine eigene Wohnung konnte sich Doris nicht leisten, aber sie träumte davon, wie sie ihre Wohnung einmal einrichten würde: „In Dortmund hatte ich auf der Messe einige Möbelstücke entdeckt, die mir wirklich gut gefielen. So ein moderner Sessel, der sehr groß ist und seine 500-600 DM kostet. Auch Schlafzimmer gab es, und ich bin froh, jetzt eine Idee bekommen zu haben, was ich mal will." Die Möbel waren sehr teuer, viel teurer als heute, wenn man es mit dem Einkommen vergleicht. Der Sessel kostete mehr als das, was Doris in einem Monat verdiente.

Da die meisten jungen Frauen zu Hause wohnten oder ein Zimmer zur Untermiete hatten, waren sie immer unter der Kontrolle der Eltern oder des Zimmervermieters oder – noch häufiger – der Zimmervermieterin. Oftmals waren es verwitwete Frauen, deren Kinder aus dem Haus waren, die ein Zimmer in ihrer Wohnung vermieteten. Sie besserten damit ihre Witwenrente auf und vor allem: Sie hatten eine neue Aufgabe, besonders wenn sie einen Mann zur Untermiete hatten. Den versorgten die Frauen mit Hingabe, brachten Kaffee, bekochten ihn und wuschen oftmals seine Wäsche. Frauen waren auf dem Mietmarkt benachteiligt. „Von hundert Vermieterinnen sagen mindestens achtzig: ‚Bitte, keine Dame. Ich vermiete nur an Herren!'", berichtet der Frauenfunk des Bayerischen Rundfunks 1953.[39] Der Grund dafür war, dass Frauen ihr Zimmer nicht einfach als eine Unterkunft sahen, sondern als ihr Zuhause, in dem sie kochen und Wäsche waschen wollten. Viele durften die Küche und das Bad nicht mitbenutzen. Und wenn die Vermieterin großzügig ihre Küche zur Verfügung stellte, dann gab sie genau vor, wann die Mieterin in die Küche durfte. Die Männer hingegen gingen in das Gasthaus zum Essen und ließen ihre Wäsche von der Vermieterin waschen, oftmals gegen Bezahlung. Auch hinsichtlich der Besucherregelung machten die Vermieterinnen Unterschiede. Bei Frauen waren die Besuche oftmals strenger geregelt. Herrenbesuch war in den meisten Fällen nicht erlaubt, es sei denn, die Mieterin war verlobt. Dann durfte der Verlobte seine Braut tagsüber besuchen, abends allerdings meist nicht. Dahinter steckte nicht immer eine strenge Moralauffassung des Vermieters, sondern die Angst, sich strafbar zu machen. In den 1950er-Jahren galt noch der sogenannte „Kuppeleiparagraph", der besagte, dass die „Förderung und Tolerierung außerehelichen Geschlechtsverkehrs" strafbar sei. Wenn Frauen spätabends noch Besuch von ihrem Freund bekamen, konnte die Vermieterin in Verdacht geraten, dass sie damit Gelegenheit zu Intimitäten schaffen würde. Auch der gute Ruf der Vermieterin stand auf dem Spiel, denn den Nachbarn entging nichts.

Für alleinlebende Frauen, die in einem Zimmer zur Untermiete lebten, war es oft schwierig, Gäste einzuladen. Sie hatten keine Küche, um für die Gäste einen Kuchen zu backen und Kaffee zu kochen. Auch für Doris war es nicht einfach. Ihr Zimmer war zu klein und es gab wenig Sitzgelegenheiten für Gäste. In ihrem Tagebuch erzählt sie über den Besuch von Dieter, in den sie jahrelang verliebt war. Dieter war ein Freund der Familie und wurde im Wohnzimmer empfangen. „Ich wollte Dieter mein Zimmer zeigen. Ich hatte es mir so ganz anders vorgestellt. Ich wollte mit ihm alleine dorthingehen und dort mit ihm ernster reden und mich aussprechen [...], doch noch ehe mein Zimmer aufgeschlossen war, kam meine Mutter keuchend in höchster Eile die Treppe hoch. Ich schloß mein Zimmer auf, aber das erwartete große Erlebnis war wie zerronnen." Sie war sehr enttäuscht: „Oh, warum mußte immer ein dritter dabei sein, [...] warum mußte die eigene Mutter einem nachrennen, wie als wenn man 17 wäre, oh, warum?" Doris zündete alle Kerzen und Leuchter an, aber es blieb ungemütlich, auch weil alle drei standen, denn es gab nur zwei Sessel zum Sitzen.

Wenn Doris Besuch bekam, dann empfing sie ihn im Haus ihrer Eltern, die auch dabeisaßen. Das führte manchmal zu Konflikten. In ihrem Tagebuch erzählt sie, dass ihre amerikanischen Freunde zu Besuch waren und ihr Vater sich so ausgiebig mit ihnen unterhielt, dass sie kaum zu Wort kam, was Doris sehr bedrückte. Am Abend, als sie dann den ganzen Abwasch machte, erklärte ihr Vater, dass er nicht beim Abtrocknen helfen könne, das Gespräch mit den Gästen auf Englisch habe ihn so angestrengt, dass er nun ganz erschöpft sei.

Doris erzählt von einem weiteren Konflikt. Sie hatte für Samstagmorgen einen amerikanischen Freund zum Frühstück im Garten eingeladen. Doris war ein bisschen verliebt in ihn und erhoffte sich eine innigere Beziehung. Jemanden zum Frühstück einzuladen, war in den 1950er-Jahren unüblich. Zudem war der Samstag ein Arbeitstag. Meistens lud man am Sonntagnachmittag zu Kaffee und Kuchen ein. Doch Doris musste am Samstagnachmittag und am Sonntag arbeiten, deshalb blieb nur der Samstagvormittag. Die ganze Woche hatte sie sich auf das Frühstück gefreut, doch kurz bevor der Freund kam, hatte sie eine Auseinandersetzung mit ihrem Vater: „Die Vorfreude war herrlich, schöner als die Freude. Papa hatte mich zusammengeschimpft in seiner unüberlegten Krankheitslaune. Die ganze Woche war Besuch da (zwar nicht für mich, nur für ihn), ‚Samstagsmorgens lädt man niemanden ein.' ‚Ich habe am Nachmittag und Sonntag Dienst.' ‚Kannst gleich gehen!' Und ich, aufgebracht, sage: ‚Ich lasse mir, 28 Jahre alt, meine Samstage nicht vorschreiben.' Ich habe den Entschluß, wegzuziehen, ernstlich. Am nächsten Tag, als ich vom Dienst zurückkomme, entschuldigt sich Papa bei mir. Der unschuldige Morgenkaffee im Garten war getrübt. C'est la vie."

In der DDR war die Wohnsituation ebenfalls angespannt. Es wurden zwar viele neue Wohnungen gebaut, aber sie ersetzten vor allem die zerstörten Häuser. Die Familien wohnten beengt. Unverheiratete Frauen und auch Männer lebten oft jahrelang in „Ledigenwohnheimen", bis sie endlich eine Wohnung erhielten.[40] Für Ehepaare war es einfacher, eine Wohnung zu bekommen. Das war für manche Paare ein Grund, möglichst bald zu heiraten.

Die Sekretärin Renate Lemke arbeitete in Jena bei der Firma Zeiss, die in der DDR zum volkseigenen Betrieb wurde. Sie wohnte bei ihren Eltern, wäre aber gerne ausgezogen. Doch sie hätte sich nur ein Zimmer zur Untermiete leisten können und sie fühlte sich den Herausforderungen nicht gewachsen, allein für sich selbst zu sorgen. Sie schrieb 1955 in ihr Tagebuch: „Außerdem bin ich ein Schlappschwanz, mit viel zu wenig innerem Halt. Wenn ich's auch nie wahrhaben will, aber ich habe doch jetzt eine Stärke hier zu Hause. Einen Winter überstehe ich nicht. Ich erfriere und verhungere." Für Lebensmittel und Heizen selbst zu sorgen, schien ihr eine zu große Aufgabe zu sein. Etwas neidisch erzählt sie von einer Kollegin, die in Untermiete wohnte, aber die einen Freund hatte, „der Holz hackt, mit ihr Kohlen holt und vor allem, bei ihr ist! Das ist das Auschlaggebende."

Reisen

Junge Frauen konnten sich zwar keine eigene Wohnung leisten und lebten oftmals bei den Eltern, aber dafür hatten sie eine andere neue Freiheit entdeckt: das Reisen. Doris liebte reisen. Sie war nicht nur als Zugsekretärin viel unterwegs, sondern besuchte auch privat Länder und Städte, die für viele unerreichbar waren. Zu diesen Reisen gehörte zum Beispiel eine Kreuzfahrt in Südosteuropa. Viele besuchten die Verwandten – das war am günstigsten – oder machten eine Reise an die Ostsee oder in die Berge, je nachdem, was näher lag. Wer es sich leisten konnte, fuhr ins Ausland – nach Österreich. Da sprach man immerhin Deutsch und es gab Schnitzel. Das Traumziel war jedoch Italien. Im Zug, Reisebus oder Familienauto fuhr man über den Brenner an den Gardasee oder nach Rimini. Italien war das Sehnsuchtsland. Man hörte Schlager über die Capri Fischer und aß Pizza. Reisen war in den 1950er-Jahren noch etwas Besonderes. Erst in den 1960er-Jahren entwickelte sich der Tourismus zu einem Massenphänomen.

Allein zu reisen und in einem Hotel zu übernachten, war für junge Frauen in den 1950er-Jahren noch keine Selbstverständlichkeit. In einem Hotelführer von 1960 wies ein Hotel in Essen darauf hin: „Alleinreisende Damen unerwünscht!“

Für manche Sekretärinnen ließ sich Arbeit und Urlaub miteinander verbinden. Es gab Chefs, die ihre Sekretärin mit in den Urlaub nahmen, wie in der Fachzeitschrift „Gabriele – die perfekte Sekretärin“ berichtet wird.[41] In dieser Zeitschrift erzählt eine Sekretärin, dass ihr Chef sie bat, in den Familienurlaub mitzukommen. Im Urlaub hätte er die besten Ideen. So verbrachte sie ihre Arbeitszeit an der Adria, schrieb am Vormittag die stenografierten Diktate ihres Chefs in die Schreibmaschine und brachte sie ihm zum Unterschreiben an den Strand, wo er sich im Liegestuhl erholte. Einmal nahm sie ihre schwere Schreibmaschine an den Strand und tippte dort im Badeanzug mit Blick aufs Meer, was ihr Chef diktierte. Nachmittags und abends hatte sie frei.

Es gab in den 1950er-Jahren zunehmend organisierte Reisen, die von Busunternehmen veranstaltet wurden. Auch die Deutsche Bahn stellte sich auf die Reisesehnsucht ein und arbeitete eng mit dem Reiseunternehmen Touropa zusammen. Die Bundesbahn richtete Fernreisezüge ein und Touropa buchte für ihre Reisegruppen ganze Züge. Das Münchner Reisebüro wurde 1951 gegründet und machte Reisen für die breite Masse bezahlbar. Um auf den längeren Strecken bequem zu reisen, wurden Liegewagen mit ausreichend Waschgelegenheiten eingesetzt, es gab mehrere Küchen, Speisewagen, Bars und das bereits erwähnte Friseurabteil. Während der Fahrt umsorgten aufmerksame Zugbegleiterinnen die Fahrgäste. Bereits die Zugfahrt wurde zum Urlaubserlebnis.

Die Pauschalurlaube waren eine neue Form des Reisens. Man musste sich um nichts kümmern, weil alles organisiert war. Auch Doris buchte eine solche Pauschalreise mit Touropa. Zusammen mit einer Freundin machte sie 1958 eine Kreuzfahrt. Begeistert erzählt sie über die Reisestationen Athen, Istanbul, Delos, Dubrovnik. Allerdings ärgerte sie sich hinterher, dass sie die überteuerten Landausflüge gebucht hatte, die sie auch gut auf eigene Faust hätte machen können. Schließlich war sie reiseerfahren. Schon 1953 reiste Doris als 22-Jährige mit dem Flugzeug nach Schottland und erkundete das Land auf eigene Faust. Fliegen war zu dieser Zeit noch eine abenteuerliche Reise, die sich kaum jemand leisten konnte. Doch Doris' Vater arbeitete in Frankfurt bei der Cargo Abteilung der amerikanischen Fluggesellschaft PanAm, Pan American Airways, damals als PAA abgekürzt. Doris bekam dadurch ihre Tickets günstiger. Bis Amsterdam flog sie mit ihren Eltern, die einen Besuch bei Freunden machen wollten, und mit ihrer Schwester Ruth, die nach London weiterflog. Doris schrieb in ihr Tagebuch: „Auf dem Flugplatz gesellte sich noch ein Grüppchen Verwandter zu uns, die dem noch nie gesehenen Schauspiel beiwohnen wollten: unseren Aufstieg in die Luft. Sie konnten wirklich unser Winken hinter den kleinen runden Scheiben erwidern." Von Amsterdam flog das Flugzeug weiter in die USA. Doris berichtet, dass außer ihr nur noch ein Amerikaner zustieg, der sie für ihren Mut bewunderte, allein, mit einem Rucksack bepackt, nach Schottland zu reisen. Bei der Zwischenlandung in Prestwick, südlich von Glasgow, stieg Doris als Einzige aus. Dass ein einzelner Fluggast von Bord geht, kann man sich heute nicht mehr vorstellen. Für Doris war die Reise aufregend: „Prestwick! Die Tür wurde aufgerissen. Die Bordtasche wanderte hinaus. Ich zog meinen Anorak über und kroch hinaus. Über mir ein hoher Nachthimmel und Sterne. Eine schöne Stewardess geleitete mich durch das Spalier der PAA-Männer zum Flughaus." Die wenigen Fluggäste wurden in den 1950er-Jahren noch individuell betreut. Weil Doris ungefähr nachts um zwei ankam und keine Unterkunft hatte, wollte sie auf dem Flughafen übernachten. Doch die Stewardess organisierte eine Übernachtung für Doris, und zwar bei einem Kollegen, der eine sehr nette Mutter habe, wie die Stewardess versicherte. So fuhr Doris mit ihm nach Hause. „Ich hatte beim Hineingehen zu ihm gesagt: ‚Was wird Ihre Mutter sagen, wenn Sie nachts mit einem

Mädchen kommen?' ‚Sie wirft mich hinaus.'" Das tat sie jedoch nicht, sondern bereitete Doris eine Tasse Tee zu, dazu einen Biskuit.

In Schottland reiste Doris allein und übernachtete in Jugendherbergen. Dort lernte sie viele Menschen aus verschiedenen Nationen kennen, mit denen sie oft ein Stück weiterreiste. Diese Reise trug zu ihrer Weltoffenheit bei.

Als sie wieder nach Frankfurt zurückfliegen wollte, war das Funkgerät des Flugzeugs defekt. Ein Techniker aus London musste nach Schottland kommen, um es zu reparieren. Das dauerte jedoch. So verbrachte Doris viele Stunden im „Wartesaal" am Flughafen, wie sie schrieb. Das kleine Grüppchen der Wartenden fand schnell zusammen. „So merkten wir nicht, wie die Zeit verstrich, denn schon bekamen wir Tee und Plätzchen gebracht, der Zollbeamte wachte unauffällig an der Tür. Abends bekamen wir wieder Abendessen." Fliegen war noch keine Massenabfertigung wie heute, sondern ein besonderes Erlebnis.

Auf dem Rückflug setzte sich ein Mann neben sie, mit dem sie ins Gespräch kam. „Er fragte mich, wo ich hinwolle. ‚Nach Frankfurt.' Ja, er auch. Unter anderem sagte ich, mein Vater ist dort bei der PAA und deshalb fliege ich verbilligt so mit. Da zog er seinen Hut und stellte sich vor: ‚Mr. Mac Kee, I am one of the directors of PAA in New York.'" Sie konnte es kaum glauben und fragte bei einer Zwischenlandung einen Flugbegleiter, ob dieser Mann wirklich in der Chefetage der PanAm sitze, was er bestätigte.

Doris hatte auf ihren Reisen auch Urlaubsflirts. Doch als sie Ende zwanzig war, begnügte sie sich nicht mehr mit Flirts, sondern hatte die Hoffnung, den Mann fürs Leben kennenzulernen. 1960 verbrachte sie ihren Sommerurlaub auf der niederländischen Insel Terschelling und schrieb in ihr Tagebuch: „Gestern war ich von einer Traurigkeit erfaßt, daß ich wieder anscheinend nicht das richtige Ferienziel in Bezug auf zwangloses Kennenlernen eines Freundes gewählt habe. Ich glaube, daß diese Insel nur von jungen, sehr jungen Menschen, die in Zelten wohnen, aufgesucht wird und in den Pensionen trifft man Familien und wieder sehr junge Mädchen oder Männer. So habe ich wohl Gesellschaft, aber das andere kommt zu kurz. Ich verstehe es immer noch nicht, warum ich so ein Pech immer haben muß." Doris war sehr aufgeschlossen und lernte deshalb leicht Menschen kennen, aber alleinreisende Männer in ihrem Alter traf sie selten. Die meisten waren bereits verheiratet.

Obwohl alleinreisende Frauen in den 1950er-Jahren noch selten waren, machte Doris nur wenige schlechte Erfahrungen. Als sie für einen Kurzurlaub nach Meran fuhr, wurde sie von einem Italiener namens Gino umworben. Doris freute sich zwar über Gesellschaft, aber sie hatte kein tiefergehendes Interesse an ihm. Er hatte sich jedoch Hoffnungen auf ein Liebesabenteuer gemacht. „Am Abend habe ich noch eine Tasse Kaffee mit Gino getrunken. Auf dem Rückweg erwachte das Böse und die Versuchung in ihm." Sie hatte Gino erzählt, dass sie anderweitig verliebt sei, doch er bedrängte sie, ihre Liebe für den Abend zu vergessen. „Zwar ist es ihm nicht gelungen, mich vom Weg abzulocken noch mich auf den Mund zu küssen, doch entdeckte ich zu Hause an meinem Hals, der mir weh tat, sogenannte Druckstellen, und da ich so etwas noch nie an mir gehabt hatte, hatte ich auch keine Ahnung, wie lange die zu sehen seien." Sie fürchtete, dass dieser Knutschfleck die aufkeimende Liebesbeziehung zu Hans Langenbuch in Gefahr bringen könnte, „denn der würde ja auf den ersten Blick ahnen, wo diese Druckstellen herkämen. Dabei habe sie so gekämpft, um „diesen Liebesbezeugungen dieses Italieners nicht zu erliegen". Mit Liebe hatte dieses gewaltsame Bedrängen nichts zu tun, doch in den 1950er-Jahren wurden sexuelle Übergriffe noch nicht als das bezeichnet, was sie waren, sondern als Unbeherrschtheit der Männer, die ihrem Testosteronschub ausgeliefert waren und gegen die sich Frauen zur Wehr setzen mussten.

Im Winter machte Doris oftmals Skiurlaub und nahm an Skikursen teil. In ihrem Tagebuch erzählt sie begeistert von einem Skikurs in Mittenwald, an dem auch ein belgisches Ehepaar teilnahm. Dass die Belgierin einen Pelzmantel trug, war keine Mode der 1950er-Jahre, sondern auch schon damals eine unpassende Kleidung. Offenbar bemerkte sie das auch selbst. Doris schrieb in ihr Tagebuch: „Ihr Pelzmantel hing später an einem Fichtenbäumchen und ich hörte den Skilehrer sagen ‚Wie kann man nur mit dem Pelzmantel zum Skifahren kommen!'" Am Nachmittag nahm nur der Ehemann am Skikurs teil, während seine Frau allein übte. Als die Skigruppe wieder auf die Frau traf, empfing sie ihren Mann stolz: „Cherie, ich bin jetzt 10 mal hinuntergefahren und nur 7 mal hingefallen."

In ihrem Tagebuch erzählt Doris auch von einem anderen Urlaub in den Bayerischen Bergen, den sie mit ihrer Freundin verbrachte. Tagsüber nahmen sie an einem Skikurs teil und abends amüsierten sie sich beim Après-Ski: „Inmitten lauter junger Leute war es in der Wurzhütte recht nett. Die Musikbox wurde auf Trapp gehalten und kein Skischuh hinderte am Tanzen." Doris und ihre Freundin hatten zwei junge Männer kennengelernt, mit denen sie tanzten, plauderten, Schach spielten und Schlitten fuhren. Allerdings war Doris' Verehrer verheiratet, wie sie bald feststellte. Aber es waren ja noch andere sympathische Männer da, mit denen sich Doris und ihre Freundin vergnügten. Tagsüber fuhr Doris Ski und abends wurde die Musikbox gefüttert und es wurde getanzt.

Das schöne Leben im Wirtschaftswunder überdeckte die dunkle Vergangenheit. Der Nationalsozialismus wurde verdrängt. Und doch ragte die Vergangenheit in erschreckender Weise in die 1950er-Jahre hinein. Darum soll es im übernächsten Kapitel gehen. Zuvor soll aber in einem Exkurs in Erinnerung geholt werden, was eigentlich verdrängt wurde. Auch wir vergessen leicht, was in dieser Zeit geschah. Da es ein Buch über Sekretärinnen ist, kommen sie zu Wort und erzählen, was sie im Nationalsozialismus erlebt haben. Darüber konnten die Frauen allerdings erst viele Jahrzehnte später sprechen, als man begann, den Nationalsozialismus aufzuarbeiten.

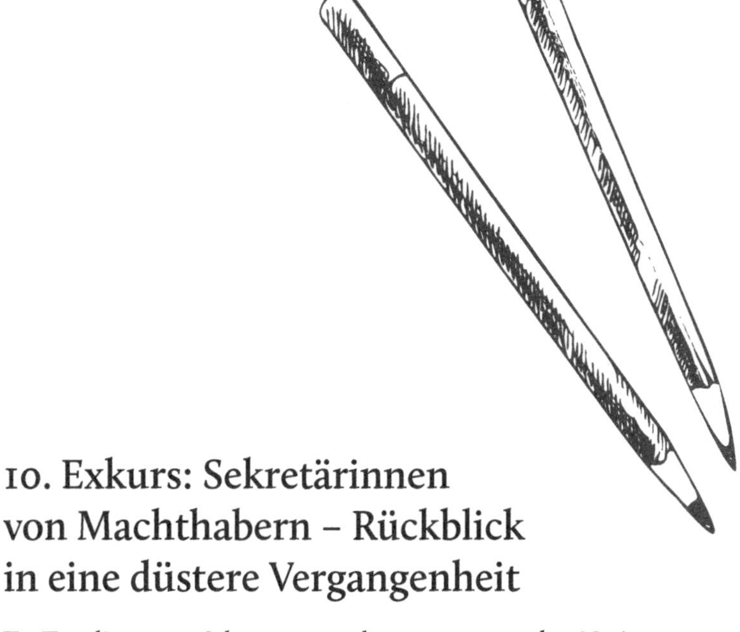

10. Exkurs: Sekretärinnen von Machthabern – Rückblick in eine düstere Vergangenheit

Um die 1950er-Jahre zu verstehen, muss man den Nationalsozialismus und die Nachkriegszeit betrachten. Das Wirtschaftswunder entstand durch den unbedingten Willen der Deutschen, sich ein neues Leben auf den Trümmern des „Dritten Reiches" aufzubauen. Die Deutschen richteten ihren Blick nach vorn und vermieden es, sich mit der Vergangenheit zu beschäftigen. Sie war zu schrecklich. Viele hatten sich mitschuldig gemacht, weil sie den grausamen Machtapparat unterstützten, auch wenn sie nur ein kleines Rädchen waren. Darunter waren auch die Sekretärinnen von Joseph Goebbels und Adolf Hitler. Und viele waren Opfer dieses Machtapparates, wie die Sekretärinnen in Auschwitz.

Joseph Goebbels Sekretärin Brunhilde Pomsel

Brunhilde Pomsel (1911–2017) arbeitete von 1942 bis 1945 im Propagandaministerium für Joseph Goebbels. Sie wuchs in

Potsdam auf. Ihre Mutter wollte, dass sie nach der Schule eine Ausbildung machte, erzählt sie in ihren Erinnerungen: „Aber ich wollte damals so schnell wie möglich einfach in einem Büro arbeiten, egal wo, Hauptsache Büro. Für mich waren die Damen, die ins Büro gingen, also Sekretärinnen, Büroangestellte oder kaufmännische Angestellte bei einer Versicherungsgesellschaft sehr anziehend, das erschien mir äußert erstrebenswert."[42] Auch hier zeigt sich wieder, dass Sekretärin ein sehr beliebter Beruf bei jungen Frauen war. Brunhilde Pomsel absolvierte ein zweijähriges Volontariat in einem Büro und besuchte Kurse in der Handelsschule. Danach fand sie eine Stelle im Büro bei Dr. Hugo Goldberg, einem jüdischen Versicherungsmakler. Für Politik interessierte sich Brunhilde Pomsel nicht. Sie ging auch nicht zum Bund Deutscher Mädel.

Anfang der 1930er-Jahre befand sich die Welt in einer Wirtschaftskrise, die auch Hugo Goldberg spürte. Seine Aufträge gingen zurück, sodass Brunhilde Pomsel nur noch halbtags bei ihm arbeitete. Sie nahm deshalb noch eine andere Stelle an und tippte die Memoiren von Wulf Bley. Er war Schriftsteller und trat bereits 1931 in die NSDAP ein. „Und so bin ich Ende 1932 vormittags bei meinem jüdischen Dr. Goldberg gewesen und an einigen Nachmittagen beim Nazi Wulf Bley."[43] Als Wulf Bley eine Stelle beim Rundfunk bekam, nahm er Brunhilde Pomsel als seine Sekretärin mit. Sie war froh, dass sie eine Arbeitsstelle hatte, viele ihrer Freundinnen waren arbeitslos. Und im Rundfunk arbeiten – das hörte sich nach einer interessanten Stelle an. Allerdings meinte Wulf Bley, dass sie in die Partei eintreten solle. Und das tat Brunhilde Pomsel auch. Wulf Bley verlor jedoch bereits nach wenigen Monaten seine Stelle. Beim Rundfunk konnten sie nichts mit ihm anfangen, er konnte nichts, erzählt Brunhilde Pomsel. Sie blieb beim Rundfunk, denn sie hatte einen sehr guten Vertrag und verdiente überdurchschnittlich gut. „Dann haben die festgestellt, die schreibt prima Stenografie. Dann hab ich Reden von Politikern und anderen mitgeschrieben, da schrieb ich sogar schon eine erste Goebbelsrede zur Eröffnung der Ausstellung mit."[44] Bald darauf wurde sie in das Propagandaministerium versetzt. „Jedenfalls habe ich mir am Abend noch irgendwo ein Parteiabzeichen organisiert für den ersten Tag. Ich dachte, muss man sicher so herumtragen. Musste man aber gar nicht. Im Gegenteil, die waren alle sehr schick angezogen. Am nächsten Tag war ich auch schick angezogen. Ich dachte immer, alle Leute laufen da nur mit Kletterweste und blauem Rock herum. So wie die BDM-Mädchen oder die NS-Frauenschaft, zu denen gehörte ich ja auch nicht. Aber nein. Das waren ganz normale Menschen."[45] Brunhilde Pomsel wurde die Sekretärin des späteren Staatssekretärs Dr. Naumann, den Stellvertreter von Joseph Goebbels. „Er gehörte der SS an. Und er war ein Verehrer der schönen, großen, blonden Frauen. Der hat mich schon rein äußerlich abgelehnt. Mir ist später erzählt worden, dass er gesagt haben soll: ‚Ich setze mir doch keine Jüdin ins Vorzimmer!' Ich trug damals eine schwarze Brille, ganz schwarz. Die Haare waren schön dunkelbraun. Ich konnte ein bisschen jüdisch aussehen, wenn man es so sehen wollte."[46]

Brunhilde Pomsel erklärt in ihren Erinnerungen, dass sie die politische Lage damals nicht erkannt habe. Sie hatte keinen einzigen Judentransport gesehen. Man habe nichts gewusst, so argumentierten auch sehr viele Deutsche nach dem Krieg. Doch es war viel eher so, dass man nicht genau hinsehen wollte, denn die Verfolgung und Deportation der Juden geschah vor aller Augen. Auch die jüdische Freundin von Brunhilde Pomsel verschwand. „Dann war Eva plötzlich weg. Und wir konnten es nicht ändern. Die gehörte wohl zu den Leuten, die weggeholt worden waren. Aber die waren doch geholt worden, um die leeren Bauernhäuser im Osten zu füllen. Und im Krieg ist es schlimmer, dachten wir. Und wenn sie im KZ war, war sie ja sicher. Wusste ja keiner, wie es da zuging. Man wollte auch gar nicht so viel wissen, man wollte sich nicht unnötig noch mehr belasten."[47]

Selbst wenn Brunhilde Pomsel nichts über die Grausamkeiten und den Massenmord im KZ wusste, so sah sie doch mit eigenen Augen, wie brutal dieser Machtapparat war, wenn man sich gegen ihn wendete: „Bei uns waren sonst nicht sehr viele Prominente. Und wenn die bei uns erschienen, hatten sie meist etwas auf dem Kerbholz. Ich habe zu der Zeit an einem Platz gesessen, wo das Ministeramt begann, mit der großen Glastüre und dem Teppich und den zwei Sesseln. Dort sehe ich vor meinem inneren Auge immer noch einen sitzen, auch einen Schauspieler, der irgendeine dumme Bemerkung gemacht oder geschrieben hatte. Der wartete auf ein Gespräch mit Goebbels. Wir sind alle so mal an ihm vorbeigegangen und haben ihn uns wenigstens mal angeguckt. Und gedacht, ach du armes Schwein, du kriegst heute eine furchtbare Abreibung. Ich weiß nicht mehr, wer es war. Es konnte reichen, dass ein Brief abgefangen wurde und in die Hände der hohen Tiere gelangte, und der den Brief verfasst hatte, wurde dafür hingerichtet. Das sind so die Dinge, die man so nebenher immer wieder erfahren hat und nicht vergisst."[48] Brunhilde Pomsel wusste also, dass man schon allein für eine Äußerung gegen den Nationalsozialismus ermordet wurde.

Brunhilde Pomsel arbeitete nicht direkt für Goebbels, sondern für seine Referenten. Er gab alles an die Referenten weiter. „Ich sagte immer: ‚Der Goebbels betrachtet uns nur als seine Schreibtische.' Ich will nicht sagen, dass er hochnäsig war, aber wir waren für ihn wie geschlechtslos. Er hätte nie versucht – so schön waren wir ja alle nicht –, sich einer von uns zu nähern. Der war ja umgeben von allen Filmschönen und Models und was es so alles gab. Also, der musste nun wirklich nicht auf sein Büro zurückgreifen."[49] Goebbels sah die Sekretärinnen als reizlos an, schlussfolgerte Brunhilde Pomsel, denn sonst hätte er einen Annäherungsversuch unternommen. Offenbar wurde es als normal betrachtet, dass der Chef eine Affäre mit seiner Sekretärin hat.

Weil Brunhilde Pomsel im Propagandaministerium überdurchschnittlich gut verdiente, konnte sie sich manches leisten, was für andere nicht möglich war. „Wir hatten ja in Paris auch eine Stelle vom Rundfunk, zu denen hatte ich nach wie vor gute Beziehungen. Die brachten mir auch immer mal was mit. Entweder als kleines Geschenk oder das und das Parfum. Also, mir ging es schon gut. Es war einfach ein bisschen Elite. Deshalb war es schon ganz nett, da zu arbeiten. Alles angenehm, gefiel mir gut. Nett angezogene Menschen, freundliche Menschen. Ja, ich war halt auch sehr äußerlich in der Zeit noch, sehr dumm."[50] Hier wird deutlich, wie sehr die Lebenswelten der Menschen im Nationalsozialismus auseinanderklafften. Während Brunhilde Pomsel ihr Leben genoss, das ihr der Job beim Rundfunk ermöglichte, erlebte ihre Freundin Eva im KZ die Hölle.

Als Goebbels den totalen Krieg verlangte und die Bevölkerung begeistert und jubelnd zustimmte, war Brunhilde Pomsel schockiert. „Wenn man das so erlebt, wie ein Mensch, den man fast täglich, wenn er im Büro war, sah – gepflegt, vornehm, fast edle Vornehmheit – und da dieser tobende Zwerg. Also einen größeren Konflikt kann man sich kaum vorstellen. Ich habe ihn in dem Augenblick scheußlich gefunden. Angst machend. Aber ich habe es dann auch wieder verdrängt."[51]

Brunhilde Pomsel verdrängte vieles. Nach dem Krieg wurde sie von den Russen gefangen genommen und war fünf Jahre in Haft. Als sie anlässlich des Buches über ihr Leben reflektierte, erklärte sie, dass der Judenhass erst mit den Nationalsozialisten entstanden sei: „Vor 1933 hatte ohnehin kein Mensch über die Juden nachgedacht, reine Erfindungen der späteren Nazis. Es ist uns erst durch den Nationalsozialismus bewusst gemacht worden, dass das andere Menschen sind. Das gehörte später alles in das geplante Judenvernichtungsprogramm. Wir hatten nichts gegen Juden."[52] Vielleicht hatte sie es in ihrer Umgebung wirklich so erlebt – sie war Sekretärin bei einem jüdischen Geschäftsmann und hatte eine jüdische Freundin –, doch der Hass gegen die Juden existierte schon vorher. Das zeigt das Tagebuch der Sekretärin Herta Meeden aus Berlin-Zehlendorf in den 1920er-Jahren. Herta arbeitete nach der Schule in der Wertheim-Zentrale. Wertheim war ein großer Warenhaus-Konzern, der einer jüdischen Familie gehörte. 1922 schrieb Herta Meeden in ihr Tagebuch: „Die Zentrale habe ich seit dem 15. April hinter mir. ‚Gott sei Dank, nun bist Du wenigstens aus dem Judennest heraus', würde mir meine ehrenwerte Frau Patin – nicht dabei sich räuspern – sagen." Die Tante würde auf ein Verlegenheitsräuspern verzichten. Das war offenbar nicht nötig, denn die Abneigung gegen Juden konnte man ohne Konsequenzen ganz offen äußern. Schon 1922 gab es in der Bevölkerung eine offene Judenfeindlichkeit. Wie sehr, das zeigt sich in dem Tagebuch von Herta, die unreflektiert das nachplappert, was in ihrem Umfeld geredet wurde. So schrieb sie weiter: „Es gibt überall Juden, aber ich glaube nur in Deutschland haben sie die Macht!", wobei sie Macht unterstreicht. Die Schuldigen der Weltwirtschaftskrise hat sie schnell ausgemacht: „Wer kann sich noch etwas leisten? Die Ausländer und die – Juden. Man könnte von den Juden lernen, denn Pfiffigkeit, Überlegenheit und Schlauheit kann man ihnen, wenn man es auch gern getan hätte, nicht absprechen. Die Juden sind Geschäftsleute, sie verstehen, jeden übers Ohr zu hauen. Wer besitzt die großen Warenhäuser? Die Juden. Wer sitzt zum Teil an der Regierung? Die Juden. Und das werden sie wohl immer sein und bleiben, denn die echten Juden kann man auch nicht auf irgendeine Art ausrotten. Vertreiben und ausweisen kann man sie nicht, viele haben sich taufen lassen, wer will ihnen sagen, daß sie Juden sind?" Wenn ein 15-jähriges Mädchen in ihrem Tagebuch sich so feindselig gegenüber Juden äußert, dann spiegelt sich darin ihr Umfeld wider. Diese radikale judenfeindliche Einstellung zeigt, wie sehr der Judenhass bereits vor dem Nationalsozialismus in allen Bevölkerungsschichten vorhanden war. Dass der Gedanke, Juden auszurotten, schon von einem jungen Mädchen geäußert wird, zeigt den abgrundtiefen Hass, der seine fatalen Auswirkungen im Nationalsozialismus entfaltete.

Adolf Hitlers Sekretärin Traudl Junge

Traudl Junge saß im Zentrum der Macht. Sie war die Sekretärin von Adolf Hitler. Bereits 1947 hatte sie ihr Leben an der Seite von Hitler aufgeschrieben, aber erst nach der Jahrtausendwende zur Veröffentlichung freigegeben. Ihre Erinnerungen erschienen 2002 unter dem Titel „Bis zur letzten Stunde – Hitlers Sekretärin erzählt ihr Leben".[53] „Als ich mein Manuskript mit Abstand von mehreren Jahrzehnten wieder las, erschreckte und beschämte mich die Kritik- und Distanzlosigkeit, mit der ich damals ans Werk gegangen war. Wie konnte ich nur so naiv und leichtsinnig sein?"[54]

Traudl Humps (1920–2002), wie sie damals noch hieß, träumte davon, Tänzerin zu werden. 1936 ging sie mit der Mittleren Reife von der Schule ab, nicht freiwillig, sondern weil sie Geld verdienen sollte, um ihre Mutter zu unterstützen, die von ihrem Vater geschieden war. „Geh doch ein Jahr auf die Handelsschule, dann kannst du als Sekretärin in einem Büro arbeiten", rät man ihr. So ging sie auf die Handelsschule und suchte sich eine Arbeit, die ihr genügend Zeit für ihre Tanzausbildung ließ. 1941 hatte sie ihre Tanzprüfung bestanden, aber sie fand wegen des Krieges keine Anstellung als Tänzerin. „Man konnte nicht mehr einfach werden, was man wollte, sondern musste tun, was für den Staat am wichtigsten war. Und man brauchte aber bedeutend notwendiger Sekretärinnen und Stenotypistinnen als Tänzerinnen. Tänzerinnen waren überhaupt vollkommen überflüssig geworden."[55] Ihre Schwester vermittelte Traudl Humps eine Stelle in der Neuen Reichskanzlei. In der „Kanzlei des Führers" musste sie die Post bearbeiten. „Bald kam auch der erste Wirbel in mein beschauliches Dasein, denn auf einmal verbreitete sich das Gerücht, Hitler brauche neue Sekretärinnen und die Auswahl solle aus dem Personal der Reichskanzlei getroffen werden. Sämtliche Sekretärinnen, Stenotypistinnen, Lehrmädchen und Bürohilfen gerieten in helle Aufregung. Es wurde ein Wettbewerbskurs für Stenographie und Maschinenschreiben eingerichtet, und ich musste ebenfalls daran teilnehmen."[56] Nach einem langwierigen Prüfungsverfahren schnitt sie am besten ab und musste sich Hitler vorstellen. Hitler hatte damals drei Sekretärinnen. Und da die jüngste geheiratet hatte und deswegen ausschied, so wie es damals üblich war, wurde eine neue Sekretärin gebraucht. In den letzten Novembertagen 1942 wurde Traudl Humps von Berlin nach Ostpreußen zur Endauswahl in das Führerhauptquartier in einem Wald gefahren. Aus einem Bewerbungsverfahren von wenigen Tagen wurden Wochen, in denen sie immer wieder die beiden älteren Sekretärinnen unterstützen musste. Am 30. Januar 1943 wurde sie wieder zu Hitler gerufen; seine beiden Sekretärinnen waren ebenfalls dabei. „Hitler sagte, er sei mit mir sehr zufrieden, und seine beiden erfahrenen Mitarbeiterinnen glaubten ebenfalls, daß ich sehr gut als seine Sekretärin geeignet sei, ob ich denn bei ihm bleiben wolle. Ich konnte der Versuchung nicht widerstehen, ich war 22 Jahre alt, hatte von Politik keine Ahnung und fand es bloß außerordentlich schön und aufregend, eine solche besondere Stellung angeboten zu bekommen, kurzum ich sagte ‚ja'."[57] Dann meinte Hitler, dass sie noch sehr jung sei und dass viele Männer hier wären. Wenn sie belästigt werden würde, solle sie jederzeit zu ihm kommen. Auch hier wird wieder deutlich, wie unterschiedlich der Nationalsozialismus erlebt wurde, je nachdem, auf welcher Seite man sich befand. Auf der einen Seite schützte Hitler seine Sekretärin vor männlichen Annäherungen und auf der anderen Seite gab er Frauen der Vergewaltigung preis.

Traudl Humps' Hauptbeschäftigung bestand darin, bereitzustehen, wenn Hitler sie brauchte. Ansonsten hatte sie viel freie Zeit: „Es gab keine Büroatmosphäre, keine festen Arbeitszeiten, ich machte weite Spaziergänge und genoss den Wald."[58] Im März 1943 wurden die Sachen gepackt, um nach Berchtesgaden auf den Obersalzberg zu reisen, „wo Hitler auf seinem Berghof eine Zeit der Entspannung erleben und gleichzeitig wichtige Staatsempfänge abhalten wollte".[59] Der Aufenthalt war für mehrere Wochen vorgesehen. „Wir Sekretärinnen packten unsere Koffer mit den persönlichen Sachen, mussten aber gleichzeitig unser Reise-Büro mitnehmen. Es konnte dem Führer leicht einfallen, während der Fahrt irgendetwas niederzuschreiben, und dann musste auch im Zug die Möglichkeit dazu gegeben sein."[60] Es ist auffällig, dass Traudl Junge in ihren Erinnerungen 1947 immer noch von „Führer" schreibt, wenn sie von Adolf Hitler redet. Hier zeigt sich, wie sehr die nationalsozialistische Indoktrination noch nachwirkte, als Hitler längst kein Führer mehr war und sein „Drittes Reich" in Trümmern lag.

Die Tage auf dem Berghof hatten einen geregelten Ablauf. Hitler traf sich mit den Anwesenden zum Mittagessen und ruhte hinterher. Dann spazierten Hitler und seine Gefolgschaft zum nahegelegenen Teehaus. Nach der Teestunde zog sich Hitler zurück, um bis zum Abend zu schlafen. „Ein paar Stunden blieb jedem der Gäste sich selbst überlassen. Meist zog ich mich ebenfalls in mein Zimmer zurück, schrieb Briefe oder erledigte meine persönlichen Arbeiten wie Nähen oder Waschen."[61] Beim Abendessen versammelten sich wieder alle Gäste. „Die Herren trugen meistens Zivil, die Damen zogen ihre schönsten Kleider an. Es war sehr schwer für mich, bei dieser Modenschau mitzumachen. Man trug zwar keine langen Abendkleider, aber Eva Braun führte trotzdem die reinste Modeschau an eleganten Kleidern vor."[62] Nach dem Abendessen versammelten sich alle, um zu plaudern und zu trinken. Diese Zusammenkünfte gingen bis zum frühen Morgen. Keiner durfte sich entfernen. Die Gespräche waren belanglos. Man redete über Richard Wagner und seine Musik oder über Hitlers Hund. Auch Eva Braun war mit ihren Hunden da. Mit am Tisch saßen die Sekretärinnen Johanna Wolf und Christa Schroeder, Eva Braun, Staatssekretär Walter Hewel, Reichsminister Martin Bormann und der Arzt Theo Morell. Auch andere Gäste waren immer wieder dabei. Wenn Generäle und Offiziere zur Lagebesprechung kamen, zog sich Hitler mit ihnen zurück und tauchte nach einigen Stunden wieder auf, um sich im Kreis seiner Gäste dem angenehmen Leben zu widmen.

Traudl Humps und ihre Kolleginnen hatten auch auf dem Berghof nicht viel zu tun. „Fräulein Schroeder und ich, wir beiden Dienst habenden Sekretärinnen, begaben uns in das Büro der Adjutantur, um die anfallenden Büroarbeiten zu erledigen. Es waren meist Fliegermeldungen aus ganz Deutschland durch Fernschreiber eingetroffen, die für den Führer deutlich lesbar abgeschrieben werden mussten. Außerdem trafen in den letzten Märztagen bereits die ersten Glückwunschschreiben und Geschenke für des Führers Geburtstag ein."[63] Auch die Flut der Geburtstagsglückwünsche zeigt, wie viel Rückhalt Hitler in der Bevölkerung hatte. Die Essensgeschenke, die Hitler zu seinem Geburtstag bekam, wurden jedoch vernichtet, weil befürchtet wurde, dass sie vergiftet waren. „Ich beteiligte mich ausgiebig bei dieser Vernichtungsaktion, indem ich die Herrlichkeiten ihrem Bestimmungszweck zuführte."[64]

Im Juni 1943 heiratete Traudl Humps Hans-Hermann Junge. Er war Offizier der Waffen-SS und Hitlers persönlicher Diener. Ein Jahr später war sie bereits Witwe. Ihr Mann ging auf eigenen Wunsch an die Front, um von Hitler wegzukommen. Er fiel im August 1944 in der Normandie.

Die Sekretärinnen hatten keine regelmäßigen Arbeitszeiten, sondern mussten nur bereitstehen, wenn sie gebraucht wurden. Sie waren vor allem Gesellschaftsdamen, die Hitler eine angenehme Ablenkung bescheren sollten, genau wie die anderen Gäste, die auf den Berghof kamen. Wenn Hitler seinen Mittagsschlaf machte oder bei der Lagebesprechung war, sahen sich die anderen Filme an. Eva Braun zeigte ihre selbst gedrehten Filme oder ließ Spielfilme vorführen. „Darunter waren auch ausländische Filme, die in der Öffentlichkeit nicht gezeigt werden durften. Die Dienststelle des Führerhauptquartiers bekam die Filmrollen direkt vom Propagandaministerium, und es war auch mancher deutsche Film darunter, den wir vor der Zensur sehen konnten und der später nie freigegeben wurde."[65] Hitlers Mitarbeiter, die Sekretärinnen und die Gäste vergnügten sich auf dem Berghof, speisten gut, hörten Musik, sahen sich Filme an, gingen spazieren und klagten über die Langeweile bei Hitlers uninteressanten Gesprächen. Die grausame Wirklichkeit, die Verfolgung der Juden, die Folter und Ermordungen in den KZs und das Kriegsgeschehen, sollte ferngehalten werden. Nichts sollte die Bergidylle trüben. Als ein Gast die grausame Wirklichkeit ansprach, erstarrten alle: „Einmal war auch Hoffmanns Tochter, die Frau Baldur von Schirach anwesend. Sie war eine nette, natürliche Wienerin, die reizend plaudern konnte, die ihren Besuch aber sehr schnell abbrechen musste, weil sie während der Teeunterhaltung eine sehr unangenehme Situation heraufbeschworen hatte. Ich selbst habe die Szene nicht miterlebt, aber Hans Junge hat sie mir geschildert. Sie sagte plötzlich, während Hitler mit seinen Gästen am Kamin saß: ‚Mein Führer, ich habe kürzlich in Amsterdam einen Zug deportierter Juden gesehen. Es ist entsetzlich, wie diese armen Menschen aussehen, sie werden sicher sehr schlecht behandelt. Wissen Sie das, und erlauben Sie das?‘ Es entstand eine peinliche Stille. Hitler erhob sich kurz darauf, verabschiedete sich und zog sich zurück. Am nächsten Tag fuhr Frau von Schirach nach Wien zurück, und der Vorfall wurde mit keiner Silbe erwähnt.“[66] Offenbar wussten alle von den Deportationen ins KZ. Niemand war überrascht. Niemand fragte nach. Frau Baldur von Schirach reiste ab und das Leben unter der Glasglocke konnte weitergehen. Diese Begebenheit zeigt auch, wie blind Hitlers Anhängerschaft war. Viele sahen nicht, dass die Verfolgung und Ermordung von Juden und anderen missliebigen Menschen von Hitler befohlen worden war, sondern glaubten, er wisse davon nichts.

Nach einigen Wochen auf dem Berghof ging es wieder zurück zur Wolfsschanze nach Ostpreußen. Doch auch da hatten die Sekretärinnen nicht viel zu tun, zumal Hitler wieder seine frühere verheiratete Lieblingssekretärin Gerda Christian eingestellt hatte, deren Mann im Krieg war. Deshalb wandten sie sich an Hitler: „Fräulein Wolf und ich begannen daraufhin einen Vortrag, dass wir ein schlechtes Gewissen verspürten, wenn wir hier fast nur noch als Gesellschaftsdamen zu fungieren hatten und der Führer so selten diktierte. Wir meinten, wir könnten vielleicht in Berlin oder in irgendeiner anderen Stellung viel nützlicher sein. Schließlich lebten wir mitten im Krieg, und unsere Angehörigen hatten unter den Verhältnissen sehr zu leiden. Aber wir erreichten gar nichts: ‚Meine Damen, Sie können nicht beurteilen, ob Ihre Arbeit oder Ihre Anwesenheit bei mir nützlich ist. Glauben Sie mir, Ihr Dienst bei mir ist weitaus wichtiger als in irgendeiner Firma Briefe zu schreiben oder in einer Fabrik Granaten zu drehen. Und in den paar Stunden, in denen Sie für mich schreiben oder mir Kraft und Erholung geben, dienen Sie Ihrem Volk am besten.'"[67] Hitler zu dienen und für sein persönliches Wohl zu sorgen, sah er als Dienst an der Bevölkerung an.

In den ersten Novembertagen 1944 zog die ganze Truppe von der Wolfsschanze nach Berlin, weil die Russen nahten. Am 20. April 1945 war Hitlers 56. Geburtstag. Die ersten russischen Panzer standen vor Berlin. „Abends saßen wir zusammengepfercht im kleinen Arbeitszimmer. Hitler war schweigsam und starrte vor sich hin. Er glaubte selbst nicht mehr an den Sieg. Bis zuletzt hat er Siegesparolen verbreitet. Hat an neue Technik geglaubt, hat Pläne entworfen, wie toll er nach dieser Zerstörung alles aufbauen würde. Er selbst hat sich nicht die Verwüstung vor Ort angesehen, sondern nur

Fotos angeschaut. Und hat sich kaum mehr an die Öffentlichkeit gewandt, so dass das Gerücht umging, er sei tot."[68]

Viele der Mitarbeiter gingen weg oder wurden weggeschickt. „Wagenkolonnen und Flugzeuge starteten ununterbrochen in südlicher Richtung. Auch Fräulein Wolf und Fräulein Schroeder, die beiden anderen Sekretärinnen, waren unter den Scheidenden. Fräulein Wolf hatte Tränen in den Augen, als sie Abschied nahm, als fühlte sie, dass es kein Wiedersehen mit Hitler, der 25 Jahre [tatsächlich 16 Jahre] lang ihr Chef gewesen war, mehr geben würde. Einer nach dem anderen reichte Hitler zum Abschied die Hand. Nur die wichtigsten Verbindungsoffiziere blieben zurück."[69] Hitler schickte die Frauen weg. Eva Braun sagte, dass sie bei ihm bleiben würde, und auch Traudl Junge versicherte: „Ich will es gar nicht sagen, aber es kommt von selbst; ich will nicht hier bleiben und ich will nicht sterben, aber ich kann nicht anders. ‚Ich bleibe auch', sage ich."[70] Hitler hatte Traudl Junge in seinen Bann gezogen, sodass sie nicht mehr fähig war, eine Entscheidung zu treffen, die ihren eigentlichen Wünschen entsprach. Dann planten Hitler und Eva Braun ihren Selbstmord. Hitler wollte sich erschießen. „‚Ich will eine schöne Leiche sein', sagte Eva Braun, ‚ich nehme Gift.' Und sie zog aus der Tasche ihres eleganten Kleides eine kleinere Messingkapsel mit einer Phiole Zyankali. ‚Ob es sehr wehtut? Ich habe solche Angst davor, lange leiden zu müssen', gestand sie."[71] Hitler erklärte, dass der Tod durch dieses Gift völlig schmerzlos sei. „Und dieses ‚tröstliche' Bewusstsein veranlasste Frau Christian und mich, den Führer ebenfalls um eine solche Ampulle zu bitten. Er hatte zehn Stück von Himmler bekommen, und als wir ihn nach dem Essen verließen, gab er uns persönlich je eine mit den Worten: ‚Es tut mir sehr leid, dass ich Ihnen zum Abschied kein schöneres Geschenk machen kann.'"[72] Nachdem Hitler und Eva Braun sich umgebracht hatten und die Leichen auf Hitlers letzten Befehl verbrannt wurden, erwachte der Lebenswille von Traudl Junge wieder: „Plötzlich fühle ich etwas wie Hass und ohnmächtige Wut gegen den toten Führer in mir aufsteigen. Ich bin selbst erstaunt darüber, denn ich wusste doch, dass er uns verlassen würde. Aber diese Leere und Ratlosigkeit, in der er uns zurückgelassen hat! Nun ist er einfach weggegangen und mit ihm ist auch der hypnotische Zwang verschwunden, unter dem wir gelebt haben."[73]

Traudl Junge flüchtet mit einigen anderen aus dem Bunker, doch sie wurde gefasst und kam in kurze Gefangenschaft, bei der ihr auch die Giftkapsel abgenommen wurde. Danach arbeitete sie wieder als Sekretärin. Traudl Junge wurde nie auf ihr früheres Leben angesprochen. Dass sie Hitlers Sekretärin war, wurde totgeschwiegen.

Sekretärinnen in Auschwitz

Während Traudl Junge als Sekretärin von Hitler mitten im Krieg gesellige Abende bei Musik und gutem Essen verbrachte, lange Spaziergänge in der Natur unternahm und die bayerische Bergwelt genoss, gab es zur gleichen Zeit Sekretärinnen, die in der Hölle lebten. In Auschwitz wurden jüdische Sekretärinnen und Bürokräfte in der Verwaltung eingesetzt, um Todeslisten zu schreiben. Sie bekamen durch ihre Arbeit einen vollständigen Einblick in die Vernichtungsmaschinerie. Man wählte gezielt Jüdinnen, weil sie Auschwitz niemals lebend verlassen würden. Das, was hinter den Mauern und dem Stacheldraht geschah, durfte nicht nach außen dringen. Doch einige der jüdischen Sekretärinnen hatten überlebt und erzählten Jahrzehnte später über ihre unmenschliche Arbeit. Sie sollen hier ausführlich zu Wort kommen.

Irene Schwarz wurde 1914 in Schlesien geboren und wuchs in Krakau auf. Sie arbeitete als Fremdsprachensekretärin in einer Bank. Dann kamen die Deutschen und errichteten ein Ghetto. Im Mai 1942 wurde Irene nach Auschwitz deportiert. „Täglich trafen neue Transporte von überallher aus Europa ein. Jeden Morgen war Appell. Alle mußten zur Zählung draußen stehen, ungeachtet des Schnees, der Kälte oder des Regens. Dann marschierten die Kommandos an die Arbeit, trugen Backsteine, bauten Straßen usw. Wir mußten in Fünferreihen marschieren. Nächst und hinter uns liefen SS-Männer mit Gewehren, die uns ständig anschrien. Einige hatten auch große Hunde, die sie auf uns angesetzt hätten, wenn wir gewagt hätten, uns aus der Reihe zu bewegen. Nach ungefähr sechs Wochen in dieser Hölle traf ich eine Freundin, die in der Schreibstube des Krankenhauses arbeitet, wo ein paar deutsche Häftlinge Bürodienst taten. Ich bat sie, mich wissen zu lassen, wenn dort was frei würde. Glücklicherweise erkrankte kurz darauf eine Maschinenschreiberin an Typhus und ich wurde als Ersatz genommen. Von der Zeit an arbeitete ich in Nachtschicht im Revier des Frauenlagers in Birkenau, zusammen mit zwanzig anderen jüdischen Sekretärinnen."[74] Die Arbeit in der Schreibstube war zwar körperlich weniger hart, aber auf eine andere Art grausam. „Die Nachtschicht begann um sieben Uhr abends und endete um sechs Uhr morgens, genau zur Appellzeit. Jede Nacht mußten wir Totenscheine tippen. Für jeden toten Häftling mußte nach speziellen Regelungen eine Karte erstellt werden. Die Todesstunde musste angegeben werden, denn die Anweisung erlaubte nur einen Todesfall alle zwei Minuten. [...] Die Schreiberinnen konnten jegliche Zeit und irgendeine der 34 vorgeschriebenen Krankheiten für den Tod des Opfers wählen. Üblicherweise zogen sie Herzversagen vor, weil das kurze deutsche Wort es erleichterte, die Quoten zu erfüllen. Die Karte mußte akkurat ausgefüllt werden, obwohl die Information völlig falsch war, da die Todesursache immer die Gaskammer war. Diese Dokumente wurden mit der Unterschrift eines SS-Arztes vervollständigt, und dann wurden Telegramme mit der Nachricht vom Ableben des Häftlings versandt."[75]

Wenn die Sekretärinnen die Quote nicht erfüllten, drohte ihnen der Block 25. Dort waren die Häftlinge untergebracht, die für die Gaskammer bestimmt waren. „Jede Nacht verlangte es mich danach, wenigstens einmal die Wahrheit zu schreiben, damit sie bekannt würde", erzählt Irene Schwarz. „Konnte ich nicht einfach schreiben, daß dies eine Lüge war, eine Erfindung des Teufels? Daß dieses Leben absichtlich ausgeblasen worden war, um die Quote für den Kamin zu erfüllen?"[76]

Die Sekretärinnen bekamen wie die anderen Häftlinge kaum etwas zu essen, aber ihnen wurden bessere Hygienebedingungen zugestanden, weil die SS-Männer Angst hatten, dass die Bürokräfte krank würden und sie sich anstecken könnten.

Lore Shelley wurde 1924 in Lübbecke/Westfalen geboren. Sie verließ das Gymnasium, um in einer Höheren Handelsschule Sekretärin zu lernen, weil sie damit die Chance hatte, auszuwandern. Doch sie wurde nach Auschwitz deportiert. Als ein SS-Mann nach Häftlingen suchte, die Maschinenschreiben konnte, wurde Lore Shelley ausgewählt. Zunächst arbeitete sie in einem Schreibbüro und erstellte Listen ermordeter Häftlinge. „Schließlich wurde ich ‚befördert' und tippte Beileidsschreiben, die an die Angehörigen der reichsdeutschen, nicht jüdischen verstorbenen Häftlinge gesandt wurden – vorwiegend Kriminelle und Prostituierte, aber auch politische Häftlinge, Homosexuelle und Bibelforscher (Zeugen Jehovas). Diese Briefe mußten individuell getippt werden. Das Zeitalter der automatischen Textverarbeitung hatte noch nicht begonnen und Formulare waren nicht erlaubt. Kein einziger Fehler oder ein ausradierter Buchstabe wurde zugelassen. Die Briefe folgten einem Standardschema und wurden vom Lagerkommandanten persönlich unterschrieben. Hier ist ein Beispiel:

‚Sehr geehrter Herr...

Ihr Sohn meldete sich am ... krank und wurde am ... in den Krankenbau eingeliefert. Trotz aller medikamentösen und pflegerischen Behandlung gelang es nicht, der Krankheit Herr zu werden. Er verstarb am ... um ... Uhr. Ich spreche Ihnen zu diesem Verlust mein Beileid aus. Die Lagerverwaltung ist beauftragt, die Urne sowie den Nachlass an Sie abzusenden.

Hochachtungsvoll

Gez.... Kommandant von Auschwitz'"[77]

Die Urne wurde an die Angehörigen verkauft und erst verschickt, wenn das Geld eingetroffen war. Dabei wurde irgendeine Asche, die es reichlich gab, in die Urne gefüllt. Die Sekretärin Lilli Kopecky, geb. 1913 in Brünn, erzählte: „Meines Wissens wurden diese Urnen nur von einem SS-Mann und mir gefüllt. In der Woche nahm mich Unterscharführer Albrecht in das alte Krematorium von Auschwitz mit, wo ich allen Dreck auffegte, den ich finden konnte und in die Urnen schüttete. In meiner Gegenwart setzt er auf jede einen Deckel und versiegelte sie."[78]

Hermine Markovits wurde 1921 in Bratislava geboren. Sie besuchte drei Jahre die Handelsakademie und arbeitete danach in einem großen Betrieb als Sekretärin. Ende März 1942 wurde sie nach Auschwitz deportiert. Nach der grausamen Aufnahmeprozedur wurde sie zu schwerer Arbeit eingeteilt. Als sie sich am Bein verletzte, wäre sie beinahe in die Gaskammer transportiert worden, wenn nicht eine Ärztin gesagt hätte, dass ihre Verletzung nur eine kleine Sehnenzerrung sei, die schnell vorüber gehe. Dann schien sich ihre Lage zu bessern: „Ich kam zum Tor und sah eine ganze Gruppe von Frauen und erfuhr, daß man Bürokräfte suchte. Ich habe mich ebenfalls angestellt wie die anderen. Inzwischen hatte man aber schon die ersten zehn genommen, und es hieß, die anderen könnten abtreten. Als wir im Begriff waren fortzugehen – ich war die Letzte – schrie die Mandel [Oberaufseherin]: ‚Du mit dem schlimmen Bein, komm zurück.' So bin ich auf die Schreibstube gekommen, und zwar in das Standesamt der Politischen Abteilung."[79] Warum sie doch noch genommen wurde, wusste sie nicht. Im KZ waren die Entscheidungen willkürlich.

Walter Quakernack war Oberscharführer und Direktor des Standesamtes. „Wir mußten die Totenscheine in große Bände heften. Quakernack entschied, daß ich diese Bücher beschriften mußte, weil ich eine schöne Handschrift hatte. Das war der Anfang meiner Karriere beim Quakernack, dessen persönliche Schreiberin ich wurde. Kurz danach – ungefähr im Mai 1942 – wurde ich krank und ins Revier eingeliefert. Jeden Montag und Donnerstag war dort Selektion. Die SS-Schwester kam – ich glaube, sie hieß Erika –, und jeder mußte runter von der Koje. Die Nummern derjenigen, die nicht konnten, wurden aufgeschrieben, und wir wußten, die waren für die Gaskammer bestimmt. Ich konnte nicht runter vom Bett. Die SS-Schwester fragte ‚Wo arbeiten Sie?' ‚Im Standesamt.' ‚Ach, das ist die vom Quakernack, die können wir ja nicht nehmen.' So wurde mein Leben wiederum gerettet."[80]

Danach arbeitete sie wieder für Quakernack im Standesamt. „Am 7. September 1942, kurze Zeit, nachdem ich aus dem Revier (aus der Krankenstation) entlassen war, sagte Quakernack zu mir: ‚Kommen Sie mit.' Er nahm mich mit in die Gaskammer und gab mir den Befehl, die Vergasten laut ihrer tätowierten Häftlingsnummer zu registrieren. Der siebte Tote, den ich fand, war mein Vater. Ich habe nicht geweint, ich bin weiter gegangen und habe andere Nummern registriert, aber ich bin immer wieder zu der Leiche meines Vaters zurückgekehrt. Da sagte mir Quakernack: ‚Was haben Sie dort verloren, was gehen Sie dort immer wieder zurück?' ‚Nichts, Herr Oberscharführer, nur meinen Vater.' Da hat er mir auf die Schulter geklopft und gesagt: ‚Mädchen, hier darf man nicht fühlen und nichts denken, hier muß man eine Maschine sein.' Ich habe die Registrierung beendet, und wir sind ins Büro zurückgegangen. Als ich eintrat, sagte Juci Földi: ‚Was ist passiert, wie siehst du aus?' Erst dann fing ich an zu schluchzen."[81]

Als Hermine Markovits einmal ein Gedicht auf der Schreibmaschine geschrieben hatte und deshalb bestraft werden sollte, wurde sie ins Büro von Quakernack gerufen. „In seinem Privatzimmer hat er mir einen Vortrag gehalten, daß es im Lager verboten sei, Gedichte zu schreiben. ‚Also, was soll ich mit Ihnen machen?' ‚Ich weiß nicht, Herr Oberscharführer.' Da nahm er einen Stock und schlug auf den Tisch, und ich habe ihn immer angeschaut und wußte nicht, was er von mir wollte. ‚Na, schreien Sie doch, daß die da draußen das hören.'"

Als Quakernack versetzt wurde, nahm er Hermine Markovits mit. Doch kurz darauf erkrankte er an Fleckfieber. Nachdem Quakernack wieder gesund war, wurde er in ein Außenlager versetzt, in dem es keine weiblichen Häftlinge gab und in das er seine Sekretärin nicht mitnehmen konnte. Er besuchte Hermine Markovits im Büro und fragte, wie sie mit ihrem neuen Chef klarkommen würde: „Ich fühlte mich sicher genug, ihm zu sagen, daß Erber und ich uns nicht so gut verstünden."[82] Quakernack sicherte ihr zu, dass er für sie sorgen würde. Und tatsächlich wurde sie versetzt. Sie kam wieder in die Abteilung Standesamt. Ihr neuer Chef war Kriminalobersekretär und hieß Anton Brose. „Brose war hochanständig. Er hat mich immer wie eine Dame behandelt und brachte mir häufig Essen von seiner Frau mit. Wenn wir irgendwohin zur Vernehmung gingen, hat er meine Schreibmaschine getragen: ‚Ich lasse mich doch von keiner Dame bedienen. Sie können nichts dafür, daß Sie als Jüdin geboren wurden, und ich kann nichts dafür, daß ich als Deutscher zur Welt kam.'"[83] Offenbar versuchte er auch anderen Häftlingen zu helfen und ihr Leben zu retten: „Eines Tages kam ein gewisser Prof. Mansfeld aus Budapest zur Vernehmung zu Brose, ein Arzt, der wegen seiner kommunistischen Tätigkeit zu verhören war. Mansfeld machte keinen Hehl aus seiner kommunistischen Betätigung. Brose diktierte: ‚Schreiben Sie, Herma: ‚Ich bin Arzt, habe mich niemals politisch betätigt, sondern ausschließlich der Wissenschaft gewidmet.' Der Professor – Bela oder Geza war sein Vorname – antwortete: ‚Das habe ich nicht behauptet.' Brose schrie ihn an: ‚Mensch, lassen Sie sich doch helfen.'"[84]

Im Lager gab es auch viele Intrigen. Auch Hermine wurde Opfer einer Intrige: „Am 22. August 1944 erzählte unser Kapo, Edith Grünwald, ihrem Chef, Oberscharführer Kirschner, daß ich Begebenheiten aus der Politischen Abteilung in unserm Block verraten hätte. Brose mußte damals nach Kattowitz, und ich saß allein im Zimmer und arbeitete. Plötzlich kam Kirschner herein: ‚Mitkommen' – und man transportierte mich in die Gaskammer nach Birkenau. Zu meinem Glück kam Brose früher als geplant zurück und fragte Edith Vesely: ‚Wo ist meine Schreiberin?' Obwohl Edith Vesely Angst hatte (jeder hat Edith Grünwald gefürchtet), schilderte sie ihm die Vorgänge. Darauf lief Brose sofort zur Fahrbereitschaft, setzte sich in den gleichen Wagen, mit dem er aus Kattowitz gekommen war, und fuhr geradewegs zur Gaskammer. Er kam gerade rechtzeitig, eine Sekunde bevor man die Tür schloß. Ich saß nackt inmitten einer großen Gruppe von Menschen, die vergast werden sollten. ‚Hirschler, komm raus!', schrie er. Ich weiß nicht mehr, wie ich meine Kleider fand und wie ich mich anzog. Ich weiß nicht mehr, ob ich mit dem Auto in die Kommandantur zurückkehrte oder nicht. Ich hatte einen totalen Schock."[85]

Aus Wut über ihre Rückkehr und aus Rache hatte Kirschner ihr die Haare abschneiden lassen. Sie war die Einzige in ihrem Kommando, die einen rasierten Kopf hatte.

Hermine war an SS-Männer geraten, die in dieser Hölle noch einen Funken Menschlichkeit zeigten. Und dennoch bedienten sie den brutalen Machtapparat. „Der Quakernack war zu mir anständig, er hat mir mit dem Essen geholfen, aber er war ein Mörder wie fast alle hier.“[86] Quakernack war wie die anderen allzu sehr bereit, zu schießen, wenn es wieder eine Exekution oder „Bunkerleerungen“ gab.

Hermine lebte ständig in großer Angst: „Als Geheimnisträgerinnen wußten wir nie, ob man uns in den Block oder in die Gaskammer brachte.“[87]

Über all das, was im Nationalsozialismus geschah, wurde in den 1950er-Jahren geschwiegen. Nicht nur die Täter und Mitläufer schwiegen, sondern auch die Opfer, denn keiner interessierte sich für ihre Geschichte. So schwiegen auch die Sekretärinnen von Auschwitz jahrzehntelang und versuchten, zu vergessen. Ihnen erging es wie Max Mannheimer (1920–2016), Überlebender der Konzentrationslager Auschwitz, Warschau und Dachau, der in seinen Erinnerungen schrieb: „Was hinter mir lag, versuchte ich zu verdrängen. Nur meine Träume holten mich immer wieder ein.“[88]

Trotz des Schweigens und Verdrängens in der Bevölkerung ragte der Schatten des Nationalsozialismus in die 1950er-Jahre hinein.

11. Der Schatten des Nationalsozialismus – Verdrängung in den 1950er-Jahren

In den 1950er-Jahren war der Nationalsozialismus für viele kein Thema mehr. Und dennoch waren seine Spuren da, wie ein Tagebucheintrag von Doris zeigt: „In der Hamburger Übernachtung schlafe ich ja bekanntlich schlecht. Muß ich da letzthin beim Aufstehen morgens entdecken, daß aus dem DB-Wäschestempel meines Bettbezuges ein Hakenkreuz sich erlaubt, mir ins Auge zu stechen. Kein Wunder also, daß ich in Hamburg schlecht schlafe, wenn mir statt eines sanften Ruhekissens ein solches Kreuz zugemutet wird!" Die Bettwäsche mit dem Hakenkreuz wurde 1959 immer noch verwendet. Die Wäscherei wusch die Bettwäsche mit dem Hakenkreuz, sie wurde gemangelt und das Personal überzog die Betten damit. Es zeigt, wie gleichgültig man mit dem Nationalsozialismus umging. Auch die Reaktion von Doris zeigt, dass die Nazi-Symbolik, die ja verboten war, nicht wichtig genug genommen wurde, um sich bei der Bundesbahn zu beschweren. Das Hakenkreuz war die unangenehme Erscheinung einer vergangenen Zeit, die man am liebsten vergessen wollte.

Verdrängen und Vergessen

Die jüdische Philosophin Hannah Arendt (1906–1975), die in die USA emigriert war, beobachtete diese Verdrängung bei ihrem Deutschlandbesuch 1950 mit großem Befremden. Nirgendwo in Europa würde der Alptraum des Schreckens weniger verspürt und nirgendwo weniger über das Grauen des Nationalsozialismus gesprochen als in Deutschland. Die Gleichgültigkeit, mit der sich die Deutschen zwischen den Trümmern bewegten, entspreche der, die sie auch gegenüber den Toten hatten. Statt Trauer sei „die Geschäftigkeit ihre Hauptwaffe bei der Abwehr der Wirklichkeit geworden".[89]

Die Deutschen setzten sich mit dem Nationalsozialismus, ihrer Schuld und dem Leiden, das sie über Millionen von Menschen gebracht hatten, nicht auseinander. Auch die Entnazifizierung hatte kein Schuldbewusstsein bewirkt. Die DDR vermittelte den Eindruck, dass mit der Entnazifizierung und der Gründung eines sozialistischen Staates mit der braunen Vergangenheit aufgeräumt wurde, doch tatsächlich saßen auch in der SED viele ehemalige NS-Parteigenossen. Und auch in der DDR wurde über die Vergangenheit geschwiegen, genau wie in der BRD. Die Jüdin und Holocaust-Überlebende Inge Deutschkron erlebte in Westdeutschland das Schweigen in den 1950er-Jahren als sehr belastend. „Der Geist des Nationalsozialismus lebte überall fort, und die meisten Deutschen fanden nichts dabei."[90] Sie empfand sich als ein Störenfried. Die Menschen wollten nicht mit ihrer Schuld konfrontiert werden. „Die Deutschen fühlten sich ja selbst als Opfer."[91] Viele sagten zu ihr, sie solle vergessen. Man müsse auch vergeben können.

Die Deutschen stellten ihr eigenes Leiden in den Mittelpunkt. Sehr viele blendeten das Leid, das Deutschland über andere gebracht hatte, völlig aus. Bei vielen fehlte das Bewusstsein, dass die Ursache ihres Leidens nicht von den Alliierten, sondern von dem Naziregime verursacht wurde, das diesen brutalen Vernichtungskrieg angefangen hatte. Viele Deutsche litten unter dieser Diktatur, doch es gab noch mehr Deutsche, die diesem Regime zur Macht verholfen hatten. In den 1950er-Jahren verdrängten diese ihre Begeisterung für den Nationalsozialismus völlig, sodass die Erinnerung mit der Zeit wie ausgelöscht war. Davon erzählt auch Lore Walb. Sie erlebte den Nationalsozialismus als Schülerin, Sekretärin und Studentin der Germanistik, Geschichte und Anglistik. In ihren Tagebüchern bejubelte sie Hitler, als er gewählt wurde: „Und am 29. März [1936] hat das deutsche Volk der Welt gezeigt, dass der Wille des Führers auch sein Wille ist. Von den Wahlberechtigten wählten 98,95 Prozent und 98,79 Prozent gaben ihre Stimme dem Führer! Ein beispielloser Sieg! Wie stolz dürfen wir auf unseren Führer sein; und wie bewundern wir ihn."[92] Den Überfall auf Polen beschrieb sie als kriegerische Notwendigkeit und die Eroberungen feierte sie als Erfolge: „Unsere Truppen gehen wunderbar schnell vor. Die gesamte polnische Schwerindustrie ist nun in unseren Händen", so schrieb die 20-Jährige am 6. September 1939.[93] Als der Krieg eine Wende nahm, notierte sie am 26. Juni 1943: „Nach allen Seiten müssen wir Feinde abwehren –, ungeahnt furchtbar sind die Terrorangriffe geworden."[94] Welches Leid der Terror der Deutschen anderen Nationen zugefügt hatte, sah sie nicht. Auch nachdem der Krieg zu Ende war, fühlte sich Lore Walb als Opfer. Am 1. Mai 1945 schrieb sie: „Wir sind verlassen und allem ausgeliefert und können in unserem Leben nicht wieder aufbauen, was der Krieg vernichtet hat."[95] Doch kurze Zeit später wandte sich Lore Walb, wie die meisten Deutschen, wieder der Zukunft zu. Sie arbeitete zwei Jahre als Sekretärin und dann als Rundfunkjournalistin. 1951 durfte sie an einer dreimonatigen Reise in die USA teilnehmen, einem Reeducation-Programm für ausgewählte Personengruppen wie Rundfunkangestellte. Finanziert wurde das Programm vom amerikanischen Außenministerium. Lore Walb lernte viel über die Demokratie – und erlebte zugleich die Rassentrennung in den USA. Dass Schwarze im hinteren Teil der Busse sitzen mussten und nicht dieselbe Toilette wie Weise benutzen durften, entsetzte sie. Gleichzeitig kam leise in ihr die Frage auf, was die Rassenideologie der Nationalsozialisten angerichtet hatte, aber das verdrängte sie schnell wieder. Lore Walb musste sich auch nicht damit auseinandersetzen, denn keiner redete über die Vergangenheit. Alle schwiegen. In ihrem Beruf als Redakteurin setzte sie sich sehr für sozial benachteiligte Menschen ein. Als Lore Walb in Rente ging, nahm sie sich ihre Tagebücher vor und konnte nicht glauben, was sie dort las. Sie war entsetzt, mit welcher Begeisterung sie Hitler zugejubelt hatte und wie blind sie der Naziideologie nachgefolgt war. Im Gespräch mit einer Therapeutin setzte sie sich in den 1990er-Jahren mit ihren Tagebüchern auseinander. Schuldgefühle und eine große Traurigkeit begleiteten diesen Prozess, den sie in ihrem Buch „Ich, die Alte – ich, die Junge. Konfrontation mit meinen Tagebüchern 1933–1945“ niederschrieb.

Hanna Reitsch und die Naziideologie

Während viele Deutsche den Nationalsozialismus verdrängten, indem sie die Vergangenheit totschwiegen und in die Zukunft blickten, gab es in den 1950er-Jahren auch immer noch Menschen, die die Naziideologie und ihr eigenes Mitwirken verteidigten. Dazu gehört die berühmte Fliegerin Hanna Reitsch. Sie war überzeugte Nationalsozialistin und begeisterte Hitler-Anhängerin. Für ihre aufsehenerregende Erfolge und Rekorde als Testfliegerin bekam sie von Hitler das Eiserne Kreuz I. und II. Klasse verliehen. In den letzten Kriegstagen, als Berlin bereits in Flammen stand, brachte Hanna Reitsch bei einem spektakulären Flug den designierten Oberbefehlshaber der Luftwaffe, Robert Ritter von Greim, zu Hitler in seinen unterirdischen „Führerbunker“. Nach Kriegsende wollten amerikanische Journalisten wissen, wie sie Hitler in seinem Bunker erlebt hatte und wie ihre Einstellung zum Nationalsozialismus war. Sie waren überzeugt, dass die weltberühmte Fliegerin, die erste Flugkapitänin der Welt, im Grunde ihres Herzens gegen Hitler war und erwarteten „sensationelle Enthüllungen“. In ihren Erinnerungen schreibt Hanna Reitsch über ein Interview mit einem Journalisten 1945: „Ich hätte nichts zu enthüllen, sagte ich klar, und hätte nichts gegen mein Land und seine Regierung auszusagen, da brauche er sich gar keine Hoffnungen zu machen.“[96] Und selbst als der Journalist fragte, ob sie mit ihrem

Einsatz für Adolf Hitler gegen ihr Gewissen gehandelt habe, antwortete sie: „Nein, vollkommen freiwillig. Im Übrigen habe ich für mein Land genauso selbstverständlich gekämpft wie Sie für das Ihre. Vor dieselbe Situation gestellt, würde ich ganz genauso wieder handeln, wie ich es tat, und wie es in jedem Land der Welt als ehrenhaft gelten würde." Auf die Frage nach den Verbrechen, die Adolf Hitler begangen hatte, antwortete sie: „Ich weiß nur von einem ungeheuer tragischen Krieg, der auf allen Seiten viele Opfer forderte. Wer und was diesen Krieg verursacht hat, kann ich noch nicht beurteilen." Dabei war der Angriffskrieg von Hitler eine unleugbare Tatsache. Dieses Interview schilderte Hanna Reitsch in ihren Memoiren von 1978. Immer noch ohne Reflexion und ohne Schuldbewusstsein. Wie auch in ihren anderen Büchern, die sie über ihr Leben geschrieben hat.

Wie sehr Hanna Reitsch in den 1950er-Jahren an der nationalsozialistischen Ideologie festhielt und wie unbelehrbar sie war, selbst gegenüber Opfern des Nationalsozialismus, zeigt eine weitere Begebenheit, die sie in einem ihrer Bücher schildert.

1949 begegnete sie Yvonne Pagniez, einer Französin, die in der Resistance gegen den Nationalsozialismus kämpfte und deswegen ins Konzentrationslager nach Ravensbrück deportiert wurde. Nach einem Vortrag von Yvonne Pagniez sagte Hanna Reitsch zu ihr, dass sie im KZ sicher viel Schweres durchgemacht habe, doch dass auch die Deutschen in französischen Gefangenenlagern gelitten hätten. Als Yvonne Pagniez entrüstet reagierte, wie sie denn beides auf die gleiche Stufe stellen könne, antwortete Hanna Reitsch: „Ja, darf der Besiegte nicht die Wahrheit sagen?" Ihre „Wahrheit" war immer noch, dass der Nationalsozialismus ein Rechtsstaat war. Trotzdem lud Yvonne Pagniez Hanna Reitsch 1950 zu sich in die Bretagne ein. Als gläubige Katholikin war für die Widerstandskämpferin Vergebung und Versöhnung wichtig. Schon unmittelbar nach Kriegsende engagierte sich Yvonne Pagniez für die deutsch-französische Freundschaft, trotz allem, was ihr von den Deutschen angetan wurde.[97] Bei einem Spaziergang fragte Hanna Reitsch die Französin, weshalb sie im Konzentrationslager war. Yvonne Pagniez erklärte, dass sie als Agentin Informationen weitergegeben und englischen Fliegern zur Flucht verholfen habe. In ihrem fanatischen Verständnis von Vaterlandsliebe und Nationaltreue erklärte Hanna Reitsch der Französin. „Yvonne, daß du dies aus Liebe zu deinem Vaterland tatest und wagtest, ist prachtvoll und mutig und anerkennenswert. Aber daß du erstaunt bist, daß dich die deutsche SS, die davon erfahren hatte, verhaftete und sofort einsperren ließ, das heißt in ein deutsches Arbeitslager, später KZ genannt steckte, ist doch wohl nicht zu verwundern. Du müßtest jeden Tag Gott auf Knien danken, daß die Deutschen dich nicht erschossen haben. Sie hätten dich vor ein Kriegsgericht stellen und dich zum Tode verurteilen können. Dies haben sie nicht getan, sondern sie haben dir durch das Einsperren in ein Lager nur dieses für Deutschland gefährliche Handwerk unmöglich gemacht."[98] Bis weit über die 1950er-Jahre hinaus verteidigte Hanna Reitsch das Vorgehen der SS und war der Überzeugung, dass es während des Nationalsozialismus Recht und Gesetz gab, nach dem die deutschen Machthaber handelten. Und die Konzentrationslager bezeichnete Hanna Reitsch als Arbeitslager, obwohl diese Lager von Anfang an Konzentrationslager genannt wurden, schon als 1933 das erste Lager in Dachau errichtet wurde. Sie ignorierte völlig, dass in den Konzentrationslagern Menschen vergast oder auf andere Weise ermordet wurden. Hanna Reitsch hatte mit der Französin eine Zeitzeugin vor sich, die selbst erlebt hatte, was hinter dem Stacheldraht geschehen war, doch Hanna Reitsch wollte gar nicht wissen, was Yvonne Pagniez im Konzentrationslager erlebt hatte. Sie war der Ansicht, dass Yvonne Pagniez aus lauter Gnade nicht zum Tode verurteilt wurde und verkannte, dass das Konzentrationslager einer Todesstrafe gleichkam. Nur wenige haben das KZ überlebt. Dass Yvonne Pagniez dazugehörte, gleicht einem Wunder. Sie erlebte im KZ Ravensbrück unvorstellbare Grausamkeiten, über die sie später kaum ein Wort verlor. Ihr christlicher Glaube war für sie ein Anker. Sonntags traf sie sich heimlich mit anderen Häftlingen, um Gottesdienst abzuhalten und zu beten. Um dieser Hölle zu entkommen, plante sie einen Ausbruch. Nachdem sie zwischenzeitlich im Außenlager Torgau in Sachsen war und wieder zurück nach Ravensbrück deportiert werden sollte, konnte sie aus dem Deportationszug fliehen. Doch nach monatelanger Flucht durch Deutschland wurde sie in Konstanz verhaftet und kam ins Gefängnis nach Schwäbisch Gmünd. Kurz bevor sie wieder ins KZ Ravensbrück zurücktransportiert werden sollte, wo der sichere Tod auf sie wartete, war der Krieg zu Ende.

Hanna Reitsch verlangte von Yvonne Pagniez sogar, dass sie die Naziherrschaft verteidigen und in der Öffentlichkeit klarstellen sollte, dass sie durch eigene Schuld ins KZ kam: „Ich bitte dich aber, gefährde unsere Freundschaft nicht. Sie kann nur bestehen bleiben, wenn du offen und freimütig zu allen, vor denen du Vorträge hältst oder für die du Berichte schreibst, erklärst, was du für dein eigenes Land als Agentin wagtest und daß du vom deutschen Sicherheitsdienst deshalb verhaftet worden bist. [...] Du bist für deine Taten durch dein eigenes Land entsprechend hoch geehrt worden. Darüber aber ein die Deutschen belastendes Buch zu schreiben, das den Leser glauben läßt, die Deutschen hätten dich unschuldig bestraft, ja, sogar den Eindruck zu vermitteln, daß du ein Martyrium unschuldig zu erleiden hättest, das ist deiner nicht würdig, und es entspricht nicht der Wahrheit."[99] Diese Begebenheit aus den 1950er-Jahren erzählt Hanna Reitsch in einem autobiografischen Buch von 1978! Neben diesem findet sich auch in ihren anderen autobiografischen Büchern keine kritische Auseinandersetzung mit dem Nationalsozialismus und kein Schuldbewusstsein. Im Gegenteil, Hanna Reitsch fühlte sich nach dem Krieg verleumdet und ungerecht behandelt und sah ihre Mission darin, ihr Verhalten und das der Deutschen zu rechtfertigen: „Deshalb müsse ich so rasch wie möglich mein Lebensbuch schreiben, in dem ich mich vor ungezählte Deutsche stellen müßte, die wie ich das Beste gewollt, an das Gute geglaubt und von Verbrechen, wie ich selbst, nichts gewusst haben."[100] Ihr Buch „Fliegen – mein Leben" erschien 1951. Doch sobald es in den Buchläden ausgelegt wurde, verschwand es wieder, weil auf die Buchhändler Druck ausgeübt wurde und sie sogar Morddrohungen erhielten. Es gab in den 1950er-Jahren also nicht nur Menschen wie Hanna Reitsch, die den Nationalsozialismus rechtfertigten, sondern auch welche, die gegen eine Verbreitung der Lügen ankämpften.

Nachdem Hanna Reitsch glaubte, mit dem Schreiben ihres Buches ihre Mission erfüllt zu haben, stürzte sie sich wieder in die Arbeit. In den 1950er-Jahren begann ihre zweite Karriere als Fliegerin. Hanna Reitsch feierte große Erfolge in der ganzen Welt. Sie wurde von Staatsoberhäuptern, Wissenschaftlern und Forschern empfangen und bekam viele Auszeichnungen. Über ihr Leben und ihre herausragenden fliegerischen Leistungen schrieb sie noch weitere Bücher. Eine kritische Auseinandersetzung mit dem Nationalsozialismus fehlt bis zuletzt. Selbst 1978, ein Jahr vor ihrem Tod, sieht sie die Deutschen noch als Opfer und nicht als Auslöser eines brutalen Vernichtungskrieges: „Nun sind schon über dreißig Jahre nach dem Zweiten Weltkrieg vergangen, und die Lügen, die über unser Land verbreitet wurden, scheinen als Geschichte ‚Realität' geworden zu sein. [...] Kein aufrechter Deutscher wird verleugnen wollen, daß auch auf unserer Seite schwere Untaten begangen worden sind. Zu allen Verbrechen aber, die in und nach dem Zweiten Weltkrieg unseren Soldaten und unserer Zivilbevölkerung zugefügt wurden und die dokumentarisch belegt sind, schweigt unser Volk. Über die nach dem Krieg in den Lagern an Deutschen begangenen Folterungen und Tötungen, ja Tötungen von Frauen und Kindern, schweigt unser Volk. [...] Aber viele Deutsche weisen heute noch bei jeder ihnen geeignet erscheinenden Gelegenheit lang und ausführlich auf die ‚eigene deutsche Schuld' hin, selbst da, wo sie keinesfalls bewiesen ist. Ja, man jammert dies oft in würdeloser Weise Ausländern vor."[101] Hanna Reitsch blieb unbelehrbar bis zu ihrem Tod. Selbst als in den 1960er-Jahren die Aufarbeitung begann, stellte sich Hanna Reitsch gegen eine selbstkritische Betrachtung.

Margarete Böß – die Sekretärin von Hanna Reitsch

Hanna Reitsch war eine prominente Anhängerin des Nationalsozialismus. Doch die meisten Deutschen, die den Nationalsozialismus in den Anfängen bejubelten, waren ganz normale Menschen so wie Lore Walb. Etliche von ihnen glaubten auch noch in den 1950er-Jahren der Nazipropaganda, so Margarete Böß, die Sekretärin von Hanna Reitsch. Sie ging auf die Handelsschule, um Sekretärin zu werden. Als im März 1933 nach einer Rundfunkrede von Hitler ein uniformierter Fackelzug durch Karlsruhe zog, schrieb die 15-Jährige in ihr Tagebuch: „Das war aber ein Gejubel! Karlsruhe erobert, es gehört der Braunen Armee. Ich habe zum Fenster rausgebrüllt, immer wieder ‚Heil Hitler'. Das war einfach ein wunderbares Bild." Margarete Böß war beim Bund Deutscher Mädel, stieg zur BDM-Führerin auf und wurde die Sekretärin der Reichsfrauenführerin Gertrud Scholtz-Klink. Dann wechselte sie 1944 jedoch zur Luftwaffe, weil sie „aktiveren Kriegsdienst" leisten wollte, wie sie in ihrem Tagebuch erwähnt. Dort arbeitete sie im Büro und lernte auch Hanna Reitsch kennen, an der sie mit abgöttischer Liebe und Bewunderung hing. Nach dem Zusammenbruch des Nationalsozialismus brach auch für Margarete Böß alles zusammen. Sie hatte nur einen Wunsch: „Hanna, der größten Frau unserer Zeit, dienen zu dürfen." Margarete Böß stellte sich in ihren Dienst als Sekretärin, Haushälterin, Putzfrau, Köchin, Dienstmädchen. Sie sah ihre Aufgabe darin, Hanna zu unterstützen, ihr Buch zu schreiben, um die Deutschen zu verteidigen. Mit großem Eifer stürzte sie sich in ihre neue Aufgabe. Nachdem Margarete Böß blindlings dem Nationalsozialismus gefolgt war, klammerte sie sich nun an Hanna Reitsch und widmete sich ihr mit voller Hingabe. Fünf Jahre lang wohnte sie in einem Dachzimmer über Hanna Reitschs Wohnung. Die Beziehung war äußerst konfliktreich. Hanna Reitsch gab Margarete Böß die Schuld, wenn sie mit ihrem Buch nicht vorankam. Trotz der ständigen Vorwürfe blieb Margarete Böß. Vielleicht, weil sie nicht wusste, wohin sie gehen sollte. Das neu entstehende demokratische Deutschland war nicht ihre Welt. In Hanna Reitsch hatte Margarete Böß immer noch eine Verbündete, die der nationalsozialistischen Ideologie anhing. Erst als 1951 das Buch fertig war, löste sich Margarete Böß von Hanna Reitsch und nahm eine andere Stelle als Sekretärin an.

Auch Margarete Böß setzte sich nicht mit dem Nationalsozialismus auseinander. Sie sah sich nach dem Krieg, wie viele Deutsche, als Opfer. In ihren Tagebüchern geht es vor allem um ihren Alltag, doch wenn sich Margarete Böß über den Nationalsozialismus äußerte, zeigte sie eine erschreckende Uneinsichtigkeit. 1947 empörte sich Margarete Böß über einen Pfarrer, der in einer Jugendgruppe in Anwesenheit eines amerikanischen Soldaten, „von Hitler als dem Gauner" redete. „Wie billig, wie klein und gehässig!! Sitzt mit dem Feind in einem größeren Kreis zusammen und beschmutzt das eigene Nest." Wie wenig das gesamte Ausmaß von Hitlers Grausamkeit in der Nachkriegszeit wahrgenommen wurde, zeigt sich schon daran, dass der Pfarrer von Hitler verharmlosend als „Gauner" redete und Margarete Böß sich selbst an dieser Bezeichnung stieß. Auch der neu gegründeten Bundesrepublik stand sie ablehnend gegenüber. Als am 7. September 1949 in Bonn die konstituierenden Sitzungen von Bundestag und Bundesrat stattfanden, echauffierte sich Margarete Böß über die „Schimpfrede des Alterspräsidenten Loebe auf die Nazis", „sein klares Bekennen zur Schuld der Deutschen zum letzten Krieg und ein Katzebuckeln vor den Westmächten." Sie beklagte weiterhin, dass keine Nationalhymne gespielt wurde: „Keine Nationalhymne, wir haben ja keine mehr, – unsere alte geliebte Melodie ist zerschlagen und verpönt. Aber nur in den Augen der Feinde, – ich sang sie leise vor mich hin, – in uns lebt sie und wird immer leben!" Immer noch sah sie in den Alliierten, die die Deutschen vom Nationalsozialismus befreit hatten, „die Feinde". Ihre Überzeugungen änderten sich auch im folgenden Jahrzehnt nicht. Im Februar 1951 schrieb Margarete Böß in ihr Tagebuch: „Die Rede des Bundestagspräsidenten Dr. Ehlers zum heutigen Volkstrauertag war enttäuschend, – sie können es nicht lassen, in gefangenem und engem Denken über die Zeit zu schimpfen und sie als verbrecherisch bezeichnen, die hinter uns liegt und die noch keiner heut objektiv beurteilen kann." Margarete Böß sah den Nationalsozialismus nicht als Verbrechen an. Es ist schwer zu beurteilen, wie viele Deutsche in den 1950er-Jahren ebenfalls noch so gedacht haben, denn die meisten Menschen haben geschwiegen. Die jahrelange nationalsozialistische Indoktrination war nicht von einem Tag auf den anderen aus den Köpfen der Deutschen verschwunden, sondern schwelte noch lange vor sich hin. Erst in den 1960er-Jahren begann die Aufarbeitung des Nationalsozialismus. Es war die nächste Generation, die den Nationalsozialismus nicht mehr erlebt hatte und die ihre Eltern zur Rechenschaft zog.

12. Protest und Alltag – Sekretärinnen in den 1960er-Jahren

In den 1960er-Jahren begann erneut eine Zeit des Umbruchs. Das, was bisher galt, wurde hinterfragt: die untergeordnete Rolle der Frau, der satte Wohlstand, autoritäre Machtstrukturen und das Schweigen über die Vergangenheit. Die Studentenrevolte und die Emanzipationsbewegung Ende der 1960er-Jahre kämpften für gesellschaftliche Veränderungen.

Die Studenten und Studentinnen protestierten gegen die verkrusteten und autoritären Strukturen in den Universitäten, sie diskutierten über die Theorien der Frankfurter Schule und kritisierten die Konsumgesellschaft. Auch die rigide Sexualmoral stand in der Kritik. Die Studentenbewegung war sehr politisch. Viele demonstrierten gegen den Vietnamkrieg und kämpften für die Demokratisierung oder engagierten sich in der linksgerichteten Außerparlamentarischen Opposition (APO), um ein Gegengewicht zur großen Koalition der Regierung zu schaffen. Der Protest richtete sich auch gegen das Verdrängen des Nationalsozialismus und gegen ehemalige hochrangige Nazifunktionäre, die in der Politik und in der Justiz eine zweite Karriere machen konnten. Heinrich Lübke beispielsweise wurde trotz seiner nationalsozialistischen Vergangenheit zweimal zum Bundespräsidenten gewählt. Die Studentenbewegung setzte mit ihren Forderungen einen Prozess in Gang, bei dem die nationalsozialistische Vergangenheit aufgearbeitet wurde. Söhne und Töchter fragten ihre Väter, wo sie im Nationalsozialismus standen, die Verfolgten und ehemaligen KZ-Häftlinge begannen zu erzählen, weil man ihnen endlich zuhörte und aus dem ehemaligen Konzentrationslager in Dachau wurde eine Gedenkstätte. Dass nach dem Krieg in Dachau in den umgebauten KZ-Baracken bis in die 1960er-Jahre Flüchtlinge und Heimatvertriebene untergebracht wurden, zeigt ebenfalls, wie sehr die nationalsozialistische Vergangenheit verdrängt wurde.

In der Studentenrevolte waren es meistens Männer, die das Wort führten. Auch auf den Fotos von den Protesten sind fast nur Männer zu sehen. Studentinnen waren in der Unterzahl, was auch daran lag, dass viel weniger Frauen als Männer studierten. Zeitgleich zu der Studentenrevolte protestierten Frauen gegen die männlichen Machtstrukturen. Zwei Bestseller beeinflussten die Emanzipationsbewegung: Das Buch von Betty Friedan „Der Weiblichkeitswahn" erschien 1963 in den USA und wurde 1966 ins Deutsche übersetzt. Simone de Beauvoirs Buch „Das andere Geschlecht" erschien bereits 1949 und wurde 1951 ins Deutsche übersetzt. Diese Bücher führten vielen Frauen vor Augen, wie männerdominiert die Gesellschaft war und dass sie sich dagegen wehren müssten.

Die Protestierenden der Studentenrevolte und der Emanzipationsbewegung kamen von der Universität und waren akademisch gebildet. Manche arbeiteten im Journalismus wie Alice Schwarzer. Der Großteil der Bevölkerung arbeitete jedoch nicht in akademischen Berufen. Von der Studentenrevolte bekamen sie nur am Rande etwas mit. Auch Heide Sommer, die erst die Sekretärin, dann die Geliebte und später die Ehefrau des ZEIT-Redakteurs Theo Sommer war, hat diese Zeit nur vage in Erinnerung, obwohl sie im journalistischen Bereich arbeitete: „Die Jahre zwischen 1966 und 1969, also die Zeit vor und während der 68er-Studentenrevolution, habe ich in geistiger und körperlicher Distanz zu den Ereignissen erlebt, die Geschehnisse lediglich im Dunstkreis der mich umgebenden Journalisten in mich aufgesogen. Selber bin ich nicht aktiv gewesen, bei keiner Demonstration mitmarschiert, habe keine Steine gegen Springer geschmissen."[102]

Die revolutionären Gedanken der Emanzipationsbewegung waren für viele in den 1960er-Jahren noch befremdlich. Doris konnte mit Simone de Beauvoirs Buch „Das andere Geschlecht" gar nichts anfangen: „Ich las ‚Le deuxieme sexe' von Simone de Beauvoir. Ich fange immer wieder an, darin zu lesen und lege es wieder entsetzt zur Seite."

Die Emanzipationsbewegung wirkte sich noch wenig auf die Alltagsrealität der Frauen aus. Erst in den 1970er-Jahren zeigten sich die Umbrüche auf breiterer gesellschaftlicher Ebene. In den 1960er-Jahren kämpften junge Frauen immer noch mit den gleichen Problemen wie zuvor: Sie hatten Angst, schwanger zu werden und mussten sich in allen Lebensbereichen gegen die Macht der Männer behaupten.

Schwangerschaft

Ende der 1960er-Jahre forderte die Protestbewegung die sexuelle Befreiung und die Abkehr von der Prüderie der 1950er-Jahre. Dazu trugen auch die Aufklärungsbücher von Alfred Kinsey bei. Das, was in manchen Studentenkreisen ausgelebt wurde, ging an der Lebenswirklichkeit vieler Frauen vorbei. Die Sexualmoral hatte sich zwar gelockert, aber ungewollt schwanger zu werden, war immer noch eine Katastrophe. Darunter hatten die Frauen zu leiden, nicht die Männer. Davon erzählt die Sekretärin Carmen[103] in ihrem Tagebuch. Sie schreibt weniger über ihren Beruf als über das, was sie am meisten beschäftigte, die Liebe zu ihrem Freund. Und irgendwann steht ein anderes Thema im Mittelpunkt. Als 17-Jährige schreibt sie 1963: „Wenn nur diese wahnsinnige Angst nicht wäre. Am 22./23. wäre es Zeit gewesen und ich habe meine Regel bis heute noch nicht bekommen. Da stimmt doch etwas nicht! Was soll werden, wenn ich nun tatsächlich ein Kind erwarte? Das wäre ein harter Schlag, ganz besonders für Mutter und meine ganze Familie. Ich könnte unmöglich länger hierbleiben, dafür würde schon mein Onkel sorgen, dem jetzt das Haus gehört." Carmens Vater hatte die Familie verlassen, die Mutter kehrte daraufhin mit ihren drei kleinen Kindern in ihr Elternhaus zurück. „Was soll ich nur tun, hätte ich doch die Finger davon gelassen! Ich verdiene nicht genug, um mich selbst und ein Kind zu unterhalten, ich würde mir ja ein Zimmer nehmen und Miete bezahlen müssen. Und was sollte mit dem Kind geschehen? Wo sollte ich es unterbringen, solange ich bei der Arbeit bin? Meiner Mutter könnte ich es nicht zumuten. Sie würde mir schwerlich beistehen und sich immer Vorwürfe machen, weil sie mir soviel Freiheit gelassen hat." Eine Sekretärin verdiente kaum genug, um für ihren eigenen Lebensunterhalt aufzukommen. Ein Mann hingegen verdiente so viel, dass er eine ganze Familie ernähren konnte. Carmen war verzweifelt, aber sie hoffte, dass sich doch noch alles zum Guten wenden würde: „Seither ging es doch auch gut! Ich wäre froh, wenn diese verdammte Regel morgen endlich eintreten würde, von mir aus mit doppelter Stärke und Schmerzen, daß ich keinen klaren Gedanken mehr fassen kann!" Sie klammerte sich an die Hoffnung, dass ihre Sorgen umsonst waren. Trotz aller Angst, keimte auch ein anderes Gefühl in ihr auf: „Warum muß Liebe mit solchen Sorgen und Schwierigkeiten verbunden sein? Ich habe mich nicht nur einmal dabei ertappt, daß ich mich fast darauf freute, ein Kind zu bekommen. Wenn ich älter wäre, bereits im Beruf stände und es mir finanziell leisten könnte, wäre es halb so schlimm, wäre ich mit ihm verheiratet, so würde es mich bestimmt glücklich machen." In ihren Tagebuchaufzeichnungen sorgte sie sich auch darum, wie ihr Freund es wohl aufnehmen würde, Vater zu werden. Er hatte ihr mal gesagt, dass sie als Paar auch ohne Kinder glücklich sein könnten. Und so behält Carmen ihre Angst erst mal für sich. Vermutlich haben viele Frauen sich niemandem anvertraut – außer ihrem Tagebuch. Dann tritt endlich die Blutung ein: „Ich bin so froh, daß ich es endlich doch noch bekommen habe, daß mein Gebet nicht umsonst war. Glücklicherweise sagte ich ihm heute noch nichts von meinen Sorgen. Ich bin so unsagbar erleichtert." Doch die Erleichterung hielt nur kurz an. Wenig später war die Blutung wieder vorbei. Carmen wollte Gewissheit haben und zum Arzt gehen. Heute würde eine junge Frau eine gynäkologische Praxis aufsuchen, doch in den 1960er-Jahren gingen fast nur verheiratete Frauen zum Gynäkologen oder zu einer der wenigen Gynäkologinnen. Ein junges Mädchen hatte dort nichts zu suchen. Sie ging deshalb zum Hausarzt, aber nicht zu ihrem eigenen Hausarzt, weil sie befürchtete, dass er dann sofort mit ihrer Mutter reden würde. Stattdessen ging Carmen zum Hausarzt ihres Freundes. Inzwischen hatte sie ihm von ihren Befürchtungen erzählt. Er war zwar nicht sehr erfreut über die Aussichten, Vater zu werden, aber er war „besonders lieb und zuvorkommend", wie Carmen in ihrem Tagebuch schreibt. Der Arzt vermutete eine Schwangerschaft im frühen Stadium. Bis er seinen Verdacht bestätigte, sorgte sich Carmen weiter: „Ich bitte Gott jeden Tag aufs Neue darum und flehe ihn inständig an, mir ein Kind jetzt schon zu ersparen. Es wäre furchtbar für Mutter und all meine Angehörigen. Thomas[104] und ich würden uns schon irgendwie obenauf halten. Eine vorzeitige Heirat käme nicht in Frage, das habe ich ihm bereits auseinandergesetzt. Mein erstes Kind würde unehelich zur Welt kommen müssen, denn ich glaube nicht, daß unsere Ehe dann gut ginge. Ich bin noch nicht reif dafür, das erkenne ich klar und deutlich, außerdem sind die praktischen und finanziellen Voraussetzungen nicht gegeben." Als der Arzt ihr sagte, dass sie im zweiten Monat schwanger sei, schreibt sie: „Dann werden es bald auch andere sehen, daß ich schwanger bin … Und dann? Seltsam, einerseits freu ich mich fast auf dieses kleine Etwas, das da in mir zu wachsen beginnt."

Als der Onkel Verdacht schöpfte und mit dem Hausarzt der Familie redete, ließ der Arzt Carmen ausrichten, dass sie vorbeikommen solle. Carmen wollte auf keinen Fall, dass ihre Mutter vom Hausarzt erfahren würde, dass sie schwanger war und erzählte es ihr. „Natürlich war sie zuerst sehr enttäuscht, erschrocken und entsetzt. Aber dann sprachen wir immer wieder darüber und sie meinte, daß es unter diesen Umständen das Beste sei, wenn Thomas und ich so bald wie möglich heirateten. Vorausgesetzt natürlich, daß wir vorhätten, für immer zusammenzubleiben. Ich unterhielt mich mit ihm darüber und konnte meiner guten Mutter dann sagen, daß er damit einverstanden ist."

Obwohl sie ihren Freund noch nicht heiraten wollte, gab sie dem Druck nach. Die Beziehung zu Thomas war schon zuvor nicht leicht und die Schwangerschaft machte es nicht einfacher. Immer wieder stritten sie – und versöhnten sich.

Als sie sich im kleinen Verwandtenkreis verlobten, war Carmen 18 Jahre alt. Und wieder kamen ihr Zweifel an der Hochzeit: „Gestern Abend bereute ich alles, daß ich mich Dir damals hingegeben habe, die Folgen, und meine Einwilligung zu dieser frühen Heirat. Es ist nicht das erste Mal. Manchmal sehe ich keinen Ausweg und alles erscheint mir sinnlos und leer, das ganze Leben." Trotz ihrer Zweifel schreibt sie auch immer wieder in ihr Tagebuch, wie sehr sie ihren Freund liebt. Sie heiratete Thomas im September und einen Monat später kam ihre Tochter zur Welt. In ihren weiteren Tagebucheinträgen schreibt sie, wie glücklich sie mit ihrem Mann und ihrer Tochter sei. Das Paar wohnte bei Carmens Mutter, sodass Carmen sehr bald wieder als Sekretärin arbeiten konnte, weil ihre Mutter sich um ihre Tochter kümmerte. Doch die Ehe war sehr schwierig. Carmens Mann war jähzornig, psychisch belastet und kam mit dem Gesetz in Konflikt, sodass er auch inhaftiert war. Einige Jahre später ließ sie sich von ihm scheiden. Dann fand sie eine neue Liebe. Mit ihrem zweiten Mann war sie 40 Jahre lang verheiratet, bis er starb.

Angst vor einer Schwangerschaft war das eine Problem, mit dem junge Frauen in den 1960er-Jahren konfrontiert waren, das andere Problem war die Macht der Männer und die zunehmende Sexualisierung im Büro.

Rita

Sekretärinnen bekamen in ihrem Berufsalltag deutlich die Dominanz der Männer zu spüren. In den 1960er-Jahren nahmen sie diese nicht mehr als Naturgesetz, sondern sie wehrten sich dagegen. Die Sekretärinnen gehörten am Anfang selten der Emanzipationsbewegung an, aber die Forderungen der protestierenden Frauen und die öffentlichen Debatten hatten dennoch einen Einfluss auf ihr Selbstverständnis. In ihrem Beruf erlebten sie allerdings auch, dass Männer die sexuelle Befreiung als Freifahrtschein nahmen, um Frauen ganz offen sexuell zu belästigen. Männer mussten nicht befürchten, dass ihr Vergehen geahndet würde, im Gegenteil, sie bekamen sogar noch Zustimmung von den anderen Männern. Zudringlichkeiten gegenüber Frauen wurden gesellschaftsfähig. Das wird auch im Interview mit der Sekretärin Rita deutlich, in dem sie über ihr berufliches Leben erzählt.[105] Rita war ebenso wie Doris ehrgeizig, lernbegierig und auch im Ausland unterwegs, um Französisch und Englisch zu lernen. Das war beiden Frauen möglich, weil sie unabhängig waren. Doris heiratete nicht und Rita heiratete erst spät. An der Lebensgeschichte von Rita wird deutlich, wie sich die gesellschaftliche Stimmung in den 1960er-Jahren verändert hat.

Rita ist 1938 in Lindau geboren und aufgewachsen. Sie wäre gerne auf das Gymnasium gegangen, aber ihre Eltern wollten, dass sie im Geschäft mitarbeitete. Sie hatten eine Sanitärfirma und Eisenwarenhandlung. Um dort zu arbeiten, reichte eine einfache Schulausbildung. Selbst eine Lehre fanden die Eltern überflüssig. Rita wurde jedoch von ihrem Lehrer unterstützt. Er konnte bei ihren Eltern durchsetzen, dass sie wenigstens eine Lehre als Kaufmannsgehilfin machen durfte. Im Geschäft ihrer Eltern erledigte Rita nicht nur Büroarbeit, sondern musste auch die Kunden bedienen, und wenn die Haushaltshilfe fehlte, auch putzen und für die Angestellten kochen. Doch Rita wollte mehr. Sie wollte lernen – und sie wollte von ihrem gewalttätigen Vater weg. So ging sie nach Genf und arbeitete ein Jahr lang in einem Haushalt und lernte Französisch. Wieder zurück in ihrem Elternhaus litt sie erneut unter der ausbeuterischen Arbeit im Geschäft ihrer Eltern und dem Jähzorn ihres Vaters. So ergriff sie bald wieder die Flucht und arbeitete in Stuttgart in einer Eisengroßhandlung. Dort erstellte sie Kataloge, eine Arbeit, die ihr gefiel. Rita hatte einen sehr netten Chef und einen noch netteren Kollegen, in den sie sich verliebte. Sie wollten heiraten. Doch als sie ihren Verlobten zu Hause vorstellte, war die Mutter eiskalt zu dem jungen Mann. Er hatte einen entscheidenden Makel: Er war evangelisch. Ein protestantischer Schwiegersohn kam für die strenggläubige Katholikin nicht infrage. Auch hier zeigt sich wieder, wie schon dargestellt, welch eine Hürde es war, wenn Katholiken und Protestanten heiraten wollten. Die Ablehnung verletzte den jungen Mann so tief, dass ihm die Tränen kamen. Auf dem Heimweg nach Stuttgart verunglückte er tödlich. Für Rita brach eine Welt zusammen. Von ihrer Familie kam kein Wort des Mitgefühls.

Anfang der 1960er-Jahre, mit 23 Jahren, brach Rita wieder auf, diesmal nach Paris. Dort arbeitete sie in der Exportabteilung einer renommierten Porzellan- und Kristallfirma. Rita erledigte Übersetzungen und die Korrespondenz und besuchte nebenher eine Sprachschule. Immer wieder erlebte sie, dass Männer übergriffig wurden. Als ihr Mitbewohner versuchte, sie zu vergewaltigen, packte Rita – trainiert durch ihre Brüder – den Mann in den Schwitzkasten. Danach versuchte er es nie wieder, sondern begegnete ihr mit großem Respekt. Rita lernte schnell, dass sie klare Kante zeigen und sich durchkämpfen musste.

Ihre Mutter bedrängte sie ständig, wieder zurückzukommen und im Geschäft mitzuhelfen. Schließlich ließ Rita sich überreden. Doch die Arbeit im Geschäft wurde immer schwieriger. Rita musste im Büro nicht nur Rechnungen schreiben, sondern auch auf die Baustellen gehen, auch mal auf das Dach klettern, um für die Abrechnung Maß zu nehmen. Das wäre die Aufgabe des Chefs, also ihres Vaters gewesen, aber da er oft im Wirtshaus war, blieb ihr nichts anderes übrig, als es selbst zu machen. Als junge Frau auf der Baustelle musste sie sich gegen die Macho-Sprüche der Männer behaupten. Doch noch schlimmer war die Gewalttätigkeit ihres Vaters. „Und dann hat er einen Stuhl über mir kurz und klein geschlagen. Ich war blau und blutig von oben bis unten. Ich bin zu meinem Arzt gegangen, der sehr wütend auf meinen Vater war. Aber es kam noch schlimmer. Nicht lange danach hat mein Vater auf der Straße mit einem Teerbesen voller Teer auf mich eingeschlagen, so dass die Nachbarn kamen und riefen: ‚Um Gottes Willen, hören Sie doch auf!' Aber er hat nicht aufgehört. Als ich zu meinem Arzt gegangen bin, hat er gesagt: ‚Jetzt ist aber Schluss!' Und ich sagte: ‚Ja, jetzt ist Schluss.' Und dann bin ich nach München gegangen."

Rita nahm eine Stelle bei einem österreichischen Stahlkonzern in München an. Das war 1964. Die Arbeit gefiel ihr gut. Vor allem, weil sie ziemlich selbstständig arbeiten konnte. Und dennoch: „Es war eine etwas sexuell aufgeladene Stimmung in der Firma. Die hatten ja auch Vertreter, und wenn die kamen, also solche Witze habe ich im Leben noch nie gehört." Viele der Chefs hatten eine Affäre mit ihrer Sekretärin. Daraus wurde kein Geheimnis gemacht. Auch sie selbst erlebte einen Annäherungsversuch, als sie spätabends noch im Büro etwas schrieb: „Dann kommt mein Chef, halb neun rum. Ich schreib so und der kommt daher und gibt mir einfach einen Kuss. Ich war so perplex. Und dann war er wieder weg. Darüber wurde danach nie gesprochen."

Rita war sehr wissbegierig. Sie sprach sehr gut Französisch, aber Englisch konnte sie nicht so gut. So ging sie Ende der 1960er-Jahre nach London. Um die Sprachschule zu finanzieren, arbeitete sie zunächst im Haushalt einer bedeutenden, reichen Architektin, bei der viele einflussreiche Persönlichkeiten aus der Politik und Kultur aus- und eingingen. Als eine englische Arbeitsagentur eine deutschsprachige Angestellte suchte, bewarb sie sich. Ihre Tätigkeit bestand darin, für die deutsche Firma AEG Arbeitskräfte in England zu suchen. Kurze Zeit später wurde Rita von der Personalabteilung der AEG übernommen. Sie erinnerte die Firma an die versprochene Gehaltserhöhung. Daraufhin bezahlte ihr die Firma deutlich mehr als die Agentur. Rita hatte gelernt, für sich einzustehen. Und sie konnte sich in der Männerwelt, in der sie oft die einzige Frau war, behaupten.

Zu ihren Aufgaben gehörte, Inserate zu schreiben, um Personal zu finden und eine Vorauswahl zu treffen. Auf ein einziges Inserat trafen oftmals 500 Zuschriften ein. In England herrschte eine große Arbeitslosigkeit und in Deutschland wurden Arbeitskräfte bei der boomenden Wirtschaft gesucht. Rita musste außerdem immer wieder nach Manchester fahren und den Arbeitern über Deutschland erzählen. Und wenn die Personalchefs aus Deutschland kamen, musste sie diese betreuen: „Da waren auch solche dabei, die dachten, ich steig in ihr Bett, aber mit der Zeit hörte ich schon am Telefon, was das für Leute waren." Die Personalchefs erwarteten eine Rundumbetreuung von Rita. Abends wollten sie gut essen gehen. Rita suchte deshalb die teuersten Lokale mit den besten Weinen aus. Während man in den 1950er-Jahren noch sparsam lebte, wurde in den 1960er-Jahren das Geld wieder großzügiger ausgegeben. Oftmals kam sie selbst in den Genuss, wenn sie zum Essen eingeladen wurde. Auf die Annäherungsversuche ließ sie sich jedoch nicht ein. Rita blieb immer professionell und freundlich, auch in herausfordernden Situationen. Sie erinnerte sich an einen besonders anspruchsvollen Personalchef: „Einer sagte am Sonntagabend, dass ich ihn abholen soll. Am Sonntagabend! Ich habe gesagt: ‚Ich bin aber 200 Kilometer im Süden.' Und er: ‚Es ist mir scheißegal, wo Sie herkommen.' Das hat er wirklich so gesagt! ‚Dann nehmen Sie sich ein Taxi!' Und das habe ich auch gemacht. Aber er kam sehr spät und wollte nachts um

12 Uhr noch Austern haben – und regte sich auf, weil es das nicht gab." Es war ein anstrengender Tag, Rita war müde und wollte ins Bett. „Ich hatte ihm vorsichtshalber ein anderes, hübsches kleineres Hotel gesucht und gesagt, dass in meinem Hotel kein Zimmer mehr frei wäre. Und dann um halb zwei Uhr sag ich: ‚Also, gibts jetzt noch was Geschäftliches? Morgen um 7 muss ich wieder da sein.' ‚Ach', sagt er, ‚ich sehe, die Kleine hat Haare auf den Zähnen!' Aber wir haben dann trotzdem ganz gut zusammengearbeitet. Er hat mir zum Schluss 500 Pfund gegeben und einen Korb mit Spirituosen. Er muss wohl zufrieden gewesen sein."

Rita hatte sich Respekt verschafft. Und sie wusste sich zu helfen. So buchte sie für die Personalchefs immer ein anderes Hotel als das, in dem sie übernachtete. Hier wird deutlich, wie sehr Rita als Frau Vorsichtsmaßnahmen treffen musste, um nicht von den Männern belästigt zu werden.

In ihrer Freizeit besuchte Rita viele Konzerte, Theatervorstellungen und Ausstellungen. Sie genoss das kulturelle Leben. Doch die Vorbehalte gegen Deutsche waren für sie belastend. „Da war der Krieg 25 Jahre vorbei, aber man durfte kein deutsches Wort sagen. Wehe sie haben deutsch geredet, dann wurden sie beschimpft wie sonst was." Obwohl Rita bei Kriegsende sieben Jahre alt war, erlebte sie im Ausland immer wieder Anfeindungen – nicht nur von Engländern. Als sie bei einem Abendessen bei der berühmten Architektin neben einem Regierungsmitglied aus Polen saß, beschimpfte er sie den ganzen Abend ununterbrochen.

In London fühlte sie sich immer elender. Die Engländer waren freundlich, aber nicht herzlich. Auch ständig in der Großstadt zu sein, belastete sie. Sie kam kaum aufs Land.

„Ich hab's mal ausprobiert, ich bin mit dem Omnibus bis an die Stadtgrenze gefahren und hab dreieinhalb Stunden gebraucht!"

1969, als sie 31 Jahre alt war, wechselte sie zur AEG nach Konstanz. Es war ein völlig neuer Arbeitsbereich. Rita wurde als Sachbearbeiterin eingestellt. Das war ein großer Karriereschritt. Sie war für die Projektplanung zuständig und musste den Ingenieuren die Projekte zuteilen. Rita war die einzige Frau unter 62 Männern. Sie hatte einen netten Chef, doch die Ingenieure mobbten sie. Zuvor hatten sie ihre Projekte selbst gemanagt und nun kam eine Frau, die ihnen die Projekte vorgab. Und so griffen sie zu einer Waffe aus der untersten Schublade: „Mein Gott, eines Tages komme ich rein, also 62 Männer; an jedem Schreibtisch hängt aus Papier eine lebensgroße, nackte Frau. An jedem Schreibtisch! Dann ging ich zum Direktor: ‚Also jetzt bitte ich Sie um Ihre Hilfe. Das geht nicht mehr so weiter.' Und der kam dann auch und sagte: ‚In 10 Minuten sind die verschwunden.' Und in 10 Minuten waren sie verschwunden." In den 1960er-Jahren fand dieser Sexismus offenbar breite Zustimmung. Kein einziger Mann hat sich dagegengestellt, im Gegenteil, alle Männer haben mitgemacht.

Doch Rita wehrte sich. Als sie einige Tage später von einem dieser Männer verbal sexuell belästigt wurde, nahm sie sein Telefonbuch und haute es ihm um die Ohren. „Und dann ist er rumgegangen und hat das erzählt. Und ich: ‚Haben Sie auch erzählt, warum?' Ich wurde dann als Beißzange, als Blaustrumpf, als was weiß ich nicht alles, hingestellt." Rita war die einzige Frau in der Abteilung, es gab keine andere Frau, mit der sie sich zusammentun hätte können.

Wie gesellschaftsfähig übergriffiges Verhalten von Männern war, erlebte Rita einige Jahre später bei einem Vorstellungsgespräch in einer Vertriebsabteilung bei Siemens. Der Personalchef sagte bei diesem Gespräch: „Sie dürfen aber nicht zimperlich sein." Rita fragte: „Wie meinen Sie das?" „Na ja, das können Sie sich vorstellen." „Das kann ich mir gut vorstellen, aber das ist nichts für mich!" Sie hatte oft gesehen, wie Kunden und Vertriebsleute auf den Messen den Arm um die jungen Frauen legten. Zudringlichkeiten waren nicht nur gesellschaftlich akzeptiert, sondern es wurde offenbar erwartet, dass Frauen sich gegenüber Kunden charmant zeigten und Annäherungsversuche tolerierten. Sexismus wurde gesellschaftsfähig. In den 1950er-Jahren wurden Umarmungen und Küsse, die gegen den Willen der Frau geschahen, noch als Grenzüberschreitung gesehen, auch von Männern. Sie hatten ein Schuldbewusstsein, wenn sie diese Grenze überschritten hatten. Doris schrieb in ihrem Tagebuch, dass es ihnen leidtat und sie sich bei ihr entschuldigten. Reue rechtfertigt keine sexuelle Belästigung. Doch die gesellschaftliche Veränderung wird hier deutlich. Im Gegensatz zu den 1950er-Jahren hatten Männer in den 1960er-Jahren keine Gewissensbisse, Frauen sexuell zu belästigen. Sie machten es auch nicht heimlich wie in den 1950er-Jahren, sondern in aller Öffentlichkeit. Rita erzählte, dass in einer Verpackungsabteilung der Chef den Arbeiterinnen an den Busen grapschte und sich damit brüstete, alle Arbeiterinnen an ihrem Busen zu erkennen. Das hatte keine Konsequenzen. Welches Ausmaß sexuelle Belästigungen auch in den folgenden Jahren genommen hat, zeigt eine Reportage über Sekretärinnen Ende der

1970er-Jahre. 59 Prozent der befragten Frauen berichteten über sexuelle Belästigung im Büro.[106]

Als Rita eine Stellenausschreibung des Auswärtigen Amts sah, bewarb sie sich dort. Arbeit im Ausland und internationale Kontakte, das reizte sie sehr. Rita übte wieder Stenografie, Maschinenschreiben, Französisch und Englisch. Das Prüfungsverfahren dauerte sehr lange und war sehr streng. Sie musste einen detaillierten Fragebogenkatalog ausfüllen. Als der Prüfer beim Vorstellungsgespräch alles wieder und wieder hinterfragte, platzte ihr der Kragen. „Also der fieselte dann in meinen Antworten und sagte dann: ‚Von London, das war ja an Silvester, wo sind Sie denn da hin?' ‚Das sehen Sie doch, ich bin mit dem Zug gefahren und vom Zug auf das Schiff, wieder auf den Kontinent, und dann nach Paris. Das steht doch da.' Und er fing immer weiter so an. Und dann hat es mich wieder gepackt. Es war gerade die Guillaume-Affäre, ich habe gesagt: ‚Also entschuldigen Sie, aber bei mir fieseln Sie herum, wo überhaupt nichts ist, und beim Herrn Guillaume haben Sie Tomaten auf den Augen gehabt!' Dann ist er auf und hat seinen Stuhl nach hinten geschmissen. Na gut, hab ich gedacht, das wird ja lustig. Mal schauen, ob die mich jetzt nehmen. Aber ich verbieg mich absolut nicht bei euch. Dann haben sie mich doch genommen. Aber die Prozedur hat ein ganzes Jahr gedauert."

Die Guillaume-Affäre wurde 1974 durch die Enttarnung von Günter Guillaume als DDR-Agent des Ministeriums für Staatssicherheit ausgelöst. Weil er ein enger Mitarbeiter des Bundeskanzlers Willy Brandt war, trat Brandt als Bundeskanzler zurück.

Rita arbeitete im Auswärtigen Amt in der Protokoll-Abteilung. Sie musste die Besuche der Staatsgäste protokollieren. Es herrschte eine hohe Sicherheitsstufe. Für Rita, die immer sehr selbstständig gearbeitet hatte, war es eine große Umstellung: „Sie dürfen nicht mehr eine eigene Kopie machen, Sie dürfen überhaupt nichts mehr. Sie müssen alles wissen, aber Sie dürfen gar nichts." Auch das Arbeitstempo war anders. „Und in den ersten Tagen lauf ich so durch die Gänge und dann sagt ein Herr zu mir: ‚Meine Dame, Sie gehen hier viel zu schnell!' ‚Ja, wo bin ich denn jetzt hier, das ist mein normaler Gang.'" Unangenehm fand sie die Überwachung. „Sie wurden auf der Straße überall beobachtet. Also am nächsten Morgen wussten die immer wo ich war, wenn ich irgendwo im Theater oder sonstwo war – die wussten alles!" Dennoch war die Arbeit interessant. Einmal war sie als Delegationssekretärin bei einem geheimen deutsch-polnischen Regierungstreffen unter der Leitung von Herbert Wehner dabei. Dieses Treffen fand in einem Schlösschen mitten im Wald unter großen Sicherheitsvorkehrungen statt. In dieser Zeit haben sich Deutschland und Polen erstmals nach dem Krieg wieder angenähert.

Die Arbeit im Auswärtigen Amt war genau vorgegeben. Rita hatte die Befürchtung, dass sie sehr unselbstständig würde und es ihr so wie ihren Kollegen und Kolleginnen gehen würde, die sich nicht mehr in die freie Wirtschaft trauten. So bewarb sie sich erneut für eine Stelle bei Siemens. Beim Vorstellungsgespräch sagte der Personalchef: „‚Sie müssen bei uns hervorragende Schreibmaschinenkenntnisse haben!' Aber in einem Ton! Sag ich: ‚Wenn das Glückwunschschreiben an Indira Gandhi im Auswärtigen Amt gut genug war, dann denke ich, dass es auch für Siemens passt.'" Rita war selbstbewusst genug, um auch ihre eigenen Forderungen zu formulieren. Und so sagte sie am Ende des Gesprächs: „Ich habe noch etwas: Sie haben ja etliche angestellte Mitarbeiter. Für Sie koche ich gerne Kaffee, aber nicht für Ihre Mitarbeiter. Er sagte: Ja, ich nehme es zur Kenntnis. Das hat mir sehr geholfen, dass ich das gefordert habe." Ihre Forderung wurde respektiert. Rita wurde als Direktionssekretärin eingestellt und als ihr Chef in eine andere Abteilung versetzt wurde, nahm er sie mit. Die neuen Mitarbeiter hielten es für selbstverständlich, dass sie als Sekretärin für das Kaffeekochen zuständig war. Ein Mitarbeiter forderte in einem Befehlston: „Ich brauche jetzt 40 Tassen Kaffee!" Und Rita sagte: „Ja, die können Sie in der Kantine holen." Der Mitarbeiter war empört. Eine Sekretärin, die sich weigerte, Kaffee zu kochen und tatsächlich erwartete, dass er eigenhändig 40 Tassen Kaffee über den Hof trug. Er bestand darauf, dass sie Kaffee kochte. Doch sie blieb hartnäckig: „Nein! Da drüben ist die Kantine!" Wütend rief er: „Ich geh zum Chef!" Und Rita entgegnete: „Bitte! Tun Sie das." Und der Chef, der nebenan war, sagte: „Tut mir leid. Das ist mit ihr abgemacht und so bleibts!" Dass der Mitarbeiter sie danach unflätig beschimpfte, prallte an ihr ab. Darüber konnte sie sich nur noch amüsieren.

Es war ein Schritt der Emanzipation, ein kleiner, aber ein symbolträchtiger, dass Rita sich weigerte, eine Dienstleistung zu vollbringen, die als typisch für eine Sekretärin galt. Wenn wir uns an die Regeln des eingangs erwähnten Sekretärinnen-Handbuchs aus den 1950er-Jahren erinnern, in dem Kaffeekochen eine wichtige Bedeutung beigemessen wurde, dann war es eine Befreiung aus dieser Rolle.

Rita sah ihre Arbeit an ihrem Schreibtisch und nicht an der Kaffeemaschine.

Kaffeekochen empfanden viele Sekretärinnen als eine Missachtung ihrer Arbeit. Daher war es auch für andere Sekretärinnen ein Akt der Selbstbestimmung, das Kaffeekochen zu verweigern. Das schilderte die 28-jährige Sekretärin Stefanie Cramer Anfang der 1980er-Jahre sehr anschaulich: „Chefgeräusche aus dem Nebenzimmer. Er hustet, er knipst die Spitze seiner Zigarette ab, er gähnt. Immer gähnt er um diese Tageszeit und immer laut. In zehn Minuten wird er zum dritten Mal gähnen, und dann wird ein Wort folgen, in dem Hoffnung mitschwingt. Kaffeezeit! Noch nie habe ich ihn allein gelassen mit diesem Wort. Er ruft es morgens gegen neun und nachmittags gegen drei. [...] ‚Kaffeezeit', ruft er zweimal am Tag und dann wartet er, findet es höchst normal, daß ich meine Arbeit unterbreche, aufstehe und ein Bedürfnis befriedige, das ich sehr persönlich finde und das mit meiner Arbeit nichts zu tun hat. [...] Ich gehe für ihn zur Bank, ich telefoniere mit seiner Frau, mache auch sonst allerlei Privates – nur den Kaffee will ich nicht holen, aus Prinzip. [...] Die Paschas haben ihre Dienerinnen, zu Hause und im Büro. Sie sind nicht überlastet, sie sind träge. Heute ist ein schöner Tag, heute drehe ich den Spieß um. Wenn er zum dritten Mal gähnt, dann werde ich rufen: ‚Kaffeezeit!'. Dann wird er schweigen und warten und wieder nicht verstehen wollen. Ich werde dieses Schweigen ertragen. Ich werde meinen Brief tippen in den Sonnenstrahlen. Nein, ich hole keinen Kaffee mehr."[107]

Die Emanzipationsbewegung Ende der 1960er-Jahre ging bei den Sekretärinnen nicht spurlos vorbei. Rita erzählte, dass sie nicht bei der Emanzipationsbewegung dabei war, sondern für sich selbst gekämpft hat. Dennoch war sie der Emanzipationsbewegung gegenüber aufgeschlossen und fand sie wichtig. Sie selbst hatte die Unterdrückung durch die Männer erlebt. Rita hatte die Debatte verfolgt und auch feministische Artikel und Zeitschriften gelesen. Möglicherweise hat sie das in ihrem eigenen Kampf bestärkt.

Auch die Studentenbewegung bekam Rita zunächst nur am Rande mit. „Ich habe es schon erlebt, dass ich abends nicht nach Hause konnte, weil die Studenten am Stachus auf den Gleisen saßen und die Straßenbahn nicht fahren konnte. Das ging wochenlang so." Dennoch setzte Rita sich auch mit der Studentenbewegung auseinander. Obwohl ihre Freizeit knapp bemessen war, ging sie zu einer Protestaktion an der Uni und hörte den Studenten zu, darunter auch Marc Daniel Cohn-Bendit, einer der führenden Studentensprecher, der später Politiker bei den Grünen wurde. „Ich war mal in der Aula, als der Cohn-Bendit da war. Die haben die Professoren an die Wand geredet. So gut, dass die Professoren nichts mehr zu sagen wussten. Die waren so eloquent! Also das hat mich schon beeindruckt."

Ritas letzte berufliche Station war Siemens. An ihrem Lebensweg zeigt sich beispielhaft, wie sich die Berufswelt der Sekretärin in den 1960er-Jahren geändert hat. Die Sekretärinnen sind selbstbewusster geworden und setzten ihre eigenen Vorstellungen durch, aber sie waren auch viel mehr sexuellen Belästigungen ausgesetzt, gegen die sie sich wehren mussten.

Neue Berufschancen

Der Beruf der Sekretärin öffnete Frauen die Tür zur Geschäftswelt, in der Männer bis dahin unter sich waren. In den

1960er-Jahren standen Frauen fast alle Berufe offen. Sie konnten studieren, wurden Ärztinnen, Ingenieurinnen, Architektinnen oder lernten einen kaufmännischen Beruf und machten in einem Unternehmen Karriere. Manche wurden selbst zu Chefinnen, die auch eine Sekretärin hatten. Für viele war das befremdlich. Sie holten sich ihren Kaffee selbst und riefen nicht ihre Sekretärin durch die Sprechanlage her, sondern gingen zu ihnen an den Schreibtisch, um mit ihnen zu kommunizieren. Manche Chefinnen fanden sich auch schnell in ihre Rolle als Chefin ein und agierten nach dem bekannten männlichen Muster.

Dennoch arbeiteten sehr viele Frauen weiterhin in traditionellen Frauenberufen: Krankenpflegerin, Erzieherin, Lehrerin, Verkäuferin oder Hauswirtschafterin.

In der DDR wurden Frauen in technischen Berufen gefördert. Vor allem un- und angelernte Frauen wurden motiviert, eine Facharbeiterausbildung zu absolvieren. Dafür richtete man 1959 Betriebsakademien ein. Frauen wurden von der Arbeit freigestellt, um diese Kurse zu besuchen, doch viele Qualifizierungskurse blieben unbesetzt. Viele Frauen arbeiteten lieber in Frauenberufen, zu denen auch die Sekretärin zählte. In der Öffentlichkeit wurde der Beruf der Sekretärin in der DDR jedoch nicht so positiv dargestellt wie in Westdeutschland. In Kurzgeschichten und Karikaturen waren sie Tippfräuleins, die Kaffee tranken, andere von der Arbeit abhielten und den Chef um den kleinen Finger wickelten. In der öffentlichen Darstellung war die Frau in Männerberufen dominant: Frauen fuhren Mähdrescher, bauten Fernseher und arbeiteten als Ingenieurinnen oder Physikerinnen. Doch die Wirklichkeit sah in den 1960er-Jahren noch anders aus. Frauen arbeiteten auch in der DDR lieber als Erzieherin oder als Verkäuferin. Selbst wenn Frauen bei der Polizei oder der Armee arbeiteten, waren sie eher im „Servicebereich" tätig und arbeiteten in der Küche als Reinigungskraft oder als Sekretärin.

Frauen, die die neuen Berufschancen ergriffen, wurden zu Vorbildern für andere Frauen. Sie zeigten, was für Frauen möglich war und machten ihnen dadurch den Weg frei, auch wenn es immer wieder Rückschläge gab. Das soll am Beispiel von Dame Stephanie Shirley gezeigt werden, einer Frau, die in den 1960er-Jahren in der neu aufgekommenen Computerbranche auf Frauen setzte.[108] Die Computerbranche war von Männern beherrscht wie heute auch. Doch ein kurzer Rückblick zeigt, dass es nicht immer so war. Die ersten Computer wurden von Frauen programmiert. In den 1940er-Jahren waren Mathematikerinnen als Programmiererinnen für die neu entwickelte elektronische Rechenanlage ENIAC beschäftigt. Auf dem Forschungsgelände der US-Army Aberdeen (Maryland) arbeiteten 1945 ungefähr 80 Frauen als „Computer", wie die Berufsbezeichnung lautete. Auch die Vorgesetzten waren überwiegend Frauen. Nach dem Krieg wurden Frauen jedoch aus der Forschung und technologischen Entwicklung zurückgedrängt. Die Frauen waren als Dozentinnen willkommen, um ihre technischen Kenntnisse weiterzugeben, aber sie bekamen keine Forschungspositionen. So gelangte die Computerbranche in die Hand der Männer. „Frauen waren die besten frühen Programmierer, weil die Computerprogrammierung in ihrer Anfangszeit ‚Frauenarbeit' war. Dies war jedoch nur ein kurzes Zwischenspiel gewesen, denn als die ‚Computerarbeit' in den 1950er-Jahren Konturen erhielt, wurde Programmieren ein Männerberuf."[109]

Doch eine Frau setzte sich als Programmiererin in der Männerwelt durch und machte durch neue Arbeitsmodelle den Weg für Frauenkarrieren frei. Es war Dame Stephanie Shirley. Sie war in den 1960er-Jahren Softwareentwicklerin in England und gründete eine eigene Firma. Damit war sie so erfolgreich, dass sie zu einer der reichsten Frauen Englands und in den Adelsstand gehoben wurde, der ihr den Titel Dame einbrachte.

Stephanie Shirley wurde 1933 in Dortmund unter dem Namen Vera geboren und als jüdisches Kind mit einem Kindertransport nach England geschickt, um sie vor der Verfolgung der Nationalsozialisten zu retten. Sie blieb in England und wuchs bei ihren Pflegeeltern auf. Schon früh entwickelte sie Interesse an Mathematik. Doch in der Mädchenschule, die sie besuchte – die Schulen waren damals noch nach Geschlechtern getrennt – stieß sie bald an die Grenzen. Nach einem Test bei einem Psychologen wurde ihre außerordentliche mathematische Begabung sichtbar und so durfte sie zum Mathematikunterricht in ein Jungengymnasium. Damals war sie sechzehn Jahre alt. In ihrer Biografie erzählt sie: „Das schuf nun eine Situation, die einiges an Schwierigkeiten mit sich brachte. Die Stundenpläne der beiden Schulen waren völlig unterschiedlich, sodass ich immer mitten im Unterricht fortmusste und deshalb in anderen Fächern zurückfiel. Und dann war da noch der schwere Gang in die Jungenschule, wo ich als einziges Mädchen inmitten Hunderter glotzender Jungspunde Tag für Tag anzüglichem Gegrinse und Gepfeife ausgesetzt war. Daran konnte ich mich nie gewöhnen."[110]

Nach ihrem Schulabschluss konnte sie nicht studieren, weil sie keine finanzielle Unterstützung bekam. Deshalb suchte sie eine Anstellung, um ihren Lebensunterhalt zu verdienen. Die aufstrebenden Technologiefirmen suchten nach jungen Menschen mit mathematischen Fähigkeiten, und so fand Stephanie Shirley schnell eine Arbeit im Post Office Forschungszentrum in London. Dort wurde ihr angeboten, dass sie neben ihrer Arbeit ein weiterführendes Studium absolvieren könnte. Sie belegte Abendkurse in Mathematik und Physik und begann schließlich ein Bachelorstudium in Mathematik. Dabei entdeckte sie ihre Begeisterung für Computer: „Einen besseren Zeitpunkt hätte ich kaum finden können. Auf der einen Seite forschten einige der brillantesten Köpfe der Zeit in diesem Bereich, und auf der anderen Seite steckte diese Technologie noch derart in den Kinderschuhen, dass jemand wie ich – durchaus klug, aber auch nicht genial – die damit einhergehenden Schwierigkeiten würde erfassen, wenn nicht sogar zu ihrer Lösung beitragen können."[111] Die mechanischen Rechner waren sehr einfach, aber Stephanie Shirley ahnte, dass darin das Potenzial für die Entwicklung leistungsfähiger Rechner steckte, wie man es sich damals noch nicht vorstellen konnte.

In ihrer Arbeit fühlte sich Stephanie Shirley unterfordert, sodass sie sich Mitte der 1950er-Jahre für eine höhere Position innerhalb ihrer Firma bewarb. Aber ihre Bewerbung wurde abgelehnt – weil sie eine Frau war: „Schließlich erfuhr ich, dass manche Männer eher die damit befasste Jury verlassen hätten, als meine Beförderung zu befürworten. Sie waren grundsätzlich dagegen, dass Frauen in Führungspositionen aufrückten."[112]

Stephanie Shirley war am Boden zerstört. Als ihr ein Studienfreund von einem neuen Computer vorschwärmte, an dem er in der Firma General Electric Company arbeitete, machte sie dort in ihren Ferien ein Praktikum. Der Computer HEC4 war eine riesige Maschine, die aus heutiger Sicht eher an eine Einbauküche als an einen Personalcomputer erinnert, erzählte Stephanie Shirley in ihrer Biografie.[113] Aber es war immerhin ein richtiger Computer, anders als das Rechengerät, das sie bisher gewohnt war. Die Eingabedaten erhielt der Computer per Lochkarten. Das war ein frühes Datenverarbeitungssystem.

Stephanie Shirley war fasziniert von dieser Technik. Als sie nach den Ferien ihr neu erworbenes Wissen in das Post Office Forschungszentrum einbringen wollte, wurden ihre Ideen gleich abgelehnt. Immer wieder erlebte sie, dass sie es als Frau sehr viel schwerer in dem Unternehmen hatte als die Männer. Schließlich gab es auch kaum Frauen in dem Forschungszentrum. „Und wenn ich in die Hauptkantine ging, musste ich an die Jungenschule in Oswestry denken: Hunderte von Köpfen reckten sich, um mich anzustarren, und aus den Gesichtern konnte man alles Mögliche herauslesen, am wenigsten wohl aber Respekt. Ich hatte mich an die Notwendigkeit gewöhnt, mich so unauffällig wie möglich zu kleiden. Wie die weibliche Ausgabe eines Mannes trug ich einen schlichten grauen Anzug und eine weiße Biesenbluse sowie, anstelle einer Krawatte, ein schwarzes Band um den Hals."[114]

Stephanie Shirley bemühte sich mehrmals um Beförderungen, vergeblich. Als sie in eine andere Abteilung versetzt wurde, hatte sie mit einem Rechner zu tun, der auf großes Interesse in der Technikwelt stieß, sodass immer wieder Besuchergruppen vorbeikamen, um den Forschenden bei der Arbeit zuzusehen. Große Aufmerksamkeit bekam dabei immer ein kugelförmiges, futuristisches Gerät auf Rädern, das in der Ecke stand. „Den Besuchern sagen zu müssen, dass das unser Staubsauger war, fiel uns echt schwer", erzählte Stephanie Shirley.[115]

In ihrer Firma lernte Stephanie ihren Kollegen Derek Shirley kennen, den sie 1959 heiratete. Und damit kam sie in die Mühle, die in der Regel die Karriere der Frauen beendete. Von verheirateten Frauen wurde erwartet, dass sie sich nun ausschließlich um das Wohl des Ehemanns kümmerten. Zwar gab es auch Frauen, die nach ihrer Heirat berufstätig waren, bis das erste Kind kam, aber es war unüblich, dass ein verheiratetes Paar in derselben Firma arbeitete. Einer musste kündigen, und das wurde von der Frau erwartet. „Es gab keinen besonderen Grund, warum ich es war, die ging und nicht Derek. Er als Leiter einer Versuchseinheit und ich als wissenschaftliche Angestellte hatten einen ungefähr gleichwertigen Status."[116]

Stephanie fand schnell eine neue Stelle in einem kleinen Unternehmen, voller begeisterter und engagierter junger Leute. Sie arbeitete in der Programmierabteilung und entwickelte Software für einen neuen Computer, damals noch riesige raumfüllende Rechner. Sie hatte ihre Bestimmung gefunden: „Wenn ich mich an die Tastatur setzte, dann verspürte ich irgendwie denselben Kick wie jemand, der das Steuer eines glitzernden neuen Rennwagens übernimmt."[117]

Stephanie hatte als Frau in der Berufswelt oftmals Hindernisse erlebt, aber nun kamen neue Barrieren in ihrer Rolle als Ehefrau dazu: „Dass Ehefrauen arbeiteten, war eher selten und wurde oft mit Argwohn betrachtet, besonders im ländlichen Buckinghamshire. Und so versuchte ich, meine beruflichen Ambitionen herunterzuspielen, indem ich meine Tätigkeit bei Computer Developments auf vier Tage pro Woche reduzierte, damit mein Verdienst nicht mehr über dem von Derek liegen würde. Meine übrige Zeit verbrachte ich möglichst demonstrativ mit Hausarbeiten wie Wäschewaschen, sodass seine traditionelle männliche Rolle als Haushaltsvorstand nicht bedroht schien (gerechterweise muss ich sagen, dass er deswegen nie irgendeine Verunsicherung zum Ausdruck gebracht hatte, aber unnötige Risiken will man ja vermeiden)."[118]

Stephanie arbeitete in einem jungen, dynamischen Team, doch selbst dort waren die Geschlechterrollen so fest zementiert, dass sie wieder an Grenzen stieß. Ihre Ideen und Impulse stießen auf taube Ohren. Sie war frustriert, als man in einem Meeting ihren Wortbeitrag nicht mal anhören wollte. Und daraus entwickelt sie eine ganz neue Idee, eine Idee, die über die damalige Computer-Arbeitswelt weit hinausdachte. Sie entschloss sich, sich selbstständig zu machen. Als Softwareentwicklerin, das war damals unvorstellbar. „Und es war eine ganze Reihe von Risiken damit verbunden. So verfügte ich weder über nennenswertes Kapital noch über Erfahrungen mit der Leitung eines Unternehmens. Ich hatte keine Angestellten, kein Büro, keine Kunden und keinen Grund zu der Annahme, dass es irgendwelche Unternehmen geben würde, die sich für mein zukünftiges Produkt interessieren könnten. Niemand verkaufte damals Software. Sofern es überhaupt welche gab, wurde sie kostenlos weitergegeben. Nur die fortschrittlichsten und mit ausreichenden Ressourcen ausgestatteten Organisationen investierten überhaupt in das, was man heute Informationstechnologie nennt. Und diejenigen, die es taten, hätten empört darauf reagiert, wenn sie auch noch für das Programm hätten zahlen müssen, nachdem sie schon für einen neuen Computer einen beträchtlichen Betrag hingeblättert hatten. Die Software gehörte für sie genauso einfach dazu wie ein Handbuch zum neuen Auto."[119]

Aber Stephanie wusste, welch eine große Bedeutung die Software für die Zukunft haben würde, auch wenn sie das ganze Ausmaß noch nicht ahnte. Was ihr besonders bei dieser Art der Selbstständigkeit gefiel, war, dass man dazu keine teure Ausrüstung brauchte. Es war eine äußerst zeitintensive Arbeit, aber alles, was man für diese Arbeit brauchte, „waren Bleistift, Papier und einen Verstand, der in der Lage war, komplexe Aufgaben in eine Reihe von logischen Schritten zu zerlegen".[120]

Dass sie sich selbstständig machen wollte, war ein Meilenstein, ein Novum in der damaligen Arbeitswelt: „Einige Kollegen, denen ich von meinem Plan erzählte, lachten offen darüber, die übrigen vermutlich heimlich – und nicht nur, weil sie den Plan verrückt fanden, sondern auch über den heiklen Umstand, dass ich eine Frau war. Hatte man etwa schon mal von einer Frau gehört, die eine Firma leitet, mal abgesehen von einem kleinen Teegeschäft oder einem Handwerksbetrieb, der Hüte verkauft?"[121]

Stephanie war 29 Jahre alt, voller Unternehmensgeist und ließ sich von den Skeptikern nicht beirren. Doch als selbstständige Unternehmerin standen ihr viele Hürden im Weg, die Männer nicht hatten. Sie konnte zum Beispiel ohne das Einverständnis ihres Mannes kein Bankkonto eröffnen. Auch ihre Kundenakquise war sehr mühsam. Ihre Anfragen an Unternehmen blieben oft unbeantwortet und brachten nur wenige Aufträge ein. Als sie dann schwanger wurde und ihr Kind auf die Welt kam, ging sie zunächst in ihrer Mutterrolle völlig auf. Doch das Programmieren machte ihr so viel Freude, dass sie nebenher arbeitete und schnell wieder in ihrem Vollzeitjob war. Das verstanden weder ihre Mutter noch ihre Schwiegermutter und auch ihre Nachbarn nicht. Ob ihr Mann denn keine ordentliche Anstellung habe, fragten sie verständnislos.

Es blieb schwierig, an Aufträge heranzukommen. Ihr Mann Derek meinte schließlich, dass vermutlich das Problem nicht am Brief selbst läge, sondern an der Unterschrift. Er schlug vor, eine Probe aufs Exempel zu machen und statt mit Stephanie mit Steve Shirley zu unterschreiben. Und tatsächlich! Von den Unternehmen, die sie mit einem männlichen Namen anschrieb, kamen deutlich mehr Aufträge zurück. Und so wurde aus Stephanie Steve.

Da nun mehr Aufträge hereinkamen, holte sie freiberufliche Programmiererinnen ins Boot und eine Frau für Sekretariatsarbeiten. Und dabei entwickelte sie ein völlig neues Konzept, das es in der damaligen Arbeitswelt noch nicht gab. Es zeigte sich schon im Namen ihres Unternehmens: „Freelance Programmers“. Sie wollte mit Freiberuflern arbeiten. Die gab es damals kaum. Aber es gab hochkarätige Programmiererinnen, die als Mütter zu Hause saßen und ihr Potenzial nicht entfalten konnten, weil für sie keine Berufsmöglichkeiten bestanden. Stephanie war nicht die Einzige, die als Ehefrau und Mutter aus dem Berufsleben katapultiert wurde. Die völlig neue Idee von Stephanie war: „Nur Frauen sollten für mich arbeiten, alle auf freiberuflicher Basis und von zu Hause aus."[122]

Ein Glücksfall brachte ihr dann die nötigen Programmiererinnen für ihre Arbeit. In einem Artikel im Guardian über Computerfrauen wurde erwähnt, dass Stephanie Programmiererinnen auf freiberuflicher Basis suche, weil sie „die Erfahrung gemacht hat, dass die Computerprogrammierung eine Arbeit ist, die von zu Hause aus erledigt werden kann und sich mit dem Füttern des Babys und dem Waschen von Windeln vereinbaren lässt".[123] Nach diesem Artikel bekam Stephanie eine Flut von Anfragen von Programmiererinnen, die sehr erfolgreich in Unternehmen gearbeitet hatten, aber sich wegen ihrer Kinder aus dem Berufsleben zurückziehen mussten. So konnte Stephanie auf hochqualifizierte Frauen zurückgreifen. Und dennoch konnte sich die Geschäftswelt nicht vorstellen, dass Mütter trotz Baby leistungsfähig waren. Manche Aufträge scheiterten daran, weil ihr kleiner Sohn im Hintergrund weinte. Stephanie löste das Problem, indem sie bei Anrufen ein Tonband abspielen ließ, auf dem man im Hintergrund Schreibmaschinengeklapper hörte. „Ein weiteres Problem konnte sich stellen, wenn es zu einem Treffen kam. Kaum hatte ein Mann sich von seinem Schreck erholt, es mit einer Frau zu tun zu haben, konnte es sein, dass ich zum Objekt mir gänzlich unerwünschter (und recht plumper) Avancen wurde. Es ist schwierig, jemandem Software zu verkaufen, der dir gerade in den Hintern kneifen will. Und damals sah die Geschäftswelt tatsächlich allzu oft so aus."[124]

Trotz aller Schwierigkeiten wuchs das Unternehmen von Stephanie Shirley. Der größte Vorteil war, dass sie kaum Konkurrenz hatte. Ihre Idee war so neu, dass es kaum Unternehmen gab, die Softwareprogamme entwickelten. Und dass ihr Unternehmen zuverlässig arbeitete, sprach sich herum, sodass sie Aufträge von großen Firmen bekam, auch aus den USA. Dadurch, dass Frauen auf dem Arbeitsmarkt so wenig Chancen hatten, konnte Stephanie brachliegendes Potenzial abschöpfen. Die Frauen, die in ihrem Unternehmen arbeiteten, waren die besten Programmiererinnen des Landes. Viele kamen von IBM, wo Systemanalytikerinnen nicht in Teilzeit arbeiten durften. „Und diese Frauen waren nicht nur gut, sie waren auch begeistert, für mich zu arbeiten, und entschlossen, ihre Chance optimal zu nutzen."[125]

Die Frauen arbeiteten hoch professionell zu Hause zwischen Wäsche waschen und Windeln wechseln. Die Programmiererinnen brauchten nicht mehr als einen Bleistift, Papier und ein Telefon, um Rückfragen klären zu können. Die Softwareentwicklerinnen schrieben ihre Programme als Zahlenreihen auf Codierblätter. Diese handgeschriebenen numerischen Programme wurden dann per Post an ein unabhängiges Rechenzentrum geschickt. Dort stanzten die Mitarbeiter und vor allem Mitarbeiterinnen die Daten in Lochkarten. Nach einer Überprüfung wurde der Lochstreifen in einem Computerzentrum getestet. Kaum jemand hatte damals einen Computer. Wenn Programmierfehler auftauchten, ging die Programmiererin in das Computerzentrum, um den Fehler zu beheben. Oder man wartete, bis die Ergebnisse per Post zurückkamen und korrigierte den Fehler zu Hause.

Die Firma von Stephanie Shirley wurde trotz vieler Rückschläge ein großes, erfolgreiches Unternehmen, das weltweit agierte. Ihre Leistung kann nicht hoch genug gewürdigt werden, denn neben den beruflichen Herausforderungen in einer Männerdomäne musste sie auch privat große Schwierigkeiten meistern, da ihr Sohn eine schwere und aggressive Form von Autismus hatte. Nach ihrer beruflichen Karriere setzte sie ihr Vermögen und ihre Zeit für wohltätige Zwecke ein. Sie gehört heute zu den hundert mächtigsten Frauen Großbritanniens.

Stephanie Shirley hatte für viele Frauen den Weg zu einer Karriere freigemacht, indem sie zeigte, dass sich Familie und Beruf nicht ausschloss und indem sie Frauen als Freiberuflerinnen beschäftigte. Doch erst viele Jahrzehnte später setzten sich Arbeitsmodelle durch, die Frauen ermöglichte, Beruf und Familie zu vereinbaren.

In den 1960er-Jahren waren nur wenige Frauen in der Programmierung beschäftigt. Die meisten Frauen arbeiteten an Lochkartengeräten. 1950 wurde IBM in Böblingen bei Stuttgart gegründet und nahm die Produktion von Lochkartengeräten auf. In den Büros arbeiteten Frauen an diesen Geräten als Locherinnen und Lochkartenprüferinnen. Das waren angelernte und schlecht bezahlte Tätigkeiten. Auch Doris begann ihre berufliche Laufbahn als Locherin bei Degussa. Die besser bezahlten Arbeitsplätze als Sortierer und Tabellierer waren Männern vorbehalten.

Und Doris?

Und wie erging es Doris in den 1960er-Jahren? In der Mitte des Jahrzehnts erlebte Doris zwei Höhepunkte in ihrer Karriere. 1964 durfte sie die Deutsche Bundesbahn bei einer dreiwöchigen Messe in Toronto, der Canadian National Exhibition, vertreten, als einzige Vertreterin der DB. Für die Präsentation der Bundesbahn hatte die DB eine Modelleisenbahn mit einer Rheinlandschaft aufgebaut. Der Andrang am Messestand war groß. Viele interessierten sich für eine Reise nach Europa.

Der andere Höhepunkt in Doris' Karriere war, als sie im Sonderzug von Queen Elisabeth II. eingesetzt wurde, die 1965 zum Staatsbesuch nach Deutschland kam. Der Besuch hatte eine hohe politische Bedeutung, weil er die Versöhnung zwischen England und Deutschland symbolisierte und der Welt zeigte, dass das ehemalige Nazideutschland wieder auf der Weltbühne akzeptiert wurde. Politiker, Diplomaten und die Presse diskutierten sowohl in England als auch in Deutschland sehr kontrovers über den Staatsbesuch der Queen. Leider fehlen Doris' Tagebücher aus dieser Zeit. Es gibt jedoch Fotos von ihr im Telefonabteil des Sonderzugs und vor dem Zug stehend. Einige Fotos, die Doris gemacht hat, zeigen die Queen, wie sie den Zug vom Abstellgleis in einem abgelegenen Wäldchen verlässt, um zur Limousine zu kommen, die Handschuhe noch nicht übergestreift, sondern lässig in einer Hand.

Doris arbeitete mit ihrer Kollegin Edith Klatt als Telefonistin in diesem Sonderzug. Zehn Tage lang reiste Queen Elisabeth II. mit Prinz Philip und einem ungefähr 30 Personen starken Hofstaat durch Deutschland. Dafür wurde ein Sonderzug mit 15 Wagen zusammengestellt, die teilweise umgebaut wurden. „Der fast 400 Meter lange Wagenzug umfaßt Salonwagen, Schlaf- und Speisewagen und ist nicht nur für den bequemen Aufenthalt, sondern auch für die laufende Arbeit und die Nachrichtenübermittlung ausgerüstet – eine Residenz auf Rädern."[126] Königin Elisabeth II. übernachtete in dieser Residenz, von den zehn Nächten verbrachte sie sieben Nächte im Zug. Dass die Queen im Zug übernachtete, hatte zum einen zeitliche Gründe und zum anderen hätte es zusätzlichen bürokratischen Aufwand bedeutet, wenn sie im Hotel übernachtet hätte. Auch Doris und ihre Kollegin schliefen im Zug, da sie rund um die Uhr einsatzbereit sein mussten. Für sie und das Begleitpersonal gab es ebenfalls einen Schlafwagen. Für ihre Dienste verlieh ihr Königin Elisabeth II. 1965 einen Orden, den Royal Victorian Order.

Das Ende von Doris' Traumberuf kam 1981. Die Deutsche Bundesbahn gab im Zuge von Sparmaßnahmen diesen besonderen Service auf, seinen Fahrgästen Schreibdienste anzubieten. Doris wurde im Mai 1981 in den Innendienst versetzt und arbeitete in einem Büro der DB. Das Reisen jedoch blieb ihr. Sie besuchte ferne Länder rund um die Welt.

Anhang

Quellen

Aus dem Deutschen Tagebucharchiv:
Erinnerungen:
Rhoda Roscher, DTA 4717, 2
Tagebücher:
Inge A.: DTA 4170
Margarete Böß: DTA 4761
Carmen (Pseudonym): DTA 4488
Gerda Knolle: DTA 3376
Doris Kraus: DTA Signatur 3273
Renate Lemke: DTA Signatur 598
Herta Meeden: DTA 2260
Elsa N.: DTA 4483
Interview mit Rita K. am 1.8.2023

Literatur

Abbate, Janet: Interpreten der Datenverarbeitung. Frauen im Zweiten Weltkrieg und die frühe Computerindustrie. In: Krämer, Sybille (Hg.): Ada Lovelace. Die Pionierin der Computertechnik und ihre Nachfolgerinnen. Paderborn: Wilhelm Fink 2015, S. 99–113.

Andresen, Karin: Wie ein Störenfried. Interview mit Inge Deutschkron. In: Spiegel Spezial: Die 50er Jahre. Vom Trümmerland zum Wirtschaftswunder. 1 (2006), S. 122–123.

Arendt, Hannah: Zur Zeit. Politische Essays. München: dtv 1989.

Block, Rüdiger: 40 Jahre Deutsche Bundesbahn. Zum Jubiläum 1949–89. Freiburg i. Breisgau: Eisenbahn-Kurier-Verlag 1989.

Born, Claudia; Krüger, Helga; Lorenz-Meyer, Dagmar: Der unentdeckte Wandel. Annäherung an das Verhältnis von Struktur und Norm im weiblichen Lebenslauf. Berlin 1996.

Böttger, Barbara: Das Recht auf Gleichheit und Differenz. Elisabeth Selbert und der Kampf der Frauen um Art. 3 II Grundgesetz. Münster: Westfäl. Dampfboot 1990.

Braun, Annegret: Frauenalltag und Emanzipation. Der Frauenfunk des Bayerischen Rundfunks in kulturwissenschaftlicher Perspektive 1945–1968. (Münchner Beiträge zur Volkskunde; 34). Münster u. a.: Waxmann 2005.

Breker, Uwe H.: Werbung für die Schreibmaschine. In: Stümpel, Rolf (Hg.): Vom Sekretär zur Sekretärin. Eine Ausstellung zur Geschichte der Schreibmaschine und ihrer Bedeutung für den Beruf der Frau im Büro. Mainz: Druckhaus Schmidt & Bödige 1985, S. 61–74.

Enkelmann, Dagmar und Külow, Dirk (Hg.): Emanzipiert und stark. Frauen aus der DDR. Berlin: Neues Leben 2019.

Feuersenger, Marianne: Die garantierte Gleichberechtigung. Ein umstrittener Sieg der Frauen. Freiburg i. Br.: Herder 1980.

Fritz, Hans-Joachim: Der Weg zum modernen Büro – vom Sekretär zur Sekretärin. In: Stümpel, Rolf (Hg.): Vom Sekretär zur Sekretärin. Eine Ausstellung zur Geschichte der Schreibmaschine und ihrer Bedeutung für den Beruf der Frau im Büro. Mainz: Druckhaus Schmidt & Bödige 1985, S. 48–60.

Gabriele – die perfekte Sekretärin. Fachzeitschrift ab Januar 1955.

Gammerl, Benno: Anders fühlen. Schwules und lesbisches Leben in der Bundesrepublik. Eine Emotionsgeschichte. München: Carl Hanser Verlag 2021.

Gehrke, Martha Maria und Walter, Joachim: Hohe Schule der Sekretärin. Zeichnungen Toni Trepte. München: Bruckmann 1955.

Handschuh-Heiß, Stephanie: Arbeitsplatz Sekretariat. Theoretische Analyse und empirische Studien über die Arbeitsbedingungen von Chefsekretärinnen. (Reihe wissenschaftlicher Texte, 46, Augsburger Schriften zur Wirtschaftssoziologie.) Augsburg: Maro Verlag 1994.

Held, Monika: Beruf: Sekretärin. Reportagen, Protokolle, Analysen. München: Mosaik Verlag 1982.

Hessische Landesregierung (Hg.): „Ein Glücksfall für die Demokratie" – Elisabeth Selbert (1896–1986). Die große Anwältin der Gleichberechtigung. Wiesbaden: Hessische Staatskanzlei, 2. unveränd. Aufl. 2008.

Hirsch, Helga: Endlich wieder leben. Die fünfziger Jahre im Rückblick von Frauen. München: Siedler Verlag 2012.

Hoffmann, Ute: Computerfrauen. Welchen Anteil haben Frauen an Computergeschichte und -arbeit? München: Rainer Hampp Verlag 1987.

Junge, Traudl mit Melissa Müller: Bis zur letzten Stunde. Hitlers Sekretärin erzählt ihr Leben. München: Claassen 2002.

Kaminsky, Anna: Frauen in der DDR. Berlin: Christoph Links Verlag GmbH 2016.

Klein, Barbara: Vom Sekretariat zum Office Management. Geschichte – Gegenwart – Zukunft. Deutscher Universitäts-Verlag: Wiesbaden 1996.

Kniep, Jürgen: Wiederaufbau und Wirtschaftswunder. (Veröffentlichungen zur Bayerischen Geschichte und Kultur 56). Augsburg: Haus der Bayerischen Geschichte 2009.

Krumeich, Gerd: Maschinitis oder die Schwierigkeiten des technischen Fortschritts. In: Stümpel, Rolf (Hg.): Vom Sekretär zur Sekretärin. Eine Ausstellung zur Geschichte der Schreibmaschine und ihrer Bedeutung für den Beruf der Frau im Büro. Mainz: Druckhaus Schmidt & Bödige 1985, S. 11–19.

Lomax, Judy: Flying for the Fatherland. The Century's Greatest Pilot. Hanna Reitsch, glider pilot, test pilot, Germanys secret weapon. London: Bantam 1988.

Mannheimer, Max mit Marie-Luise von der Leyen: Drei Leben. Erinnerungen. München: dtv 2012.

Merkel, Ina: … und Du, Frau an der Werkbank. Die DDR in den 50er Jahren. Berlin: Elefanten Press 1990.

Oheim, Gertrud: Einmaleins des guten Tons. Gütersloh: Bertelsmann 1955.

Pagniez, Yvonne: Flucht. Aus dem Französischen übersetzt von Leonhard und Charlotte Schiffler. Frankfurt a. M.: Verlag Josef Knecht 1963.

Pomsel, Brunhilde und Hansen, Thore D.: Ein deutsches Leben. Was uns die Geschichte von Goebbels' Sekretärin für die Gegenwart lehrt. Berlin u. a.: Europa Verlag 2017.

Reiners, Ludwig: „Fräulein, bitte zum Diktat". Hand- und Wörterbuch der Sekretärin. München: Paul List-Verlag 1953.

Reitsch, Hanna: Höhen und Tiefen. 1945 bis zur Gegenwart. München: Wilhelm Heyne Verlag 1984.

Schidrowski, Klaus: Hüten Sie sich vor dem Schienenschreck. Die reisenden Sekretärinnen der Bundesbahn haben es nicht leicht. In: Tagesspiegel vom 1.1.1963.

Segelken, Sabine: Stenographie und Schreibmaschine. Wirtschaftliche und gesellschaftliche Bestimmungsmomente traditioneller Arbeitstechniken unter besonderer Berücksichtigung ihres Einflusses auf die Arbeit der weiblichen Angestellten. (Texte zur ökonomischen Forschung; 1) Bad Salzdetfurth: Franzbecker 1991.

Shelley, Lore (Hg.): Schreiberinnen des Todes. Lebenserinnerungen internierter jüdischer Frauen, die in der Verwaltung des Vernichtungslagers Auschwitz arbeiten mussten. Übersetzt aus dem Amerikanischen von Gerhard Armanski. Bielefeld: AJZ 1992.

Shirley, Stephanie mit Richard Askvith: Ein unmögliches Leben. Die außergewöhnliche Geschichte einer Frau, die die Regeln der Männer brach und ihren eigenen Weg ging. Übersetzt von Albrecht Schreiber. München: Goldman 2020.

So kriegt man einen Mann. In: Brigitte, Heft 3, 27.1.1959, S. 28–31.

Sommer, Heide: Lassen Sie mich mal machen. Fünf Jahrzehnte als Sekretärin berühmter Männer. Berlin: Ullstein 2019.

Walb, Lore: Ich, die Alte – ich, die Junge. Konfrontation mit meinen Tagebüchern 1933–1945. Berlin: Aufbau-Verlag, 2. Aufl. 2000.

Endnoten

[1] Zitiert in: Born, Claudia; Krüger, Helga; Lorenz-Meyer, Dagmar: Der unentdeckte Wandel. Annäherung an das Verhältnis von Struktur und Norm im weiblichen Lebenslauf. Berlin 1996, S. 155.

[2] Oheim, Gertrud: Einmaleins des guten Tons. Gütersloh: Bertelsmann 1955, S. 133.

[3] Zitiert in Feuersenger, Marianne: Die garantierte Gleichberechtigung. Ein umstrittener Sieg der Frauen. Freiburg i. Br.: Herder 1980, S. 34.

[4] Zitiert in Hessische Landesregierung (Hg.): „Ein Glücksfall für die Demokratie" – Elisabeth Selbert (1896–1986). Die große Anwältin der Gleichberechtigung. Wiesbaden: Hessische Staatskanzlei, 2. unveränd. Aufl. 2008, S. 242.

[5] Zitiert in Feuersenger, S. 52.

[6] Zitiert in: Böttger, Barbara: Das Recht auf Gleichheit und Differenz. Elisabeth Selbert und der Kampf der Frauen um Art. 3 II Grundgesetz. Münster 1990, S. 166.

[7] Feuersenger, S. 114.

[8] Ebd., S. 107 f.

[9] Reiners, Ludwig: „Fräulein, bitte zum Diktat". Hand- und Wörterbuch der Sekretärin. München: Paul List-Verlag 1953, S. 7.

[10] Gehrke, Martha Maria und Walter, Joachim: Hohe Schule der Sekretärin. Zeichnungen Toni Trepte. München: Bruckmann 1955, S. 15.

[11] Ebd.

[12] Fritz, Hans-Joachim: Der Weg zum modernen Büro – vom Sekretär zur Sekretärin. In: Stümpel, Rolf (Hg.): Vom Sekretär zur Sekretärin. Eine Ausstellung zur Geschichte der Schreibmaschine und ihrer Bedeutung für den Beruf der Frau im Büro. Mainz: Druckhaus Schmidt & Bödige 1985, S. 53.

[13] Gehrke und Walter, S. 313.

[14] Schidrowski, Klaus: Hüten Sie sich vor dem Schienenschreck. Die reisenden Sekretärinnen der Bundesbahn haben es nicht leicht. In: Tagesspiegel vom 1.1.1963.

[15] Im Tagebuch kürzt Gerda Knolle Klockengiesser mit Kl. ab. Es wird hier aber aufgrund

der besseren Lesbarkeit ausgeschrieben.
[16] Kaminsky, Anna: Frauen in der DDR. Berlin: Christoph Links Verlag GmbH 2016, S. 165.
[17] So kriegt man einen Mann. In: Brigitte, Nr. 3, 27.1.1959, S. 28–31.
[18] Brigitte Nr. 7, Leserbriefe, 24.3.1959.
[19] Brigitte Nr. 3, 27.1.1959, S. 30.
[20] Ebd.
[21] Gammerl, Benno: Anders fühlen. Schwules und lesbisches Leben in der Bundesrepublik. Eine Emotionsgeschichte. München: Carl Hanser Verlag 2021, S. 57.
[22] Ebd.
[23] Ebd., S. 56.
[24] Ebd., S. 22.
[25] Ebd., S. 59.
[26] Oheim, S. 273.
[27] Ebd., S. 272.
[28] Kniep, Jürgen: Wiederaufbau und Wirtschaftswunder. (Veröffentlichungen zur Bayerischen Geschichte und Kultur 56). Augsburg: Haus der Bayerischen Geschichte 2009, S. 190.
[29] Hirsch, Helga: Endlich wieder leben. Die fünfziger Jahre im Rückblick von Frauen. München: Siedler Verlag 2012, S. 251.
[30] Kniep, S. 215.
[31] Gabriele – die perfekte Sekretärin, Nr. 11, Nov. 1959, S. 19.
[32] Ebd., Nov. 1955, S. 21.
[33] Guten Morgen, liebe Hausfrau, 6.8.1948. Eine Sendung des Frauenfunks des Bayerischen Rundfunks. (Zitiert auch in: Braun, Annegret: Frauenalltag und Emanzipation. Der Frauenfunk des Bayerischen Rundfunks in kulturwissenschaftlicher Perspektive 1945-1968. Münchner Beiträge zur Volkskunde; 34). Münster u. a.: Waxmann 2005, S. 135 f).
[34] Kaminsky, S. 181 f.
[35] Ebd., S. 185 ff.
[36] Erhard, Ludwig mit Langer, Wolfram: Wohlstand für Alle. Düsseldorf: Econ Verlag 1957.
[37] Hirsch, S. 185.
[38] Ebd., S. 128.
[39] Für die berufstätige Frau, 29.10.1953. Eine Sendung des Frauenfunks des Bayerischen Rundfunks. (Zitiert auch in: Braun, S. 184).
[40] Kaminsky, S. 146.
[41] Gabriele – die perfekte Sekretärin, Nr. 9, Sept. 1955, S. 17.
[42] Pomsel, Brunhilde und Hansen, Thore D.: Ein deutsches Leben. Was uns die Geschichte von Goebbels‘ Sekretärin für die Gegenwart lehrt. Berlin u. a.: Europa Verlag 2017, S. 23.
[43] Ebd., S. 32.
[44] Ebd., S. 46.
[45] Ebd., S. 61.
[46] Ebd.
[47] Ebd., S. 67.
[48] Ebd., S. 70.
[49] Ebd.
[50] Ebd., S. 74.
[51] Ebd., S. 86.
[52] Ebd., S. 16.

[53] Junge, Traudl mit Melissa Müller: Bis zur letzten Stunde. Hitlers Sekretärin erzählt ihr Leben. München: Claassen 2002.
[54] Ebd., S. 9.
[55] Ebd., S. 36.
[56] Ebd., S. 37.
[57] Ebd., S. 45.
[58] Ebd., S. 46 f.
[59] Ebd., S. 57.
[60] Ebd.
[61] Ebd., S. 83.
[62] Ebd., S. 83 f.
[63] Ebd., S. 87.
[64] Ebd., S. 107.
[65] Ebd., S. 83.
[66] Ebd., S. 100 f.
[67] Ebd., S. 119 f.
[68] Ebd., S. 176.
[69] Ebd., S. 178.
[70] Ebd., S. 180.
[71] Ebd., S. 196.
[72] Ebd., S. 196.
[73] Ebd., S. 208.
[74] Shelley, Lore (Hg.): Schreiberinnen des Todes. Lebenserinnerungen internierter jüdischer Frauen, die in der Verwaltung des Vernichtungslagers Auschwitz arbeiten mussten. Übersetzt aus dem Amerikanischen von Gerhard Armanski. Bielefeld: AJZ 1992, S. 34.
[75] Ebd., S. 35.
[76] Ebd., S. 36.
[77] Ebd., S. 118.
[78] Ebd., S. 255.
[79] Ebd., S. 139.
[80] Ebd., S. 140.
[81] Ebd., S. 140 f.
[82] Ebd., S. 142.
[83] Ebd., S. 142.
[84] Ebd., S. 143.
[85] Ebd., S. 144.
[86] Ebd., S. 146.
[87] Ebd., S. 146.
[88] Mannheimer, Max mit Marie-Luise von der Leyen: Drei Leben. Erinnerungen. München: dtv 2012, S. 157.
[89] Arendt, Hannah: Zur Zeit. Politische Essays. München: dtv 1989, S. 43.
[90] Andresen, Karin: Wie ein Störenfried. Interview mit Inge Deutschkron. In: Spiegel Spezial: Die 50er Jahre. Vom Trümmerland zum Wirtschaftswunder. 1 (2006), S. 122.
[91] Ebd.
[92] Walb, Lore: Ich, die Alte – ich, die Junge. Konfrontation mit meinen Tagebüchern 1933-1945. Berlin: Aufbau-Verlag, 2. Aufl. 2000, S. 75.
[93] Ebd., S. 135.

[94] Ebd., S. 275.
[95] Ebd., S. 338.
[96] Hanna Reitsch: Höhen und Tiefen. 1945 bis zur Gegenwart. München: Wilhelm Heyne Verlag 1984 (erstmals erschienen 1978), S. 56.
[97] Zu Yvonne Pagniez Gefangenschaft und Flucht siehe: Schillinger, Marit: Yvonne Pagniez – Unerschöpflicher Mut zum Friedenskampf? Beitrag zum Geschichtswettbewerb des Bundespräsidenten 2018/19 „So geht's nicht weiter." Digitale Veröffentlichungen des Stadtarchivs Schwäbisch Gmünd, Band 4: Krise, Umbruch, Aufbruch. https://phsg.bsz-bw.de/frontdoor/deliver/index/docId/121/file/20200624Schillingerfinal.pdf (zuletzt abgerufen am 4.3.2024); Und: Pagniez, Yvonne: Flucht. Aus dem Französischen übersetzt von Leonhard und Charlotte Schiffler. Frankfurt a.M.: Verlag Josef Knecht 1963.
[98] Reitsch, S. 176.
[99] Reitsch, S. 176 f.
[100] Ebd., S. 109.
[101] Ebd., S. 109 f.
[102] Sommer, Heide: Lassen Sie mich mal machen. Fünf Jahrzehnte als Sekretärin berühmter Männer. Berlin: Ullstein 2019, S. 124.
[103] Carmen heißt in Wirklichkeit anders.
[104] Thomas heißt in Wirklichkeit anders.
[105] Rita K., Interview am 1.8.2023.
[106] Held, Monika: Beruf: Sekretärin. Reportagen, Protokolle, Analysen. München: Mosaik Verlag 1982, S. 172 f.
[107] Ebd., S. 96 f.
[108] Shirley, Stephanie mit Richard Askvith: Ein unmögliches Leben. Die außergewöhnliche Geschichte einer Frau, die die Regeln der Männer brach und ihren eigenen Weg ging. Übersetzt von Albrecht Schreiber. München: Goldman 2020.
[109] Hoffmann, Ute: Computerfrauen. Welchen Anteil haben Frauen an Computergeschichte und -arbeit? München: Rainer Hampp Verlag 1987, S. 79.
[110] Shirley, S. 57.
[111] Ebd., S. 80.
[112] Ebd., S. 95.
[113] Ebd., S. 96.
[114] Ebd., S. 98.
[115] Ebd., S. 100.
[116] Ebd., S. 110.
[117] Ebd., S. 112.
[118] Ebd., S. 115.
[119] Ebd., S. 119.
[120] Ebd., S. 120.
[121] Ebd., S. 121.
[122] Ebd., S. 122.
[123] Ebd., S. 130.
[124] Ebd., S. 131.
[125] Ebd., S. 134.
[126] Block, Rüdiger: 40 Jahre Deutsche Bundesbahn. Zum Jubiläum 1949-89. Freiburg i. Breisgau: Eisenbahn-Kurier-Verlag 1989, S. 250.

Autorenvita

Annegret Braun studierte nach einer Ausbildung zur Krankenschwester und einigen Berufsjahren Empirische Kulturwissenschaft und Europäische Ethnologie in München. Sie promovierte über Emanzipationsgeschichte und arbeitete als Wissenschaftliche Mitarbeiterin an der Ludwig-Maximilians-Universität in München. Seit vielen Jahren ist sie freiberufliche Kulturwissenschaftlerin und Autorin. Von 2006 bis 2023 übernahm sie Lehraufträge an der LMU München, seit 2012 leitet sie Forschungsprojekte in der Geschichtswerkstatt Dachau. Sie schreibt erzählende Sachbücher über Frauengeschichte und publizierte Bücher über Landleben, Glück und Kulturgeschichte der Partnersuche.